D1925408

BASTEI LÜBBE

Norbert Kuchinke, geboren 1940 im schlesischen Schwarzwaldau, wurde nach einem Studium der Ingenieurwissenschaften Journalist und Redakteur bei den Zeitschriften CAPITAL und SPIEGEL. Ab 1973 war er als Korrespondent in Moskau tätig, zunächst für den SPIEGEL, anschließend für den STERN. Heute ist Nobert Kuchinke für die Zeitschrift ART in Moskau akkreditiert, dreht zudem Filme und schreibt Bücher. Für seine Verdienste um Rußland erhielt er vom Patriarchen der russisch-orthodoxen Kirche den Wladimir-Orden.

Norbert Kuchinke

VON DSCHINGIS KHAN BIS GORBATSCHOW

Politiker und Potentaten als Baumeister Europas

BASTEI LÜBBE

BASTEI-LÜBBE-TASCHENBUCH
Band 60 271

Erstveröffentlichung

Printed in Germany, Januar 1991
Einbandgestaltung: Klaus Blumenberg, Bergisch Gladbach
Titelbilder: Archiv für Kunst und Geschichte/Action Press
Satz: Fotosatz Froitzheim, Bonn
Druck und Verarbeitung: Ebner Ulm
ISBN 3-404-60271-4

Inhalt

Die Kiewer Rus – die Anfänge Rußlands

»Mit dem Verstand ist Rußland nicht zu begreifen, nicht mit gewöhnlichem Maß zu messen, es hat einen ganz eigenen Charakter, an Rußland kann man nur glauben.« *Fjodor Tjutschew, Lyriker (1803 bis 1873)*

»Um Rußland zu erfassen, bedarf es der theologischen Tugenden des Glaubens, der Hoffnung und der Liebe ... Das russische Volk ist ein äußerst polarisiertes Volk. Es kann begeistert und enttäuscht sein ... Die Widersprüchlichkeit und Kompliziertheit der russischen Seele kann damit in Zusammenhang gebracht werden, daß in Rußland zwei Ströme der Weltgeschichte – Osten und Westen – aufeinanderprallen und in Wechselwirkung geraten. Das russische Volk ist kein rein europäisches und kein rein asiatisches Volk. Rußland ist ein ganzer Weltteil, ein riesiger Ost-Westen, es vereinigt zwei Welten. Und immer liegen in der russischen Seele zwei Prinzipien, das östliche und das westliche, miteinander im Streit.

Es gibt eine Entsprechung zwischen der Unfaßbarkeit, Grenzenlosigkeit, Unendlichkeit der russischen Erde und der russischen Seele, zwischen der physischen und der psychischen Geographie. In der Seele des russischen Volkes ist

eine ebensolche Unfaßbarkeit, Grenzenlosigkeit, ein Streben nach Unendlichkeit wie auch in der russischen Weite. Deshalb wurde es dem russischen Volk schwer, diese riesigen Räume zu beherrschen und sie zu formen. Das russische Volk hat eine gewaltige Kraft des Elementaren und eine verhältnismäßige Schwäche der Form ... Für die russische Geschichte ist Diskontinuität charakteristisch ... In der russischen Geschichte gibt es bisher fünf Perioden von unterschiedlicher Gestalt: das Kiewer Rußland, das Rußland der Zeit des Tatarenjochs, das Moskauer Rußland, das petrinische Rußland und das sowjetische Rußland. Und es ist möglich, daß es noch ein neues Rußland geben wird, Rußlands Entwicklung war katastrophisch« *Nikolaj Berdjajew, Philosoph (1874 bis 1948)*
Als Romanen und Germanen, die Völker in Westeuropa, schon in Städten und Dörfern lebten, kleine und große Staaten mit Gesetzen und Grenzen hatten, Kriege untereinander und gegeneinander führten, Bücher schrieben und an Christus den Erlöser glaubten, lebten die Slawen, darunter auch die Russen, die noch keine Russen waren, noch in der Einsamkeit und Ursprünglichkeit der wilden Natur. Sie waren Heiden, verehrten ihre selbstgeschaffenen Natur-Götter und verstorbenen Vorfahren. Sie besiedelten friedlich und fast unbemerkt – ohne Kriege und große Schlachten – große Teile Europas.
Im 7. und 8. Jahrhundert bevölkerten die Slawen, die ursprünglich in den Tälern und Wäldern der Karpaten lebten, ein Siedlungsgebiet, das sich von Mitteleuropa, von der Elbe und Weichsel bis zum Dnjepr, der Wolga und dem Schwarzen Meer erstreckte; im Süden auf dem Balkan lebten die Vorfahren der heutigen Bulgaren, Serben und Kroaten, in Mitteleuropa waren die Ahnen der Tschechen,

Slowaken und Polen zu Hause, in Osteuropa die der Russen, Ukrainer und Weißrussen. Einen Staat mit geregelten Strukturen, Königen, Fürsten, Untertanen und einer Armee kannten die Slawen nicht. Sie lebten in Sippen oder Stämmen zusammen. Erst im 9. Jahrhundert schufen sich die Ostslawen mit Hilfe eines ausländischen Fürsten aus Skandinavien einen Staat.

Slawische Stammesführer der Tschuden, Kriwitschen und Slowenen (Vorgänger der Russen), die sich befehdeten und untereinander nicht einig werden konnten, suchten einen neutralen Schlichter, der für sie Recht sprechen und sie zusammenführen sollte. Die Wahl fiel auf den warägischen Fürsten Rjurik, der zum nordischen Stamm der Rus gehörte. Die Waräger (Wikinger) waren, einer alten russischen Chronik zufolge, Schweden und Norweger. Dem Stamm der Rus haben die Russen ihren Namen zu verdanken.

Im Jahr 862 kam der Waräger-Fürst Rjurik nach Nowgorod am Ilmensee und legte damit den Grundstein für einen russischen Staat (1862 feierten die Russen aufwendig ihr 1000jähriges Staats-Jubiläum); andere Fürsten der Waräger, wie Askold und Dir, die mit Rjurik Streit hatten, zogen weiter in den Süden nach Kiew und gründeten dort ein unabhängiges Fürstentum. Kiew im Süden und Nowgorod im Norden stritten sich bald um die Vorherrschaft in der alten Rus.

Fürst Rjurik, dessen Geschlecht Rußland dann Jahrhunderte lang beherrschen sollte, führte Krieg gegen seine fürstlichen Landsleute im Süden. Er besiegte Askold und Dir. Im Jahr 878 übergab Rjurik das Fürstentum Kiew laut der altrussischen Nestor-Chronik einem Verwandten namens Oleg, »der von seiner Sippe war und gab ihn seinen

Sohn Igor in die Obhut, der noch sehr jung war.« Unter den Kiewer Fürsten Oleg (878 bis 912) und Igor (912 bis 945) und der Fürstin Olga (945 bis 962) wurde aus einem Fürstentum der Kiewer Staat, auch die Kiewer Rus genannt.

Der Kiewer Staat war im 11. Jahrhundert einer der größten in Europa und reichte von der Tamanhalbinsel im Süden über den Dnjestr und die Weichsel im Westen bis zur Dwina im Norden. In der Kiewer Rus hatten sich vierzehn ostslawische Stämme wie die Poljanen, Russitschi, Drewljanen, Poltschanen und Sjewerjanen vereinigt.

Rjurik hatte erkannt, daß er die slawischen Stämme nur zusammenhalten kann, wenn er ihnen gleiche Rechte und Wohlstand garantierte. Der Waräger-Fürst, ein erfahrener Seemann, Krieger und Händler, nutzte die Flußverbindungen von Nowgorod nach Kiew – über den Wolchow und Dnjepr. Über Nord- und Südrußland schuf er eine Handelsroute zwischen Skandinavien und Byzanz. Rjurik eröffnete über die russischen Flüsse den »Weg von den Warägern zu den Griechen«, berichtet die Chronik. Er knüpfte ein enges Handelsnetz zwischen skandinavischen und russischen Städten und Konstantinopel, der Hauptstadt des byzantinischen Reiches.

Fürst Oleg, der die ostslawischen Stämme im Fürstentum Kiew vereinigt hatte, zwang die Griechen, die sich den Slawen aus dem Norden in allen Belangen und Bereichen überlegen fühlten, unter Androhung von Gewalt, vertragliche Bedingungen zu akzeptieren, die den Russen erlaubten, ihre Waren in Konstantinopel, der Stadt am Bosporus, zu verkaufen. Rjuriks Sohn Igor, der nach Oleg das Kiewer Fürstentum regierte, war weniger erfolgreich als sein Vorgänger; zweimal schickte er seine Krieger in den Kampf gegen Byzanz, zweimal scheiterte er. Als er von den Drewljanen, einem slawischen Stamm, der zu seinem Fürstentum gehörte, den bereits entrichteten Tribut noch einmal verlangte, verweigerten sie die Zahlung. Auf Empfehlung seiner Druschina, dem Gefolge, versuchte er das Geld mit Gewalt einzutreiben. Während des Kampfes mit seinen Untertanen wurde der Fürst tödlich verletzt. Seine Frau Olga übernahm für den noch minderjährigen Sohn Swjatoslaw die Regentschaft.

Fürstin Olga, der das byzantinische Christentum mehr entsprach als das götzenhafte Heidentum, ließ sich 957 in Konstantinopel taufen. Ihren Sohn Swjatoslaw, der sie 964 als Regent von Kiew ablöste, konnte die Mutter jedoch nicht dazu überreden, Christ zu werden und sich taufen zu lassen. Statt in Kirchen zu beten und gläubig Buße zu tun, ritt er mit seinen Kriegern ins Feld, um seine Kiewer Rus zu vergrößern. Der heidnische Barbar, der selten in der Hauptstadt Kiew weilte, war unentwegt bemüht, sich die angrenzenden Volksstämme im Süden, Norden und Westen seines Reichen einzuverleiben; im Kampf gegen die Petschenegen wurde er schließlich getötet. Der verwegene Swjatoslaw hinterließ seinen drei Söhnen, denen er schon zu Lebzeiten Teil-Fürstentümer vererbt hatte, ein großes Territorium mit unterjochten Stammesslawen.

Nach dem Tod des Fürsten fochten die drei Söhne um seinen Thron. Wladimir, der fähigste und auch rigoroseste der drei, besiegte seine Brüder und übernahm die Herrschaft seines Vaters; er brachte Jaropolk um, der wiederum vorher seinen Bruder Oleg getötet hatte. Im Jahr 980 wurde Wladimir Großfürst von Kiew. Der uneheliche Sohn von Swjatoslaw, gezeugt mit einer leibeigenen Frau, sollte Kiews bedeutendster Herrscher werden. Mit Gewalt und

Intrigen, aber auch mit Mut, Klugheit und Umsicht regierte er sein Fürstentum. Er stärkte es nach innen und nach außen. Unter seiner Herrschaft dehnte sich die Kiewer Rus im Norden bis ins Baltikum, im Westen bis zu den Karpaten und im Süden bis zum Schwarzen Meer aus. Seine wichtigste Tat aber war die Annahme des Christentums aus Byzanz. Mit diesem Schritt, für den er später von der russisch-orthodoxen Kirche heiliggesprochen wurde, stellte er die Weichen für das künftige Rußland. »Aller Anfang, alle Ursachen und aller Anlaß bei uns in Rußland ist Wladimir der Heilige«, schrieb ein russischer Historiker im 18. Jahrhundert. In seiner Jugend und noch zu Anfang seiner Herrschaft war Wladimir ein Gegner der christlichen Religion, die bereits viele Russen in der Kiewer Rus angenommen hatten und praktizierten. Wladimir verfolgte sie, wie jeden Gegner, konsequent und grausam. Die Christen wurden den heidnischen Göttern als Opfergabe dargebracht und auf Altären verbrannt. Aus dem fanatischen Christenverfolger wurde bald ein ebenso glühender Befürworter. Nach der Christianisierung wurden die Heiden, die sich gegen den Glauben wehrten, auf die gleiche Weise zu Tode gemartert wie ehedem die Christen.
Für die Annahme des Christentums spielten bei Wladimir auch politische Gründe eine Rolle. Der Kaiser von Byzanz hatte ihn um militärische Hilfe gebeten, die der Heide Wladimir unter der Voraussetzung versprach, daß er Anna, die Schwester des byzantischen Kaisers, zur Frau bekäme, deretwegen er sich auch taufen ließe. Und so geschah es.
Im Jahr 988 befahl Wladimir seinen Untertanen, sich mit ihm im Fluß Dnjepr taufen zu lassen. Rußland wurde christlich. Doch bevor Wladimir sich zur Annahme des griechisch-orthodoxen Glaubens entschloß, ließ er auch die

anderen Religionen prüfen. Der Mönch Nestor, der von 1056 bis 1113 im Kiewer Höhlenkloster gelebt hat, beschreibt die Suche nach der für die Russen geeigneten Religion in der nach ihm benannten Nestor-Chronik. Im Jahr 987 berief Wladimir seine Bojaren und die Ältesten der Stadt zu sich und sagte: »Zu uns sind die Bulgaren gekommen und haben gesagt: Nimm unseren Glauben an, dann sind die Deutschen gekommen und haben ihren Glauben angepriesen, nach ihnen kamen die Juden. Schließlich erschienen die Griechen, die den Glauben der anderen schlecht gemacht und ihren Glauben gerühmt haben, sie haben mir viel erzählt vom Wesen der Welt und ihren Anfängen. Sie haben mir listig geschmeichelt: wie wunderbar ich zuhören könne. Und in der Tat war es für jedermann ein Vergnügen, ihnen zuzuhören. Sie sagen, es gibt eine andere Welt, wenn jemand zu ihrem Glauben übertritt, so wird er nach seinem Tode auferstehen und niemals sterben ...«

Der Fürst, die Bojaren und Ältesten der Stadt Kiew wählten einen Rat, der aus zehn Männern bestand. Sie wurden zu den verschiedenen Religionen geschickt und berichteten später: »Wir gingen erst zu den Bulgaren und sahen, wie sie ihre Verbeugungen in ihrem Tempel oder besser gesagt in ihrem Götzentempel machen; sie stehen da, verneigen sich, setzen sich nieder und blicken nach allen Seiten wie die Verrückten; es ist keine Heiterkeit in ihrem Gottesdienst, sondern Trauer und große Öde. Ihr Glaube taugt nichts. Dann sind wir zu den Deutschen gekommen, wir haben in ihren Tempeln viele Gottesdienste angesehen, aber gar keine Schönheit darin gefunden. Dann sind wir zu den Griechen gekommen, dort hat man uns in die Kirche geführt, in der sie ihren Gottesdienst abhalten. Da haben

wir nicht gewußt, ob wir im Himmel oder auf Erden sind. Denn es gibt auf der ganzen Erde keinen schöneren Anblick wie diesen. Und wir sind gar nicht fähig, ihn zu beschreiben, wir wissen nur, daß dort Gott bei den Menschen gegenwärtig ist und daß ihr Gottesdienst besser ist als in allen anderen Ländern. Wir können diese Herrlichkeit gar nicht vergessen. Es ist wie bei einem Menschen, der Süßes gekostet hat, will Bitteres nicht mehr essen... Wenn der griechische Glaube schlecht wäre, o Fürst, so hätte ihn Deine Großmutter Olga auch nicht angenommen, die die Weiseste unter den Menschen gewesen ist.«
Den Islam hatten der Fürst und die Bojaren schon vorher verworfen, weil er den Wein, »welcher der Russen Freude ist«, verbot. Das Judentum lehnten sie ebenfalls ab, weil die Annahme mit einem blutigen Opfer verbunden war. Großfürst Wladimir befahl seinen Untertanen die Taufe im Dnjepr und die Zerstörung der Götzenbilder: »Wer nicht zum Fluß kommt«, wird in der Nestor-Chronik weiter berichtet, »er möge reich oder arm sein, Bettler oder Arbeiter, den soll mein Zorn treffen. Als das Volk dies vernahm, ging es bereitwillig zum Fluß hinunter, freute sich und sprach: ›Wenn der neue Glaube nicht gut wäre, so hätten ihn der Fürst und die Bojaren nicht angenommen‹... Alle schritten ins Wasser und standen darin, die einen bis zum Hals, die anderen bis zur Brust, die kleinen Kinder blieben dicht am Ufer oder auf den Armen der Erwachsenen..., die Geistlichkeit stand daneben und las Gebete... Und sichtbar herrschte Jubel im Himmel und auf Erden über die Errettung von so vielen Seelen. Der Satan aber stöhnte und sprach: O, Jammer, auch hier treibt man mich aus. Hier hatte ich gehofft, eine bleibende Wohnstätte zu finden, weil es keine Predigt der Apostel gab und die Menschen

Gott nicht kannten. Ich hatte mich über ihren Götzendienst gefreut, denn damit dienten sie ja mir ...«
Nach der Taufe ließ Wladimir überall dort Kirchen erbauen, wo vorher Götzenbilder gestanden hatten. Auf dem Platz des Hauptgottes Perun wurde die Kirche zum Heiligen Wassilij erbaut. Den reichen, aber auch den armen Menschen gefielen die feierlichen, prunkvollen und ausgedehnten Gottesdienste. Die mächtigen Kirchen, die anstelle der bescheidenen Götzentempel gebaut wurden, gaben dem Volk Halt und die Überzeugung, daß Gott im Himmel gütiger und mächtiger sei als die hölzernen Götzen. Den Menschen wurden zudem Brücken für den Übergang gebaut.
Die christliche Lehre wurde mit den (noch) heidnischen Vorstellungen harmonisch in Einklang gebracht. Man übertrug das Wirken der heidnischen Götter auf die neuen Heiligen des Christentums. Der Kult der Mutter Erde wurde beispielsweise mit der Verehrung der heiligen Jungfrau gekoppelt. Der Kult des heidnischen Hauptgottes Perun, Herr des Blitzes und Donners, lebte weiter im heiligen Ilja, der Sturm und Hagel beherrschte und die Ernten gedeihen lassen oder vernichten konnte. Die Götter des Viehs wurden durch die Heiligen Flor, Lawr und Medost ersetzt.
Nach dem Vorbild von Byzanz – und getreu ihrer alten auf Verehrung ausgerichteten Riten – entwickelten die Russen bald einen Heiligenkult, der den der Griechen übertraf. Die allgemein-christlichen Heiligen, die den Russen oft fremd blieben, zu unpersönlich und zu weit weg waren, reichten ihnen nicht aus. Sie schufen sich ihre eigenen russischen Heiligen. Das orthodoxe Christentum verbreitete sich im Süden der Kiewer Rus schnell und ohne große

Schwierigkeiten, obwohl das einfache Volk ungern auf die heidnischen Bräuche, die einfach und naturverbunden waren, verzichten wollte; bis heute haben sich in der russischen Religionsausübung heidnische Elemente erhalten.
Der russisch-orthodoxe Glaube war anfangs identisch mit dem griechisch-orthodoxen in Byzanz. Die ersten Glaubenslehrer der Russen waren orthodoxe Griechen und Bulgaren, die bereits 124 Jahre früher christlich geworden waren. Sie errichteten die ersten Kirchen und malten die ersten Ikonen, die heiligen Bilder der orthodoxen Christen, auf russischem Boden. Die junge russische Orthodoxie war von der byzantinischen Kirche abhängig und ihr untergeordnet. Das Oberhaupt (auch der gläubigen Russen) war der Patriarch von Konstantinopel, dem die Bischöfe und Metropoliten – anfangs allesamt Griechen – in Byzanz und der Kiewer Rus unterstanden. Mit ihrer Hilfe und der Euphorie der russischen Christen wurden Kirchen und Klöster förmlich aus dem Boden gestampft. In Kiew wurde die Sophien-Kathedrale nach dem Vorbild der Hagia Sophia in Konstantinopel gebaut. Sie wurde zum religiösen Heiligtum der Kiewer Rus, zur Wiege des russischen Christentums. Im Höhlenkloster von Kiew wurde das erste russische Geschichtsbuch geschrieben.
Die Organisation der russischen Kirche war eine getreue Kopie der byzantinischen. Die Geistlichkeit bestand aus verheirateten weltlichen Priestern, dem weißen Klerus, und aus im Zölibat lebenden Mönchen, dem schwarzen Klerus. In die oberste Kirchenhierarchie konnten und können bis heute nur Mönche aufsteigen.
Von Anfang an war die russische Kirche aus ihrem religiösen Selbstverständnis heraus eng mit dem Staat verbunden; der Herrscher war ein Gesandter Gottes, der ihn auser-

wählt und ihm die irdische Macht gegeben hatte. Die Kirche segnete die staatlichen Regenten, die wiederum die Kirche unter ihren Schutz stellten. Damit die junge Kirche leben konnte, wurde sie von Fürsten materiell abgesichert. Der Fürst selbst, die Bojaren und die Kaufleute mußten von ihren Einnahmen den zehnten Teil an die Kirche abführen; sich und anderen Spendern zu Ehren ließ der Fürst in Kiew die Zehnt-Kirche bauen, in der er auch begraben werden wollte.
Wladimir, der den Rusen die christliche Religion gebracht hat, aber die Christianisierung nur in den Anfängen erleben und mitgestalten konnte, wurde von der Aristokratie und dem einfachen Volk bald als Heiliger, einem Apostel gleich, verehrt.
Die Autorität und Leistung von Wladimir hinderte seine Söhne, die als Statthalter und Feudalherren eigene Fürstentümer zugeteilt bekommen hatten, nicht daran, dem Vater oft den Gehorsam zu verweigern. Als seine Untergebenen mußten sie an den Großfürsten in Kiew Abgaben leisten. Jaroslaw, der in Nowgorod regierte, verweigerte den Tribut und forderte somit den Vater heraus, gegen ihn Krieg zu führen; nur Wladimirs Tod im Jahr 1015 verhinderte einen Feldzug gegen den Sohn.
Nach dem Tod des Vaters und Großfürsten der Kiewer Rus entbrannte unter den Söhnen ein heftiger und blutiger Kampf um die Macht am Dnjepr. Den Thron in Kiew konnte zuerst Fürst Swjatopolk besteigen. Seinen Sieg mußten seine drei Brüder, die Fürsten Boris, Gleb und Swjatoslaw, mit dem Leben bezahlen. Sie wurden ermordet. Die Kirche machte Boris und Gleb zu Märtyrern, zu Symbolen der christlichen Gewaltlosigkeit und sprach sie heilig. Sie waren die ersten Heiligen in Rußland. Nach ih-

nen wurden auch die Fürstin Olga und Wladimir, die Vorreiter des russischen Christentums, heiliggesprochen. Das geschah nicht wegen ihrer christlichen Askese oder ihrer irdischen Taten, sagt die Kirche. Es war die Barmherzigkeit und Güte Gottes ihnen und damit dem ganzen russischen Volk gegenüber, die sie zu Heiligen machte. Christus habe sie erwählt, ihnen ihre Sünden im Leben verziehen, weil er das russische Volk zu lieben begonnen habe.

Worin aber hat die junge russische Kirche, das russische Volk, die christlichen Taten von Boris und Gleb, den beiden Fürsten gesehen, die nach ihrem Tod 1019 heiliggesprochen wurden? In den Chroniken des 11. Jahrhunderts erfahren wir wenig über ihr Leben, dafür um so mehr über ihr »christlich heldenhaftes« Sterben.

Nach einem Feldzug gegen die heidnischen Petschenegen erfährt Fürst Boris von Rostow, daß ihn sein Bruder ermorden wolle. Er bereitet sich nicht auf einen Kampf vor, versucht nicht zu flüchten, sondern schickt seine Leibwache fort und wartet mit einem Diener am Fluß Alta auf die Mörder, die ihn umbringen werden. Mit Tränen in den Augen und Gebeten, berichtet die Chronik, verbringt er seine letzte Nacht. Ihn bedrückt eine tödliche Wehmut. Trost holt er sich aus den Psalmen und dem Evangelium. Er bittet Gott um Beistand. Früh am Morgen dringen die Mörder in das Zelt von Boris ein und stürzen sich wie wilde Tiere auf ihn. Fürst Boris, durch kräftige Schläge schwer verletzt, fleht seinen Bruder und die Helfer an, ihn nicht gleich zu töten, damit er sich noch an Gott wenden könne. »Mein lieber und geliebter Bruder, gebt mir noch ein bißchen Zeit, um zu meinem Gott zu beten«, wird er in der Chronik zitiert.

Dann ergibt er sich mit Tränen in den Augen seinen Mördern und sagt: »Brüder, erledigt eure Pflicht, Friede sei mit meinem Bruder und euch.«
Der jüngere Bruder von Boris, Fürst Gleb, wird kurz danach auf dem Fluß Dnjepr ermordet. Sein Bruder Swjatopolk lädt ihn hinterlistig nach Kiew ein. Der Koch des Fürsten wird bestochen und verrät seinen Herrn. Er sticht ihm ein Messer in den Hals, »wie der Fleischer dem Schaf«.
Fünf Jahre nach dem Tod der beiden Fürsten überführt ihr Bruder Jaroslaw die Leichen in die Kirche des heiligen Wassilij in Wyschgorod, einer Vorstadt von Kiew. Ihnen zu Ehren wurde ein kirchlicher Feiertag und ein Boris- und Gleb-Gottesdienst eingeführt.
Fürst Jaroslaw von Nowgorod, der mittlerweile den Bruderzwist für sich entschieden und Swjatopolk besiegt hatte, war nun der Großfürst von Kiew. Jaroslaw, der bald den Beinamen »Mudry« (der Weise) bekam, regierte mit fester Hand das russische Reich von Kiew aus (1019 bis 1054). Die Metropolen und der Staat der Kiewer Rus wurden unter Jaroslaw größer und mächtiger denn je.
Er festigte den Staat und baute zielstrebig die Beziehungen zu anderen Ländern aus. Sein Hauptanliegen war vor allem, die staatliche Einheit der Kiewer Rus zu gewährleisten und auch über seinen Tod hinaus zu erhalten. Seinem Ziel wollte er mit einer einheitlichen, für alle im Süden wie im Norden verbindlichen Gesetzgebung näherkommen. Die »Russkaja Prawda« (Russisches Recht) – Prawda heißt übersetzt Recht und Wahrheit – verordnete er dem gesamten Staat; schon unter der Fürstin Olga und dem Fürsten Wladimir waren die Rechtsgrundlagen für die »Russkaja Prawda« entwickelt worden. Unter Jaroslaw, der sich persönlich an den Formulierungen der ein-

zelnen Rechtsartikel beteiligte, wurden sie erweitert und verfeinert.

Mit seinen weltlichen Gesetzen wollte Jaroslaw verstärkt auch die christliche Religion und die Kirche als Institution festigen. Die staatlich eigenständige und selbstbewußte Rus sollte auch kirchenrechtlich von dem südlichen Nachbarn Byzanz unabhängig werden und eine vom griechischen Patriarchen losgelöste russische Kirche erhalten. Schon 1037, knapp 50 Jahre nach der Christianisierung des Landes, ernannte er den Russen Schidjata – ohne die Erlaubnis des byzantinischen Patriarchen einzuholen – zum Bischof von Nowgorod, zum obersten Christen der Kiewer Rus. Die Rolle der weltlichen Macht hatte der Nowgoroder Bischof so formuliert: »Fürchtet Gott, ehrt den Fürsten. Wir sind zuerst die Knechte Gottes und dann die des Herrschers.«

Schritt für Schritt festigte Jaroslaw die weltliche und kirchliche Macht. Er ließ Klöster und Kirchen errichten, Staatsdiener und Priester ausbilden. Bereits Anfang des 11. Jahrhunderts, weiß die Chronik zu berichten, gab es in der Kiewer Rus über 700 Gotteshäuser. Mit imposanten Kirchenbauten wollten die russischen Söhne ihren griechischen Glaubenvätern zeigen, daß sie erwachsen wurden und bald selbständig leben konnten. Ihr Vorbild allerdings war in jeder Beziehung noch Byzanz.

Mit dem Bau der Sophien-Kathedrale im Jahr 1037, die der berühmten Hagia Sophia in Konstantinopel nachempfunden wurde, wollte Jaroslaw der Weise in der Blütezeit der alten Rus den Sieg der »göttlichen Weisheit« über die »heidnische Finsternis« feiern; der äußere Anlaß für den Kathedralbau war die gewonnene Schlacht gegen die asiatischen Petschenegen.

Die Sophien-Kathedrale ist ein mächtiger Kreuz-Kuppelbau, bestehend aus fünf Kirchenschiffen mit gewaltigen Ausmaßen. Sie ist siebenunddreißig Meter lang, fünfundfünfzig Meter breit, die Zentralkuppel erreicht eine Höhe von 29 Metern. Die aus dem 11. Jahrhundert erhaltenen monumentalen Wandmalereien (dreitausend Quadratmeter Fresken, zweihundertsechzig Quadratmeter Mosaiken) spiegeln das religiös gebundene Kunstverständnis von Pracht und Prunk der Griechen wider. Aus edlen Mosaiksteinen wurde Christus der Weltenrichter, die Gottesmutter Oranta, Mariä-Verkündigung und die Eucharistie zu künstlerischen und inhaltlich ausdrucksvollen Bildern gestaltet; auch der Fürst und seine Familie wurden als Mosaik in der Wand dargestellt. Die großflächigen Fresken zeigen auch Motive aus der Fabel- und Mythenwelt. Seltsame Vögel sitzen auf Bäumen, Männer auf Pferden jagen Bären und kämpfen gegen Drachen, in einem Hippodrom traben Pferdewagen.
Ein westlicher Reisender, der im vergangenen Jahrhundert die Sophien-Kathedrale besuchte, schwärmte: »Wenn man in die alte Kirche eintritt, glaubt man, in einen gotischen Dom einzutreten. In Halbdunkel gehüllt ist das Labyrinth von Säulen und breiten Pfeilern, die dicht beisammen stehen wie Eichen in einem Wald. Von oben durch die Kuppel dringt nur wenig Licht herein, matt und fahl, wie zur Zeit der Morgendämmerung, und in dem mystischen Dunkel der Kapellen funkeln die goldenen Lampen wie strahlende Lilien. Doch die Illusion schwindet rasch, wenn man weitergeht und die Ikonostase vor sich erblickt, die hohe, in Goldglanz strahlende Wand, bedeckt mit Heiligenbildern und goldenen und silbernen Reliefverzierungen.« Nach seinem Tode wurde der Erbauer der Sophien-Kathedrale,

Fürst Jaroslaw, auch in ihr begraben; er ruht in einem reich verzierten Sarkophag aus weißem Marmor.
Im gleichen Jahr 1037, in dem die Sophien-Kathedrale gebaut wurde, gründeten russische Mönche nach dem Wunsch von Jaroslaw das erste Kloster in der Kiewer Rus. Das »Pjetscherskij Monastyr« (Höhlen-Kloster) wurde zum geistigen und kulturellen Zentrum des jungen Staates am Dnjepr. Der Klosterbau begann bescheiden. Der Gründer des Klosters, der Mönch Antonij, der die Klosterregeln auf dem Berg Athos kennengelernt hatte, hielt sich streng an die monastischen Vorschriften: Arbeit, Gebet und Askese. Er arbeitete hart und aß wenig, berichtet die Chronik. Von einem Stück Brot und Wasser ernährte er sich den ganzen Tag. Während er unermüdlich an seiner Höhle arbeitete und in den Pausen betete, kamen gläubige Männer aus Kiew und der Umgebung, die bei ihm lernen und ins Kloster eintreten wollten. Gemeinsam bauten sie Höhlen, zimmerten Mönchszellen und eine kleine Kirche hinein. Mönch Antonij soll dann still betend in einer Mönchszelle gestorben sein.
Sein Schüler Feodossij Petscherskij, der nach Antonij Abt des Klosters wurde, war das »Ideal eines Heiligen in der alten Rus«, schreibt der Mönch Nestor, der Chronist des Klosters und der alten Rus. Feodossij, der allen mit seinem mönchischen Ernst ein Vorbild war, schlief nicht »auf den Rippen«, sondern »sitzend im Stuhl« und arbeitete »für sich und andere«. An Wochentagen aß er nur Brot, an Feiertagen gestattete er sich zusätzlich gekochtes Obst. Viel essen, predigte er, bringe die Menschen auf dumme Gedanken. Feodossij baute das Höhlenkloster zu Ende und kam aus den finsteren Höhlen ans Tageslicht.
Mönche, die das Leben in den unterirdischen Katakomben

vorzogen, konnten dort weiterhin wohnen und leben. Aber mit diesem Schritt – aus den Höhlen heraus ans Tageslicht – schuf der Abt eine neue Form des monastischen Lebens in der Rus: das Zusammenleben der Mönche. Der Mönch sollte nach der neuen Regel nicht nur einsam in einer Zelle für sein Seelenheil und das der anderen beten, sondern auch in der Gemeinschaft der Mönche asketisch leben, arbeiten, meditieren und sich somit für das Wohl der orthodoxen Kirche, der christlichen Gemeinde und des Staates verwenden. Diese klösterlichen Regeln, die Feodossij dem Heiligen Blasius aus Byzanz abgeschaut hatte, wurde Vorbild für die meisten weiteren Klostergründungen in Rußland.

Das Höhlen-Kloster in Kiew war bis zur Oktoberrevolution von 1917 eine kleine Stadt in der Stadt. Anfangs, nach der Klostergründung, lebten und starben die Mönche in den Höhlen, dort wurden sie auch begraben. Unter Feodossij wohnten in den Höhlen kaum noch Mönche, aber sie wurden weiterhin dort beerdigt, wie auch – gegen ein hohes Entgelt – Bischöfe, Metropoliten, Adlige und reiche Kaufleute, die sich um Kirche und Staat Verdienste erworben hatten.

Die Gräber liegen in Nischen, die durch ein Labyrinth von Wegen miteinander verbunden sind. Die Wege wiederum führen zu kleinen Kirchen, Kreuzstationen und Ikonenplätzen. Die sogenannten »fernen« Höhlen sind knapp 300 Meter lang, die »nahen« über 200 Meter. Sie sind fünf bis achtzehn Meter tief, die Gänge 1,50 Meter breit und zwei Meter hoch.

Über der Erde bauten die Mönche ebenso fleißig wie in den Höhlen. Sie errichteten sechzehn Kirchen auf dem Klostergelände. Das Kloster war bald ein beliebter Wallfahrtsort für die orthodoxen Christen aus ganz Rußland. Zu dem Heiligtum der Kiewer Rus, das von den Russen wenigstens einmal im Leben besucht werden mußte, pilgerten Arme und Reiche, die alle in den zahlreichen Klostergebäuden untergebracht wurden. Die Mittellosen durften umsonst übernachten, die anderen zahlten, soviel sie wollten oder konnten.

Arme Pilger, die Tausende von Kilometern durchs weite Rußland zu Fuß zurückgelegt hatten, blieben zuweilen Jahre im Kloster. Sie durften kostenlos wohnen und essen und halfen den Mönchen bei der täglichen Arbeit.

Die gottesfürchtigen Wallfahrer wurden nicht selten von Schwindlern, die sich zuhauf in Kiew aufhielten, mit »heiligen Waren« betrogen. Die einfachen und leichtgläubigen Pilger kauften Kreuze, Heiligenbilder oder Rosenkränze, die, so argumentierten die Verkäufer, von Heiligen getragen oder gesegnet worden seien. Andere wiederum wähnten sich schon im Himmel, weil sie ein Stück Holz vom Kreuz Christi, einen Flecken Stoff aus dem Umhang der Gottesmutter oder einen Becher mit Wasser aus dem Jordan von Betrügern erworben zu haben glaubten.

Die Höhlen des Kiewer Klosters dürften für Pilger ein »heiliges Erlebnis« gewesen sein, das sie ein Leben lang nicht vergaßen. In den näheren Katakomben liegen in offenen Särgen die durch das Mikroklima mumifizierten Leichen von Heiligen. Die wie aus Wachs geformten Hände sind auf der Brust gefaltet, das Gesicht ist mit einem Leinentuch verhüllt, das nur am Festtag des entsprechenden Heiligen entfernt wird. Die Gläubigen knien nieder, küssen die Leichen und bitten die Toten mit eindringlichen Gebeten, ihnen zu helfen, fromm, sündenfrei und gottergeben zu leben, um nach dem Tod im Himmel aufgenommen zu wer-

den. Als Dank legen sie Gaben auf die Teller, die auf den Särgen stehen.
Besonders verehrt und mit Gebeten überschüttet werden jene Mönche, die für die sündigen Menschen und ihr Seelenheil große Opfer gebracht haben. Die christlichen Märtyrer ließen sich lebend und stehend einmauern. Durch eine kleine Öffnung wurden ihnen Speisen und Getränke gereicht. Wenn die als Säulenheilige (»Stolpniki«) bekanntgewordenen Mönche glaubten, genug gelitten zu haben, ließen sie die kleinen Schlitze in der Mauer schließen und starben ihren selbstgewählten Tod.
In den »fernen« Höhlen des Klosters, die durch eine Schlucht von den »nahen« getrennt sind, liegen Heilige mit unbekannten Namen begraben, die jedoch große Wundertaten vollbracht haben. Aus ihren Köpfen (»myrrheflie-ßende Häupter«) tropfte wundertätiges Öl, das bei der Taufe und der Ölung von Kranken und Sterbenden von Priestern verwendet wurde. Das wundersame Öl aus den Totenköpfen der Heiligen wurde den Gläubigen auch in abgefüllten Flaschen verkauft; zu Hause heilten sie damit allerlei Krankheiten an Körper und Seele.
Das Höhlen-Kloster, das im Laufe der Jahrhunderte vor allem durch großzügige Spenden reich geworden war, mußte im 18. Jahrhundert einen Teil seines Vermögens (»unbewegliches Kirchengut«) aufgrund eines Zarenerlasses an den Staat abtreten. Im 20. Jahrhundert wurde das Kloster, in dem zuletzt über 400 Mönche und Brüder lebten, geschlossen. Nach dem Sieg der Bolschewiki über die Aristokratie, die Kirche und den Zaren im Jahr 1917 wurden die Mönche verjagt und das älteste russische Kloster zu einem Museum umfunktioniert. Das achtundzwanzig Hektar große Klostergelände mit vierzig Bauwerken stand

fortan zur »allgemeinen Besichtigung« offen. Unter Michail Gortbatschow, der mit seiner Perestrojka auch der Kirche mehr Freiheit gab, wurde das Höhlen-Kloster der Kirche teilweise zurückgegeben und wieder von Mönchen besiedelt.
Die ersten russischen Klöster in Kiew wurden von frommen und nur Gott verpflichteten Männern gegründet. Ihr Leben bestand aus »Arbeit, Fasten und Beten«. Im Volk waren die bescheidenen Mönche beliebt und angesehen. Diese Ausstrahlung und Anziehungskraft nutzten bald die Fürsten, die den orthodoxen Glauben zur Staatsreligion gemacht hatten, für ihre politischen und religiösen Ziele. Sie gründeten und stifteten Klöster, in denen sie dann das Sagen hatten. Hier bestimmten die Fürsten, die oft rechtzeitig vor ihrem Tod Mönche wurden, nach dem Stifterrecht den Abt und den Verwalter. Gemeinsam mit der kirchlichen Hierarchie, in die nur Mönche als Bischöfe und Metropoliten aufsteigen konnten, beeinflußten und festigten die Klöster die russische Staatskirche und damit den russischen Staat. Die Stifter-Klöster, die in Dörfern und Städten an bevorzugten Plätzen gebaut wurden, so daß sie von jedermann zu sehen waren, mehrten also das Ansehen und den Ruhm der Fürsten.
Der Großfürst von Kiew, Jaroslaw der Weise, verschlechterte, weil er einem selbständigen Staat eine eigenständige, nicht von Konstantinopel abhängige Kirche einrichten wollte, die Beziehungen zu Byzanz. Es kam zu militärischen Auseinandersetzungen. Selbst die Niederlage im byzantinisch-russischen Krieg 1043 hielt den Fürsten jedoch nicht davon ab, seinen politischen und kirchenpolitischen Kurs beizubehalten. Auf einer 1051 von ihm einberufenen Kirchensynode ließ er gegen das Verdikt des byzantini-

schen Patriarchen den Hofpfarrer Ilarion zum ersten Metropoliten von Rußland wählen, der russischer und nicht griechischer Abstammung war. Der russische Metropolit dankte dem Herrscher und pries ihn als den »rechtgläubigen Fürsten der Rus«, der ein Reich regiere, das überall in der Welt bekannt sei.
Obwohl die russischen Fürsten und Geistlichen bemüht waren, sich von der religiösen Vormundschaft zu befreien, blieben sie noch bis 1448 Söhne der byzantinischen Väter. Nach dem Russen Ilarion wurde wieder ein Grieche Metropolit in Kiew; von den 23 Metropoliten, die bis zum Mongoleneinfall 1240 in Kiew regierten, waren nur drei russischer Herkunft. Die Kiewer Untergebenen des byzantinischen Patriarchen mußten alle zwei Jahre in Konstantinopel erscheinen, um dem Oberhaupt der griechisch-orthodoxen Kirche, das auch für die russisch-orthodoxe Kirche die höchste irdische Instanz war, Bericht zu erstatten.
Jaroslaw der Weise, dessen Vater Wladimir den Glauben aus Byzanz angenommen hatte, akzeptierte letztendlich die kirchliche Oberhoheit der Griechen. Gleichwohl war er bemüht, gute politische und wirtschaftliche Beziehungen zum lateinischen Mittel- und Westeuropa, vor allem zu Deutschland, zu unterhalten; ein bedeutender Handelsweg, der von Süddeutschland über Prag und Krakau nach Kiew führte, hatte Jaroslaw darin bestärkt, sich mit den Deutschen auch dynastisch zu verbinden. Dem deutschen Kaiser Heinrich III. bot Großfürst Jaroslaw, dessen Gesandte Deutschland in den Jahren 1040 und 1043 besucht hatten, seine Tochter Anna als Frau an. Nachdem der Kaiser die deutsch-russische Familienallianz abgelehnt hatte, ehelichte der französische König Heinrich I. die junge Fürstin aus Kiew. Seine Söhne hatte Jaroslaw erfolgreich mit

ungarischen, böhmischen und polnischen Prinzessinnen vermählt; der Sohn Wsewolod hatte sogar die Tochter des byzantinischen Kaisers geehelicht. Er selbst war mit einer Tochter des schwedischen Königs verheiratet. Der orthodoxe Fürst und seine Kinder hatten also viele Kontakte zur katholischen Kirche im Westen, die wiederholt versucht hat, die Russen für sich zu gewinnen – jedoch ohne Erfolg. Als Jaroslaw im Jahre 1054 starb, begann das Schisma, die Trennung der östlichen und westlichen Christen, die bis heute nicht überwunden ist.

Obwohl Jaroslaw der Weise gebildet war und seine Kiewer Rus nach innen und außen festigte, obwohl seine eigene Erfahrung und die des Vaters ihn lehrte, daß die Aufteilung des Reiches in Fürstentümer, die den Söhnen vererbt wurden, nur wieder zu neuem Brudermord, Krieg und einer Schwächung des Staates führen mußte, handelte er nicht anders als seine Vorfahren und überließ das Schicksal der Rus seinen Söhnen. Die Thronfolge war theoretisch so geregelt, daß jeweils der Älteste der Rjurik-Dynastie der neue Großfürst in der Metropole Kiew werden sollte; aber das war eben nur Theorie. Die Brüder, die Söhne, teilten das Reich untereinander auf, sie brachten sich gegenseitig um, führten Kriege und schufen neue Fürstentümer; zuletzt hatte die Kiewer Rus einhundert herrschende Fürsten. Jaroslaws ältester Sohn Isjaslaw erhielt die Fürstentümer Kiew und Nowgorod, sein zweiter Sohn Tschernigow und Rjasan, die anderen vier Nachfolger bekamen die vier restlichen Fürstentümer; die ältesten Söhne erbten die größten und reichsten. Sechs Jahrzehnte lang kämpften sechs Nachfolger von Jaroslaw dem Weisen um den großfürstlichen Thron mit verheerenden Folgen für das Land.

Ein Enkel von Jaroslaw, Wladimir II. Monomach, konnte

die Fürstenfehden schließlich beilegen und die Kiewer Rus noch einmal vor dem Tode erretten. Wladimir II., Fürst von Tschernigow, der immer wieder, auf von ihm einberufenen Fürstentagen, versucht hatte, die blutigen Kämpfe der Rjurik-Nachfahren zu beenden und die Kiewer Rus als Staat zu erhalten, wurde nach einem Volksaufstand der Herrscherthron angeboten. Er ging nach Kiew, um den Staat zu festigen und die Ursachen für die Volksrevolte zu beseitigen. Er änderte die sozialen Gesetze im Land und verbesserte die Lebensverhältnisse der ärmeren Bevölkerung. Immer dann, wenn die Menschen in den Städten gegen Rechtlosigkeit, Hunger und Ausbeutung auf die Barrikaden gingen, war der Fürst gezwungen, die »Russische Wahrheit«, das älteste russische Gesetzwerk, in dem das politisch-soziale und religiöse Zusammenleben der verschiedenen Volksschichten schriftlich niedergelegt worden war, zu ändern und zu ergänzen. Die von Wladimir Monomach umgeschriebene »Russische Wahrheit« blieb bis zum Jahre 1497 gültig.
Der Großfürst, der den griechischen Beinamen Monomach seiner Mutter, der Tochter des byzantinischen Kaisers Konstantin IX. Monomachos, verdankte und der Nestor-Chronik zufolge ein gütiger, gerechter, gebildeter, aber auch strenger Regent war, konnte die äußeren und inneren Gefahren für die Kiewer Rus noch einmal abwenden. Das Nomadenvolk der Polowzer, die den frühmittelalterlichen Staat ständig bedrohten, schlug er in mehreren Schlachten zurück. Die rivalisierenden Fürsten im Lande zwang er mit Überredungskunst und Gewalt, sich Kiew unterzuordnen. Dennoch ahnte Wladimir Monomach, daß nach seinem Tod der Kiewer Staat endgültig zerfallen würde. Mit einem Vermächtnis an seine Söhne wollte er seinen Nachfahren

die große Verantwortung und Pflicht für Volk und Staat bewußt machen. Seine Söhne, schrieb er, sollten wohltätig sein, Witwen, Waisen und Schwache schützen. Sie sollten vor Sonnenaufgang aufstehen, Gottesdienste besuchen und gerecht urteilen. Das »Herr, erbarme dich«, meinte der gottesfürchtige Herrscher, solle immer wieder gesprochen werden. Weiter schrieb er in der »Ermahnung an seine Söhne«: »Der böse Feind, der Satan, wird überwunden durch drei gute Werke; Reue, Tränen und Wohltätigkeit. Ergebt euch um Gotteswillen nie der Trägheit des Herzens, meine Kinder, vergeßt nie diese drei guten Werke. Sie sind ja nicht so schwer zu vollbringen ... Hört mich an, und wenn Ihr nicht alles aufnehmt, was ich Euch lehre, so doch wenigstens die Hälfte davon. In Tränen betet zu Gott um Vergebung Eurer Sünden, und tut solches nicht nur in der Kirche, sondern jede Nacht vor dem Schlafengehen ... Vor allem aber vergeßt nicht die Bedürftigen und nährt sie nach Kräften, so gut Ihr vermögt. Vor allem speist die Waisen und beschirmet die Witwen, gestattet den Mächtigen dieser Erde nicht, einen Menschen zu verderben. Tötet keinen Unschuldigen, aber auch keinen Schuldigen, und befehlt nicht anderen zu töten! Im Gespräch, was Ihr auch reden möget, Gutes oder Böses, schwört nie beim Namen Gottes und malt nie das Kreuzzeichen, das führt zu nichts Gutem ... Vor allem aber hegt keinen Stolz im Herzen und im Sinne, sondern laßt uns folgendermaßen sprechen: ›Wir sind alle sterbende Menschen, heute sind wir am Leben, und morgen liegen wir im Grabe; und alles, was Du, o Gott, uns gegeben hast, ist nicht unser, sondern Dein, uns nur anvertraut für die geringe Zahl unserer Tage‹ ... Die Alten sollt Ihr ehren wie einen Vater und die Jungen wie einen Bruder ... Hütet Euch vor Lüge und Trunkenheit, durch diese Laster gehen Leib und Seele zugrunde... Unterwegs, wenn Ihr irgendwo Halt macht, tränkt und speist überall die Armen. Vor allem ehrt jeden Gast, mag er ein einfacher, ein hochstehender Mann oder gar ein Gesandter sein... Besucht die Kranken und gebt den Toten das Geleit, denn wir sind alle miteinander sterbliche Menschen... Ihr, meine Kinder, oder irgendein anderer, der dies lesen sollte, soll aber nicht denken, daß ich mich brüsten oder mein Heldentum ins Licht stellen will, ich rühme und preise nur Gottes Gnade dafür, daß er mich sündhaften schlechten Menschen so viele Jahre vor dem Tod bewahrt und mich nicht träge erschaffen hat, sondern eifrig zu allen menschlichen Taten... Fürchtet nicht den Tod, weder den Tod in der Schlacht noch den Tod durch wilde Tiere, sondern verrichtet mit Gottes Hilfe, mit Kühnheit Euer Werk, wie es Männern geziemt. Wenn es Gottes Wille ist, so kann – ähnlich wie mir geschehen ist – keiner von Euch zugrunde gehen... Wenn Euch aber von Gott Euer Tod bestimmt ist, so ist weder Vater noch Mutter noch Bruder imstande, Euch zu retten...«

Die den Söhnen anvertraute Kiewer Rus zerfiel nach dem Tode von Wladimir Monomach im Jahr 1125 schnell und unaufhaltsam. Die Zeit der Teil-Fürstentümer endete erst wieder mit dem Moskauer Einheitsstaat im 15. Jahrhundert. Kiew, die Wiege des russischen Staates und der russischen Religion, blieb zwar formell noch politisches, kulturelles Zentrum der alten Rus und Sitz des Großfürsten, aber tatsächlich herrschten die einzelnen Fürsten in Rußland eigenständig und eigennützig. Das Kiewer Reich im Süden, das 300 Jahre lang die Geschichte Rußlands bestimmt hatte, verlor seinen Einfluß und seine Macht.

Die freie Bojarenrepublik Nowgorod, die Fürstentümer Wladimir und Susdal

Das neue Rußland formierte sich weiter im Norden, mehr im Zentrum des russischen Territoriums. Schon vorher hatten sich ganze slawische Völkerscharen in Zentral- und Nordrußland niedergelassen. Die alte nordrussische Stadt Nowgorod-Wjelikis (Groß-Nowgorod), die sich pathetisch auch »Herr Groß-Nowgorod« nannte, hatte von Beginn an neidvoll auf die Rus im Süden geschaut und Kiew den Großfürstensitz immer mißgönnt. In Nowgorod habe sich der Waräger-Fürst Rjurik niedergelassen und somit die Staatsgründung der alten Rus eingeleitet; Nowgorod sei eigentlich die Wiege des russischen Reiches, meinten stolz die Menschen von Nowgorod.

Nach dem Tod von Wladimir Monomach nutzten die Nowgoroder die Schwäche von Kiew aus und erklärten ihre Unabhängigkeit vom Großfürsten. Im Jahr 1136 gründeten sie eine selbständige Nowgoroder Feudalrepublik, auch Bojarenrepublik genannt, die bis 1348 auch die Stadt Pskow regierte.

Nowgorod, am Fluß Wolchow und am Ilmensee gelegen, hatte die besten Voraussetzungen für einen Handesplatz zwischen dem Westen, Norden, Süden und Osten. Die ge-

schickten Kaufleute der Stadt nutzten die günstige geographische Lage und machten Nowgorod zu einem Zentrum der Wirtschaft und des Handels. Schon 1189 schlossen die Nowgoroder mit der deutschen Hanse einen Handelsvertrag. Die reichen Kaufleute und Bojaren, die in Nowgorod selbstbewußt und mächtig waren, ließen ihren Fürsten nie zu selbstherrlich und eigenmächtig regieren. Sie hatten dabei einen Verbündeten, ohne den sie den Machtkampf verloren hätten: die Kirche war in Nowgorod Gegner des Fürsten und Partner der Bojaren und reichen Händler.
1136, im Jahr der Unabhängigkeit Nowgorods, wird der regierende Fürst Wsewolod abgesetzt und mit seiner Familie in der Residenz des Bischofs eingesperrt. Er wird wegen nicht eingehaltener Verträge und Verletzung der Rechtsvorschriften angeklagt und aus der Stadt vertrieben, sein Nachfolger wird der Fürst von Tschernigow Swjatoslaw, der unabhängig von Kiew von den Nowgorodern gewählt worden war. Der Fürst verliert weitgehend seine politischen Rechte. Eine »Wjetsche« (Bürgerversammlung) wird in Nowgorod einberufen, in der Bojaren, Patrizier, aber auch Vertreter der einflußreichen Handwerker- und Händlerorganisationen vertreten sind. Die »Wjetsche« wird vom »Herrenrat« der Bojaren und Patrizier unter der Leitung des Erzbischofs regiert, der viele Rechte und Machtbefugnisse erhält, die vorher der Fürst innehatte. Der Bischof war Vorsitzender des obersten Gerichts und oberster Verwalter der Staatskasse, die in der bedeutendsten Kirche der Stadt, der Sophien-Kathedrale, verwahrt wurde.
Nach der Auflösung des Fürstentums in eine Bojarenrepublik wurden die großen Güter und Ländereien, die dem Fürsten gehörten, enteignet und der Kirche überschrieben. Der Erzbischof wurde damit der größte und reichste Groß-

grundbesitzer der Republik. Er herrschte über den Kreml und die Sophien-Kathedrale, hatte also die weltliche und kirchliche Macht in der Hand, die von der »Wjetsche« kontrolliert wurde. Die geistliche und materielle Welt war in der Stadt Nowgorod baulich getrennt. Der Fluß Wolchow, der die Sophien- von der Handelsseite trennte, wurde von einer Brücke überspannt. Die rechte Seite, benannt nach der Sophien-Kathedrale, beherbergte den Kreml mit seinen vielen Kirchen, auf der linken Seite standen das Rathaus und die Handelshäuser. Auf der linken Seite verdienten Handel und Gewerbe das Geld, das auf der rechten Seite der Stadt für den Ruhm und das Seelenheil der Bürger wieder ausgegeben wurde.
Der regierende Erzbischof und reichste Bürger des Stadtstaates förderte die Künste, vor allem die Ikonenmalerei, und den Bau von Kirchen, die die Eintracht von Geld und Glauben bezeugen sollten. Durch den Einfluß in der »Wjetsche« wurden in Nowgorod auch verweltlichte Gotteshäuser, sogenannte Bürgerkirchen gebaut; es sind einfache, in einem volkstümlichen Stil gebaute Kirchen, die in ihrer anheimelnden gemütlichen Atmosphäre an Wohnhäuser erinnern. Aus der Verbindung von Religion und bürgerlicher Kultur entstand ein vereinfachter, prosaischer und wuchtiger Baustil, der den freien und selbstbewußten Bürgern von Nowgorod entsprach.
Die Klassenunterschiede im Gotteshaus wurden aufgehoben. Während vor der Bojarenrepublik die reichen von den armen Bewohnern, die Aristokraten von den Bürgerlichen in der Kirche getrennt standen und der Fürst auf die Empore durfte, beteten die Gläubigen jetzt gleichberechtigt nebeneinander. Die Kirchen wurden von den Bewohnern einer Straße, dem Bischof, den Kaufleuten und den Boja-

ren gemeinsam finanziert und gebaut. In ihnen wurden nicht nur Gottesdienste abgehalten, sondern auch Waren gelagert und politische Versammlungen durchgeführt.
Zum Symbol der Unabhängigkeit, des Stolzes und der Macht wurde im freien Nowgorod die 1045 erbaute Sophien-Kathedrale, die nur acht Jahre später errichtet wurde als ihr Vorbild in Kiew. Die Hauptkirche des Nowgoroder Fürsten, die nach der Loslösung von Kiew den Bojaren und Kaufleuten übergeben und von ihnen unterhalten und verwaltet wurde, war für die Bewohner nur noch die »Heilige Sophia«. Wenn sie in den Krieg zogen, gelobten sie, für die »Heilige Sophia« zu siegen und zu sterben. Frieden schlossen sie nur in ihrem Namen. »Wo die Heilige Sophia steht, dort ist auch Nowgorod«, huldigten sie ihr. Nach der Sophien-Kathedrale erbauten die Nowgoroder noch zwei Kathedralen, zu Ehren des Heiligen Nikolaus und der Ehren Mariä-Geburt, die aber nicht höher sein durften als die »Heilige Sophia«; insgesamt bauten die gottesfürchtigen Nowgoroder in ihrer Stadt knapp fünzig Kirchen und vier Klöster.
Drei Jahrhunderte lang existierte der Stadtstaat Nowgorod, der sich in alle Himmelsrichtungen ausgedehnt hatte, eigenständig und ohne fremde Bevormundung; er blieb auch neben der Stadt Pskow der einzige territoriale Flekken im alten Rußland, der nicht von den Tataren erobert und zerstört wurde.
Erst Ende des 15. Jahrhunderts zerstörte Großfürst Iwan III. aus Moskau die freie Bojarenrepublik im Norden von Rußland. Sein Moskauer Heer, unterstützt von Soldaten aus anderen Städten Rußlands, besiegte 1477 die Nowgoroder, und der Großfürst tritt, wie er sagt, »sein rechtmäßiges väterliches Erbe« an. Er setzt fürstliche Statthalter ein und

löst die bisherigen politischen Institutionen der Stadt auf. Das Symbol der Freiheit, die Wjetsche-Glocke, die in Nowgorod die Bürger zu Versammlungen gerufen und vor äußeren und inneren Gefahren gewarnt hatte, läßt Großfürst Iwan abmontieren und nach Moskau bringen. Für ihn ist der Sieg über Nowgorod ein Schritt zur Vereinigung mit Rußland »unter dem Zepter des von Gottes Gnaden alleinigen Fürsten der ganzen Rus«.

Neben Nowgorod hatten sich im 12. Jahrhundert auch andere Zentren im Norden Rußlands gebildet, die eigenständig sein und sich aus den Zwängen der Kiewer Rus befreien wollten. Der Großfürst Wladimir Monomach aus Kiew hatte selbst den Norden kolonisieren helfen und dort Städte gegründet, wie das nach ihm benannte Wladimir. Im Norden von Kiew, also weiter im Zentrum von Rußland, wurde im 12. Jahrhundert eine Stadt nach der anderen gegründet, immer mehr Menschen zogen von Kiew in die neuen Siedlungsgebiete, die der Metropole im Süden den wirtschaftlichen und politischen Rang abliefen. Vor den Steppennomaden, die Kiew und das Dnjeprgebiet ständig bedrohten, flüchteten sie über die Oka nach »Salessje« (»hinter die Wälder«) in den Norden.

Beim Ausbau und der Gründung von Orten machte sich besonders der jüngste Sohn von Wladimir Monomach verdient. Jurij Dolgorukij (1100 bis 1157), der wegen seines unersättlichen Landhungers »die Langhand« genannt wurde, war Fürst von Rostow und Susdal und gründete Moskau am Fluß Moskwa. Nach dem Tod seines Bruders Mstislaw, des bisherigen Großfürsten, kämpfte Dolgorukij 1132 um den Thron in Kiew; erst 1154, nach über zwanzig Jahren, konnte er Kiew erobern und Großfürst werden.

Doch während er Kriege führte, Land eroberte und Städte

gründete, vergaß er nicht, sich bauliche Denkmäler zu setzen. In seiner Residenz Kideschka am Fluß Nerl, nahe Susdal gelegen, ließ er die Boris- und Gleb-Kirche erbauen, mit der er einen neuen Stil der Sakralarchitektur im nördlichen Rußland begründete; die dekorative Bauweise mit Skulpturen, Rundbogen und Stufenportalen, übernommen aus Byzanz, wurde durch einen einfachen Kreuzkuppel-Bau (mit Mauerwerk aus behauenem Kalkstein) ersetzt, der dem romanischen Stil nachempfunden war.

Der Sohn von Jurij Dolgorukij und Enkel von Wladimir Monomach, Andrej Bogoljubskij (Gottliebender), der das Fürstentum Wladimir und Susdal von seinem Vater geerbt hatte, wollte sein Teilfürstentum zum Mittelpunkt und zur Drehscheibe Rußlands machen. Mit ihm ergebenen Großgrundbesitzern, einer zufriedenen Kirche, treuen Beamten und einem starken Heer fühlte er sich mächtig genug, die Vorherrschaft von Kiew zu brechen. Gemeinsam mit anderen nordrussischen Teilfürsten, denen er seine Idee schmackhaft gemacht hatte, zog er aus, um die Stadt am Dnjepr, die Stadt seiner Vorfahren, der Begründer der alten Rus, die das Christentum angenommen und lange Zeit den Weg Rußlands bestimmt hatten, zu zerschlagen. 1169 wurde Kiew von Andrej Bogoljubskij erobert und geplündert.

Er bestieg jedoch nicht, wie es seine Vorfahren nach ähnlichen Kämpfen getan hatten, den Thron des Großfürsten, sondern verließ Kiew und nahm den Titel und die Macht mit nach Wladimir; Kiews Rolle als Hauptstadt war nach dreihundert Jahren damit endgültig zu Ende. Der Großfürst, der von einer zentralen russischen Macht in Wladimir träumte, wollte sich nun auch noch die Bojarenrepublik Nowgorod, das altrussische Zentrum im Norden, einverlei-

ben; trotz einer Blockade, die Hunger und Elend über die Stadt brachte, gelang es Bogoljubskij allerdings nicht, den Stadtstaat zu besiegen.
Wladimir, die neue Hauptstadt, am Fluß Kljasma, wurde wie Kiew vor allem mit Kirchen reich ausgestattet. Großfürst Bogoljubskij rief 1160 die »Meister der Länder« zusammen, um in Wladimir die Mariä-Entschlafen-Kirche bauen zu lassen. Die Kathedrale ist das wichtigste Bauwerk der nordöstlichen Rus aus dem 12. Jahrhundert, sie wurde zum Vorbild für andere Kathedralen im ganzen Land, unter anderem auch für die gleichnamige Kirche im Moskauer Kreml. Die Kathedrale liegt am Berghang über der Stadt und beherrscht die Silhouette Wladimirs. Die dreikuppelige Kirche ist nach dem Schema der Kathedrale im Kiewer Höhlen-Kloster gebaut und von innen nach außen reich mit Steinmetzwerken, Fresken und Gold verziert.
Ein Brand im Jahr 1185 zerstörte Teile der Kirche, vor allem die Malereien und Goldauflagen. Sie wurde von russischen Architekten ohne ausländische Hilfe wieder aufgebaut, und stolz verkündet die Chronik: »Es wurden keine Meister mehr von den Deutschen geholt.« Das wieder hergestellte Gotteshaus erhielt fünf (statt drei) vergoldete Kuppeln, die Innenräume, in fünf Teile untergliedert, wurden vergrößert. Das Kleinod des russischen Nordens brannte im Laufe der Jahrhunderte mehrmals ab, wurde aber immer wieder im alten Stil restauriert. Eine weitere Mariä-Entschlafen-Kathedrale steht im Fürstinnen-Kloster zu Wladimir, das die Frau des Fürsten erbauen ließ; in der Gruft des Klosters wurden die Fürstinnen beigesetzt. Der dritte Kirchenbau, der zu Ehren der Gottesmutter errichtet wurde, war dank der »Emsigkeit und Mühe der Wladimirer Kaufleute«, so die Chronik, am Ufer der Kljasma ermög-

licht worden. Dieses im Vergleich zu den Kathedralen kleine Gotteshaus hat fünf dicht nebeneinander stehende Kuppeln und einen Glockenturm mit Zeltdach.
Großfürst Bogoljubskij baute seinen Palast in Bogoljubowo, dem nicht weit von Wladimir und Susdal entfernten Dorf an der Kljasma, von dem er seinen Namen hatte, am erhöhten Flußufer zu einer Burg mit einem Wall und einem Festungsgraben aus. Der grausame und mißtrauische, aber auch kluge und politisch weitsichtige Sohn von Dolgorukij und einer tatarischen (Kiptschaker) Zarin, von der er seinen Stolz und Hochmut geerbt haben soll, festigte seine Herrschaft mit brutaler Gewalt und gottesfürchtiger Haltung. Neben weltlichen Palästen, in denen er Kriegspläne schmiedete, Intrigen ausheckte, mordete und morden ließ, baute er Kirchen, in denen er seine Missetaten beichtete und sühnte.
In Bogoljubowo ließ Bogoljubskij gleich zwei Steinkirchen dicht nebeneinander errichten und eine davon, die Mariä-Entschlafen-Kathedrale, über Bogengänge mit seinen Wohnräumen verbinden. Die Palastburg, die mit Türmen, Mauern und Wällen Schutz gegen äußere Feinde bot, wurde ihm schließlich zum Verhängnis. Der tyrannische Herrscher, der Schrecken der Bojaren, einfachen Menschen und der eigenen Familie, wurde 1174 von den engsten Vertrauten und seiner Frau umgebracht. Seine Verdienste für Rußland und den orthodoxen Glauben schätzte die russische Kirche indes höher ein als sein sündhaftes Leben: Sie sprach ihn 1702 heilig, Bogoljubowo wurde zu einem vielbesuchten Wallfahrtsort.
Der leidenschaftliche Architekt Bogoljubskij baute den Russen ein »Gedicht aus Stein«, das an Schönheit nicht mehr übertroffen wurde, wie russische Historiker schwär-

men. Unweit von Susdal ließ Fürst Bogoljubskij 1165 am Fluß Nerl, der dort in die größere Kljasma mündet, zwischen grünen Wiesen die weiße Mariä-Schutz- und Fürbittekirche auf einem angeschütteten Hügel errichten, nur etwa zwei Kilometer von seiner Residenz in Bogoljubowo entfernt. Die anmutige Kirche hat in der endlosen Weite des russischen Nordens allen Stürmen der Natur und Geschichte widerstanden. Die Wände der Kuppel neigen sich zur Mitte hin und lassen somit das Gebäude höher erscheinen, als es ist. Schmale Halbsäulen auf flachen Pilastern, langgezogene Fenster, dichtgedrängte kleine Säulen und eine spitze Kuppel, viele architektonische Details lenken den Blick des Besuchers unwillkürlich nach oben – von der Erde zum Himmel. Der Reliefschmuck an der Kirche ist kunstvoll, aber sparsam, die Bogenleisten an den Portalen scheinen aus Blättern geflochten zu sein.
Das »Gedicht aus Stein« sollte gleichzeitig auch die Macht und Eigenständigkeit des Wladimirer Rußlands symbolisieren. Das vom Fürsten in seinem Machtbereich eingeführte Fest der Gottesmutter (Mariä-Schutz und Fürbitte) und die ihr zu Ehren geweihte Kirche sollten den Glaubensvätern in Byzanz beweisen, daß Rußland politisch und religiös selbständig sei, noch mächtiger und größer werde und dafür den himmlischen Schutz der Gottesmutter habe.
Mit der Religion aus Byzanz hatten die Russen auch die kirchlichen Festtage übernommen. Der Fürst Bogoljubskij aber wollte zusätzlich eigene, russische, und führte das Fest »Poksow« zu Ehren der heiligen Jungfrau ein, das in Byzanz unbedeutend war. Das Fest am 1. Oktober wurde in Rußand vor allem auf dem Land bald zum beliebtesten Feiertag. Die Ernte war eingebracht, die Feldarbeit fast beendet, die Zeit zum Feiern war gekommen. Schon zu heidni-

schen Zeiten war der 1. Oktober ein Festtag, an dem Hochzeiten gefeiert wurden. Fürst Bogoljubskij hatte geschickt dem alten heidnischen Brauch, an dem noch viele Russen hingen, einen christlichen Feiertag übergestülpt.
Eine wundertätige Ikone, die in Rußland seit Jahrhunderten am meisten verehrt wird und zu den berühmtesten gehört, hatte Fürst Bogoljubskij aus Wyschgorod bei Kiew nach Wladimir gebracht. Dieses Kultbild, auf der Maria das Jesuskind auf dem Arm hält, ist der Legende nach eine von drei Ikonen, die vom Apostel und Evangelisten Lukas gemalt wurden. Als Maria die auf Holz gemalten Heiligenbilder gesehen hatte, sagte sie zu Lukas: »Gebenedeit werde ich nun von allen Völkern. Die gesegnete Güte, die von mir geboren wurde, wird auch die meine mit den heiligen Ikonen sein.«
Das Heiligenbild wurde dann der Legende folgend im 5. Jahrhundert von Jerusalem nach Konstantinopel gebracht. Dort blieb das Gnadenbild sieben Jahrhunderte lang. Der Patriarch von Konstantinopel schenkte es 1130 dem Großfürsten von Kiew, Jurij Dolgorukij, der es im Jungfrauenkloster in Wyschgorod aufstellen ließ. Als Dolgorukijs Sohn Andrej Bogoljubskij gegen die Fürstentümer Susdal und Rostow zu Felde zog, nahm er das Gnadenbild, das Wunder wirkte, mit auf den langen Weg. Am Fluß Kljasma hielt die Ikone, wie es in der Legende heißt, plötzlich an. Die Pferde konnten sich nicht mehr fortbewegen, sie waren wie gelähmt (im russischen Sprachgebrauch lebt, geht, kommt, erscheint . . . eine Ikone).
Nachdem die Ikone Tiere und Menschen angehalten hatte, erschien Fürst Bogoljubskij die Gottesmutter. Sie wies ihn an, nicht weiter nach Rostow zu ziehen, sondern nach Wladimir, um der Stadt die Gottesmutter-Ikone zu verehren;

seither trägt die Ikone den Namen »Wladimirskaja«. Sie wurde in der Uspenskij-Kathedrale, die ihr zu Ehren gebaut wurde, untergebracht. Der Ort Bogoljubowo entstand an der Stelle, an der die Ikone das Heer von Fürst Bogoljubskij angehalten hatte.
Die Russen verstehen die Ikone als Mittler zwischen Himmel und Erde, zwischen den Menschen und Gott. Fürst Bogoljubskij, der Ikonen nicht minder verehrte als die Gottesmutter, ließ ihr zu Ehren die Bogoljubskaja-Gottesmutter malen. Den Auftrag vergab er an griechische Maler, und sie hatten die Gottesmutter so zu malen, wie sie ihm erschienen war: Maria, in ganzer Gestalt, hält in der rechten Hand eine geöffnete Schriftrolle, die linke Hand ist ausgestreckt und bittet flehentlich um Vergebung der Sünden. Die Ikone wurde in der Klosterkirche von Bogoljubowo untergebracht; der 18. Juni wurde zu ihrem Festtag bestimmt.
Die Wunder, die die Wladmirskaja-Ikone vollbrachte, sprachen sich bald – wie die Chronik berichtet – im ganzen Land herum. Für die Moskauer Erlöser-Kirche und die Sretenie-Kirche im Kreml wurden Anfang des 15. Jahrhunderts Kopien der Wladimirskaja, vor der die Fürsten beteten, angefertigt. Zar Peter der Große, der den Fürsten Bogoljubskij und die Bogoljubskaja-Gottesmutter-Ikone verehrte, ließ für das Heiligenbild eine Kathedrale im Moskauer Wissokopetrowskij-Kloster erbauen.
Die Ikone der Gottesmutter von Wladimir war die Wundertäterin des mittleren und nördlichen Rußlands.
Gläubige aus Wladimir, aus den umliegenden Orten Twer, Murom, Rostow oder Susdal pilgerten zu der majestätischen Kathedrale von Wladimir, um zu der Ikone zu beten. Das von Geistlichen der Kathedrale zusammengestellte

Schriftwerk über die »Wunder der Gottesmutter-Ikone von Wladimir« kannten bald alle Russen. Die »göttlichen Feuerstrahlen«, die von der Ikone ausgingen, halfen dem Fürsten Bogoljubskij 1164 die Wolga-Bulgaren, die das Gebiet von Rostow und Susdal bedrohten, zu besiegen; vor dem Heer marschierten Priester mit einem Kreuz und der Ikone von Wladimir. Der Fürst betete vor der Schlacht zur Gottesmutter: »Jeder, der Dir vertraut, wird nicht fallen, und ich Sünder habe in Dir eine Mauer und einen Schutz«. Anschließend knieten der Fürst, die Offiziere und die Soldaten vor der Ikone nieder, küßten sie und gingen furchtlos in den Kampf.

Die wundertätige Ikone aus Wladimir wurde erstmals 1395 nach Moskau gebracht und sollte die Stadt vor den asiatischen Tataren schützen, die bis an den Don vorgedrungen waren. Der Moskauer Großfürst Wassilij stellte sich den Tataren, von den Russen die »Geißel Gottes« genannt, am Fluß Oka entgegen, der Metropolit Kiprijan ließ die wundertätige Ikone aus Wladimir holen. »Die ganze Stadt ging ihr entgegen«, heißt es in der Chronik, »mit brennenden Kerzen, Kreuzen, Ikonen, Weihrauch, Gebeten, Gesängen und mit Tränen in den Augen empfingen die Moskowiter das rettende heilige Bild auf dem Kutschkowo-Feld an der Wladimir-Straße. Tamerlan stand fünfzehn Tage an einer Stelle, ohne sein Heer in den Kampf zu schicken, dann kehrte er um«.

Die Legende berichtet, daß am 26. August 1395 – als die Ikone aus Wladimir in Moskau eintraf – der Tatarenführer Tamerlan im Zelt geschlafen und einen Traum gehabt habe. Vor ihm stand ein Berg, auf dem sich Heilige mit goldenen Stäben bewegten, über ihnen erschien eine leuchtende Frau, die ihm befahl, Rußland zu verlassen. Der

Tatarenherrscher, erschreckt durch den Traum, gab sofort Befehl umzukehren. Das Wunder der Ikone dankten der Fürst und der Metropolit mit einem weiteren Wladimirskaja-Feiertag am 26. August. An der Stelle in Moskau, wo die Ikone von den Moskowitern in Empfang genommen worden war, ließ der Fürst eine Kirche zur »Ehrenhaften Begegnung« und ein Kloster errichten.
Im Jahr 1480, als Moskau wiederum von den Tataren bedroht wurde, holten die Moskowiter - am 23. Juni - abermals das Heiligenbild aus Wladimir; auch dieser Tag und der 21. Mai wurden zu Festtagen der Wladimirskaja erklärt. Die hoch verehrte Ikone aus Wladimir weihte alsbald russische Metropoliten, Patriarchen und Zaren; Kirchen in allen Gegenden Rußlands wurden nach ihr benannt und zahlreiche Ikonen nach ihrem Urtypus gemalt.
Nachdem Moskau das Zentrum Rußlands geworden war, wurde auch die Wladimirskaja endgültig von Wladimir an die Moskwa gebracht und in der Uspenskij-Kathedrale des Kreml aufgestellt. Jetzt hängt die Ikone im Museum, in der Moskauer Tretjakow-Galerie. Für die Kunsthistoriker ist die Ikone heute wohl mehr ein Zeugnis der russischen Geschichte und Kultur als ein Gegenstand des Kultes. Für die russischen Gläubigen, die das Museum besuchen, ist und bleibt sie eine wundertätige Ikone, vor der sie sich wie ehedem bekreuzigen – auch in einem weltlichen Gebäude.
Im Großfürstentum Wladimir, zu dem auch die Stadt Susdal gehörte, bauten die Fürsten Kirchen und Klöster. Susdal, nördlich von Moskau gelegen, scheint auf den ersten Eindruck nur aus Türmen, Kirchen und Klöstern zu bestehen. Die »heiligen Zitadellen« der Stadt überragen das mit Flüssen und Seen durchzogene Susdaler Land. Doch nur in wenigen Kirchen werden heute Gottesdienste abgehalten.

Sie wurden nach der Oktoberrevolution geschlossen und meistens in Museen umgewandelt. Unter Gorbatschow werden die Kirchen allmählich wieder dem Patriarchat übergeben und für Gottesdienste genutzt.
Im 12. und Anfang des 13. Jahrhunderts schossen die Kirchen und Klöster förmlich wie Pilze aus dem Boden, eines mächtiger und größer als das andere. Im Zentrum der Stadt bauten die Fürsten Gotteshäuser, in den Vororten die Bürger. Ein russischer Kunsthistoriker: »Man kann sich nur darüber wundern, wie viele Kirchen in so einer kleinen Stadt Platz gefunden haben.« So viele Kirchen in Relation zur Fläche und Einwohnerzahl gibt es wohl nirgends auf der Welt. Die von den Bürgern errichteten Vorstadtkirchen sind oft paarweise angeordnet, die eine ist für den Sommer, die andere für den Winter gebaut worden. Die Gotteshäuser für den Sommer haben hohe Gewölbe und sind somit auch bei warmen Außentemperaturen angenehm kühl. Die für den kalten Winter (von bis zu vierzig Grad minus) gebauten Kirchen sind kleiner, niedriger und werden mit einem kleinen Öfchen, das sich im Altar befindet, geheizt.
In Susdal wurden nebeneinander fünf große Klöster gebaut; die ältesten sind das Alexander- und das Wassilij-Kloster. Das größte, das Erlöser-Euthynios-Kloster, liegt im Osten der Stadt und ist von einer kilometerlangen Mauer, die durch zwanzig Türme unterbrochen wird, umgeben. Die mit Zwiebeltürmen ausgestattete Kathedrale des Klosters ist von innen und außen mit Fresken bemalt. Sie wurde zu Ehren der Geburt von Iwan dem Schrecklichen gebaut, dem einzigen Sohn des Großfürsten Wassilij III., und erhielt den Namen von Johannes dem Täufer, dem Schutzheiligen Iwans.

Im Erlöser-Kloster waren zeitweise nicht nur Gebete und Gesänge der Mönche zu hören, sondern auch das Schreien, Weinen und Wehklagen Gefangener, die von ihren Wächtern gequält wurden. Unter der Zarin Katharina II. beherbergte das Kloster ein Gefängnis, in das Männer eingesperrt wurden, die sich gegen das Unrecht der Zarenherrschaft aufgelehnt hatten. Am Flußufer der Kamenka liegt malerisch, von allen Seiten sichtbar, das Mariä-Schutz-Kloster, das ebenfalls der Vater von Iwan dem Schrecklichen hatte bauen lassen. Auch dieses Kloster wurde von den Herrschern zweckentfremdet und als Gefängnis genutzt. Hinter diesen Klostermauern wurden Frauen inhaftiert, und das erste Opfer war die Gattin des fürstlichen Klostergründers selbst. Da Solomonija Saburowa keine Kinder gebären konnte, wie ihr Mann, Wassilij III. behauptete, wollte er sich von ihr scheiden lassen. Nachdem er fünfzehn Jahre lang erfolglos gegen seine Frau prozessiert hatte, verbannte er sie 1525 in das Susdaler Kloster.
Aus der Großfürstin Solomonija wurde die Nonne Sophia, die nach ihrem Tod auch im Kloster begraben wurde. Die angeblich unfruchtbare Nonne soll, erzählen Chroniken, im Kloster einen Sohn geboren haben, den sie treuen Freunden übergeben habe, um ihn vor der tödlichen Rache des großfürstlichen Ehemanns zu schützen. Außerdem habe sie verbreiten lassen, daß der Sohn kurz nach der Geburt gestorben sei, und eine »Bestattung« inszeniert. Neben ihrem Grab wurde später ein Sarg gefunden, in dem eine Stoffpuppe lag, eine Bestätigung also dafür, daß ihr Sohn nicht gestorben ist, sondern bei Freunden gelebt hat. Im Mariä-Schutz-Kloster war eine zweite prominente Frau eingekerkert. Die erste Ehefrau von Zar Peter dem Großen, Jewdokija Lapuchina, die gemeinsam mit ihrem Sohn,

dem Thronfolger und Zarewitsch Alexej Petrowitsch, der später hingerichtet wurde, an einer Verschwörung gegen den Zaren, Ehemann und Vater teilgenommen hatte, mußte ihr restliches Leben hinter strengbewachten Klostermauern verbringen. Aus den familiären Verschwörern gegen den Zaren wurden später Märtyrer, die in der Petrus- und Paulus-Kathedrale des Klosters mit Memorialtafeln geehrt wurden; in der benachbarten Winterkirche wurde ein Altar für den hingerichteten Zarewitsch errichtet.

Nachdem Fürst Andrej Bogoljubskij in der zweiten Hälfte des 12. Jahrhunderts den Thron des Großfürsten von Kiew in den Norden nach Wladimir verlegt hatte, regierten auch seine Nachfolger, sein Bruder Wsewolod (1177 bis 1212) – wegen seiner vielen Kinder »das große Nest« genannt –, und dessen Söhne von Wladimir aus das ganze russische Reich. Im Grunde aber war die feudalistische Rus zersplittert, sie wurde von vielen kleineren und größeren Fürstentümern und der Nowgoroder Bojaren-Republik beherrscht; zu den mächtigeren gehörten die Fürsten von Wladimir und Susdal, Galizien und Wolhynien, von Pereslawl und Salessje, von Rjasan und von Twer. Die russischen Fürsten, die sich untereinander ständig befehdeten und einander die ärgsten Feinde waren, hatten durch die Bindung ihrer politischen und militärischen Kräfte im eigenen Land kaum bemerkt, daß an ihren Grenzen dunkle Wolken aufzogen. Einige von ihnen, die vergeblich auf die Hilfe der anderen warteten, bekamen einen Vorgeschmack von dem, was Rußland später durch den Mongoleneinfall erwarten sollte. Das Turk- und Nomadenvolk der Polowzer hatte das Heer von vier Fürsten aus dem Norden Rußlands empfindlich geschlagen. Im russischen »Igorlied«, vergleichbar mit dem mitteldeutschen »Nibelungenlied«, führt der unbekannte Autor, der die Niederlage der Russen gegen die Polowzer schildert, bittere Klage über das zersplitterte und ohnmächtige Vaterland, das bald von den Mongolen besiegt werden sollte.

Mongolenherrschaft

Mit wilder Gewalt eroberte ein Volk aus der östlichen Steppe Asiens, von dem viele noch nie etwas gehört hatten, Asien und ganze Teile Europas. Die Mongolen, die unter ihrem Herrscher Temudschin, dem Dschingis Khan, Anfang des 13. Jahrhunderts China besiegten und sich Sibirien, Persien, Aserbeidschan, Armenien und Georgien einverleibten, zogen unaufhaltsam immer weiter gegen Westen. Im Jahre 1223 schlugen die wendigen Krieger von Dschingis Khan hoch zu Roß das russische Heer einiger Teilfürsten am Fluß Kalka. Die Mongolen, die von den Russen bald Tataren, bald Tataro-Mongolen oder Mongolo-Tataren genannt wurden, feierten am Abend auf den im Kampf gefallenen russischen Leibern das Siegesmahl.

Von dem bis zur Schlacht an der Kalka in Rußland unbekannten mongolischen Steppenvolk schreibt die Nowgoroder Chronik: »In demselben Jahr (1223) sind um unserer Sünden willen unbekannte Stämme gekommen. Niemand hat recht gewußt, wer sie sind und von wo sie aufgebrochen sind, welches ihre Sprache ist, aus welchem Geschlecht sie stammen und welches ihr Glaube ist. Man nennt sie Tataren.« Auch die Schlacht an der Kalka wird geschildert:

»Eine zahllose Menge von Menschen kam um, und da war Wehklagen, Weinen und Leid in allen Städten und Dörfern ... Die Tataren aber wandten sich vom Dnjeprfluß ab, und wir wissen nicht, von wo sie gekommen und wohin sie wieder gezogen sind. Gott allein weiß, von wo er sie hat über uns kommen lassen um unserer Sünden willen.«
Die mongolischen Krieger waren nach dem Sieg an der Kalka nicht weiter gezogen, weil Dschingis Khan, der 1227 starb, sie noch einmal nach Hause gerufen hatte. Sein Enkel Khan Batu (1227 bis 1255), der das Reich der »Goldenen Horde« gründete, kam nach einem Jahrzehnt wieder nach Europa; ursprünglich war mit der »Goldenen Horde« das goldene Zelt des Khans gemeint, später aber auch die Hauptstadt, die Batu in das untere Wolgagebiet (Saraj-Batu) und später in die Nähe des heutigen Wolgograd (Saraj-Berke) verlegt hatte. Khan Batu eroberte in den Jahren von 1227 bis 1240 weite Teile Rußlands.
Als 1237 über 300 000 mongolische Krieger vor dem Fürstentum Rjasan standen, war der Fürst, den lediglich seine fürstlichen Neffen aus der Nachbarschaft unterstützten, schon verloren. Der Fürst Jurij von Wladimir, den sie dringend um Unterstützung gebeten hatten, wollte nicht helfen und sich allein verteidigen. Nach fünftägiger Belagerung wurde Rjasan niedergebrannt, und alle Bewohner der Stadt einschließlich des Fürsten und seiner Familie wurden getötet. Die Mongolen zogen eilig weiter und verheerten auf dem Weg in die einzelnen Fürstentümer Dörfer, Siedlungen und Städte; nacheinander eroberten sie die Städte Kolomna, Moskau, Susdal und Wladimir.
Den Widerstand der russischen Fürsten schätzte Khan Batu so schwach ein, daß er sich nach dem Fall von Wladimir sogar dazu entschloß, sein Heer aufzuteilen, um somit

schneller ganz Rußland erobern zu können. Und auch diese Maßnahme sollte sich als richtig erweisen. Förmlich im Galopp eroberten verschiedene mongolische Heeresteile gleichzeitig Jaroslawl und Rostow, die Städte an der Wolga, und Perjeslawl, Jurjew, Wolokolamsk und Twer; allein im Februar 1238 wurden 14 russische Städte von den Mongolen besiegt. Vom Norden zogen die asiatischen Steppenkrieger gegen Süden und zerstörten Kiew, die Hauptstadt der alten Rus.

In der russischen Chronik steht darüber: »Es kam Batu gegen Kiew mit großer Macht, mit einem sehr zahlreichen Heer, und die Macht der Tataren umringte die Stadt und umgab sie mit Sperren, und es wurde die Stadt streng belagert. Und Batu weilte in der Nähe der Stadt, und seine Diener umringten die Stadt, und man konnte nichts hören wegen des Knarrens seiner Wagen, wegen des Brüllens seiner vielen Kamele und wegen des Wieherns seiner vielen Pferde, und das russische Land war voll von Feinden. Und die Leute von Kiew ergriffen einen Tataren, namens Towrula, und dieser sagte ihnen, wie stark das Heer der Tataren war ... Und Batu stellte vor der Stadt Sturmgeräte auf, in der Nähe der Polentore, weil sich hier der Wald bis dicht an die Stadt heran erstreckte. Und diese Geräte schlugen unaufhörlich Tag und Nacht und schlugen die Mauern ein, und die Stadtbewohner kamen zur Bresche, und hier konnte man den mit Spießen geführten Nahkampf sehen und das Geräusch der Schilde hören; Pfeile verdunkelten das Licht für die Besiegten, und als Dimitrij verwundet war, erstürmten die Tataren die Mauern und blieben dort während des Tages und der darauf folgenden Nacht. Die Stadtbewohner aber machten eine zweite Befestigung bei der Kirche der heiligen Gottesmutter. Am folgenden Morgen griffen die Tataren an, und es entbrannte zwischen ihnen eine große Schlacht. Als aber die Menschen sich mit ihre Habe in die Kirche und auf die Emporen geflüchtet hatten, brachen die Mauern der Kirche unter der Last zusammen, und so wurde die Stadt von den Feinden genommen . . .«

In einer anderen Chronik heißt es lapidar: »Im selben Jahr (1240) nahmen die Tataren Kiew, und sie plünderten die Sophienkirche und alle Klöster, die Ikonen und die heiligen Kreuze, und alle kostbaren Meßgewänder nahmen sie fort. Die Menschen aber, alt und jung, töteten sie mit dem Schwert, und diese Bosheit ereignete sich vor dem Geburtstag des Herrn, am St. Nikolaus-Tag.«

Selbst als die russischen Fürsten von den Eroberungen und Massakern der Mongolen gehört hatten, waren sie immer noch nicht in der Lage und willens, den Fehdehandschuh abzustreifen und vereint gegen den Mongolenherrscher Batu anzutreten. In Wladimir – und die Stadt ist nur ein Beispiel für Hunderte von anderen – wurden die Frauen und Kinder von regierenden Fürsten und Bojaren, Kaufleuten und von einfachen Menschen, die vor den Mongolen in die Kirche geflüchtet waren, samt der Kirche verbrannt.

Nach der Eroberung der beiden wichtigen russischen Zentren Kiew und Wladimir durch die Mongolen waren nahezu alle Fürstentümer, bis auf die Bojaren-Republik Nowgorod und Pskow, in der Hand von Khan Batu. Die Nowgoroder und Pskower Bürger und Soldaten konnten ihre Städte und ihr Land gegen die anstürmenden Mongolen verteidigen. Sie wurden wohl auch dadurch begünstigt, daß sich das mongolische Reitervolk in der unwegsamen, sumpfigen und waldreichen Gegend des Nordens nicht wohl fühlte.

Die Mongolen zogen mit ihrer gewaltigen kriegerischen

Kraft weiter westwärts. 1241 schlugen sie bei Liegnitz in Schlesien ein Ritterheer der Polen und Deutschen, das von Herzog Heinrich II. angeführt wurde; am Fluß Theiß wurde ein ungarisches Herr unter König Bela IV. von ihnen besiegt. Der weitere Siegeszug des asiatischen Reiterheers wurde nur gestoppt, weil 1241 zu Hause der Groß-Khan Ügedei starb und Khan Batu mit seinen Kriegern den Rückzug antrat. Das Reich der Mongolen umfaßte Mitte des 13. Jahrhunderts ein Gebiet, das vom Chinesischen Meer im Osten bis Polen im Westen, vom Himalaja im Süden bis Sibirien im Norden reichte; die Hauptstadt des Großen Khans, also des Groß-Khanats, war nach Peking verlegt worden. Von den Chinesen wurden die Mongolen bereits 1368 wieder aus dem Land vertrieben. Rußland beherrschte die Goldene Horde über zweihundert Jahre lang. Erst im 15. Jahrhundert konnten sich die Russen von den Mongolen befreien.

Die Bevölkerung im – bis auf Nowgorod und Pskow – besetzten Rußland bestand hauptsächlich aus Mongolen, Wolga-Bulgaren, Mordwinen, Russen, Griechen und den Nomadenvölkern der Turkmenen, Kirgisen und Polowzern. Die politischen, religiösen und kulturellen Unterschiede in den eroberten und unterworfenen russischen Gebieten waren beträchtlich. Während die Nomadenvölker noch in patriarchalischen Verhältnissen lebten, hatten die Slawen bereits ausgeprägte feudale Strukturen und einen orthodoxen Glauben. Die Mongolen, die dem Schamanentum huldigten, also an Geister und Zauberer glaubten, waren anderen Religionen gegenüber tolerant, wohl auch aus der Meinung heraus, daß alle für das Volk und Heil des Groß-Khans beten würden. In der Goldenen Horde wurde 1272 der Islam als Religion eingeführt, wäh-

rend sich bei den übrigen Mongolen in Asien vor allem der Buddhismus durchsetzte.
Während die mongolischen Besatzer in religiöser Hinsicht milde und nachgiebig waren, herrschten sie politisch hart und kompromißlos, auch in den eigenen Reihen. Die Goldene Horde war streng hierarchisch gegliedert und wurde von Khanen und dem mongolischen Hordenadel despotisch beherrscht. Der Adel rekrutierte sich aus mongolischen Prinzen, dem Hochadel, dessen Emire oft die schärfsten Gegener der Khane waren, und dem mittleren Militär- und Zehntsadel, der sich zum Teil aus den unterdrückten Völkern zusammensetzte und den Mongolen bedingungslos zu dienen hatte.
Der italienische Franziskanerpater Giovanni de Piano Cerpini, der im Auftrag des Papstes von 1245 bis 1247, unmittelbar nach der Eroberung von Kiew, über Südrußland an den Hof des Groß-Khans nach Karakorum reiste, sollte die Politik, das Leben und Kriegshandwerk der Mongolen ausforschen. Er schrieb: »Auf unserer Reise durch dieses Land (Südrußland) fanden wir denn eine unzählbare Menge zerstreuter Schädel und Knochen von toten Menschen. Denn Kiew war eine große und volkreiche Stadt gewesen; aber jetzt ist Kiew zu einem Nichts herabgesunken, kaum 200 Häuser zählt man noch darin, und die Einwohner werden in schrecklicher Knechtschaft gehalten. Hinsichtlich ihrer Gestalt unterscheiden sich die Tataren von anderen Menschen. Der Abstand der Augen und der Backen ist weiter als bei anderen Menschen. Die Backenknochen ragen reichlich über die Kinnbacken hinaus. In der Taille sind sie im allgemeinen schlank, von wenigen Ausnahmen abgesehen. Fast alle sind von mittlerer Größe. Fast alle haben nur einen spärlichen Bartwuchs. Immerhin tragen

manche einen schütteren Kinn- und Backenbart, den sie möglichst wenig scheren. Auf dem Scheitel des Hauptes haben sie eine Tonsur nach Art unserer Geistlichen, und von einem Ohr zum anderen zieht sich bei allen, in der Breite von drei Fingern, ein glattrasierter Streifen hin, der in der erwähnten Tonsur einmündet. Auch über der Stirn rasieren sie sich in ähnlicher Weise einen Streifen, der gegen zwei Finger breit ist. Jene Haare aber, die zwischen der Tonsur und der erwähnten Rasur verwurzelt sind, lassen sie bis zu den Augenbrauen wachsen. Seitlich der Stirn schneiden sie die Haare kurz, in der Mitte halten sie sie länger. Die übrigen Haare wachsen so lang wie bei Frauen; sie flechten daraus Zöpfe, die hinter den Ohren zusammengebunden werden. Ihre Füße sind auch nur von mittlerer Größe. Jeder hat so viele Gattinnen, wie er zu erhalten imstande ist. Der eine hat 100, der andere 50, wieder ein anderer 10 Frauen, andere mehr oder weniger. Sie heiraten Weiber auch aus der eigenen Verwandtschaft, mit Ausnahme der Mutter, der Tochter und der Schwester.«
Am Ende seines Berichtes gibt er den von den Mongolen unterdrückten Völkern in Europa Ratschläge, mit welchen Mitteln die mongolische Knechtschaft abzuschütteln sei: »Wer gegen die Tataren kämpfen will, muß entsprechend bewaffnet sein. Gute, starke Bogen, Schleudermaschinen (diese werden von den Tataren gefürchtet), Pfeile in ausreichender Zahl, gute Schwerter aus gutem Eisen, Schilde mit langem Griff sind unentbehrlich. Die eisenern Pfeilspitzen von Bogen- oder Wurfmaschinenpfeilen müssen, wie bei den Tataren, heiß in Salzwasser gehärtet worden sein, damit sie stark genug sind, die Rüstungen zu durchdringen. Schwerter und Lanzen sollten mit einem Haken versehen sein, womit man sie aus dem Sattel herunterziehen kann;

denn aus dem Sattel fallen sie sehr leicht. Und Messer muß man haben und doppelte Panzer, denn diese werden von den Pfeilen nicht durchbohrt. Und Sturmhelme muß man haben und andere Abwehr für Menschen und Pferde. Wer aber nicht so gut bewaffnet ist, wie ich es eben aufgezählt habe, soll während der Schlacht hinter den anderen schreiten und gegen die Tataren Pfeile schießen. Und niemand darf mit Geld geizen hinsichtlich der Ausrüstung, denn es steht alles auf dem Spiel; Seele und Leib, Freiheit und Besitz ... Und wenn die Tataren eine Flucht vortäuschen, so soll man sie nicht weit verfolgen, ohne sich vergewissert zu haben, daß man in einen Hinterhalt gelockt werde, wie sie es zu tun pflegen. Und immer sollten für den Notfall Reservetruppen bereitstehen ... Und jeder tatarischen Front muß man eine eigene entgegenschicken ... Tag und Nacht müssen unsere Führer das Heer mit Wachtposten sichern, damit die Tataren nicht plötzlich und unvermutet einen Überfall machen. Denn wie die Teufel sind die Tataren darauf bedacht, ihre Feinde auf mannigfaltige und raffinierte Art zu schädigen. Sowohl am Tag wie in der Nacht muß man immer bereit sein. Man darf sich nicht ungesittet niederlegen noch sorglos sich zu Tische setzen, sonst wird man überrumpelt, denn die Tataren sind immer wach und auf Schädigung bedacht.«

Zweihundertfünfzig Jahre lang waren die Mongolen die Herren in Rußland. Der aufkommende Wohlstand in den russischen Fürstentümern, die wachsende Bildung und Kultur, die vom benachbarten Byzanz beeinflußt und übernommen wurden, waren durch die asiatischen Eroberer gestoppt worden. Die russischen Fürstentümer waren machtlos, die Menschen arm und hungrig. Den Fürsten, Bojaren und einfachen Bürgern war der Stolz genommen, sie waren zu Dienern degradiert worden. Die einst selbstherrliche und mächtige Rjurikdynastie blieb unter den Mongolen zwar in Wladimir, Kiew und anderen Städten bestehen, jedoch nur um die Befehle und den Willen der asiatischen Khane zu vollstrecken und durchzusetzen. Die russischen Fürstentümer mußten an die Mongolen hohen Tribut zahlen, der anfangs von ihnen selbst eingetrieben wurde. Wenn die Steuern nicht pünktlich und in voller Höhe gezahlt wurden oder werden konnten, dann wurden die Fürstentümer von den mongolischen Kriegern erneut überfallen, ausgeraubt und geplündert. Die Steuersätze, die Zahlungstermine und auch alle anderen kleinen Rechte und großen Pflichten der Russen gegenüber der Goldenen Horde wurden in Saraj, ihrer Hauptstadt an der unteren Wolga, entschieden. In Saraj wurde auch bestimmt, wer russischer Fürst oder Großfürst, also Statthalter der Mongolen wurde. Kein Nachkomme der Waräger konnte, ohne in Saraj gewesen zu sein und das amtliche Siegel des Khans erhalten zu haben, den Fürstenthron besteigen.

Die traditionellen Fehden der russischen Fürsten, die trotz der landesweiten fremden Unterjochung keine Einigkeit finden konnten, nutzten die mongolischen Khane geschickt aus. Nachdem die an Wärme gewohnten Mongolen den klimatisch unwirtlichen Norden Rußlands verlassen und sich im Süden niedergelassen hatten, buhlten die russischen Fürsten noch mehr um die Gunst des Khans, um in seinem Auftrag die Herrschaft in Nordrußland ausüben zu können; die unwürdige Eintreiberei der Steuern hatten die Mongolen mittlerweile auf die russischen Fürsten und ihre Beamten übertragen. Fürst Jaroslaw, der die Nachfolge seines großfürstlichen Bruders Jurij in Wladimir antreten sollte, fuhr in die Hauptstadt der Goldenen Horde; auf

Knien schmeichelte er dem Khan und versprach ihm ein treuer und würdiger Untertan zu sein, der alle Pflichten erfüllen und die Steuern wunschgemäß eintreiben werde. Jaroslaw wurde Großfürst, und gönnerhaft erlaubte ihm der Khan zudem, den Titel »ältester aller Fürsten« zu tragen.

Damit die russischen Fürsten nicht zu selbständig und immer wieder an den eigentlichen Herrscher und seine Macht erinnert wurden, bestellte der Khan 1246 den »ältesten Fürsten« nach Saraj und ließ ihn vergiften. Mit ähnlichen taktischen Schachzügen, Gewalt und Mord festigten die Mongolen auch weiter ihre Herrschaft in Rußland.

Die Fürstentümer Nowgorod und Pskow, die als einzige in Rußland von der Mongolenherrschaft verschont blieben, wurden nun von Feinden aus dem Norden angegriffen. Die Schweden und die Deutschen Ordensritter wollten sich Nowgorod-Wjelikij (Groß-Nowgorod) und Pskow einverleiben. Fürst Alexander, der seit 1236 in der freien Republik Nowgorod als von der Stadt gewählter Fürst regierte, machte die Pläne der Schweden und deutschen Ritter zunichte. Er schlug die Schweden 1240 an der Newamündung und erhielt nach dem Sieg den Beinamen Newskij. Den deutschen Ritterorden besiegte er 1242 auf dem Eis des Peipussees. Drei Jahre später konnte er auch die noch überwiegend heidnischen Litauer besiegen.

Der militärische und politische Sieg gegen die Schweden und die deutschen Ritter, die »Lateiner«, war auch ein Sieg der orthodoxen Russen über die Katholiken aus dem Westen, die die Absicht hatten, vorerst im Norden Rußlands den Katholizismus einzuführen. Papst Innonzenz IV. machte in einem Unionsangebot von 1248 Alexander Newskij ein entsprechendes Angebot, das der Fürst ab-

lehnte; wegen dieser Haltung wurde er zum Symbol eines Verteidigers und Beschützers des russischen Glaubens und der russischen Erde und später heilig gesprochen.
Während Alexander Newskij, der durch seine militärischen Erfolge gestärkt und selbstbewußt geworden war, gegenüber den Mongolen geschickt taktierte und vom Khan 1252 als Großfürst von Wladimir anerkannt wurde, ging der Hader und Kampf zwischen den russischen Fürsten trotz der Fremdherrschaft weiter. Die Schwäche der Russen nutzten die Mongolen aus. Sie zogen die Daumenschrauben weiter an und ließen eine Volkszählung mit dem Ziel durchführen, die Steuern für den einzelnen Russen weiter zu erhöhen. Die so drangsalierten und ausgepreßten Menschen erhoben sich unorganisiert gegen die asiatische Ausbeutung. Auch einige Fürsten, die die Unterdrückung mittlerweile für unerträglich hielten, fingen an, gegen die Mongolen Widerstand zu leisten.
Das große Fürstentum Twer versuchte einen offenen Aufstand gegen die Mongolen und wurde dafür grausam bestraft. Twer und andere Städte des Fürstentums wurden niedergebrannt und ausgeplündert, die Menschen zu Tausenden umgebracht. Der Twerer Fürst, sein Sohn und sein Enkel wurden in die Goldene Horde nach Saraj zitiert, für den Aufstand verantwortlich gemacht und hingerichtet. So wurde jeder Versuch eines Aufruhrs gleich im Keime brutal erstickt.
Neben den Mongolen, die Rußland schon beherrschten, drohte dem leidgeprüften russischen Volk inzwischen eine weitere Gefahr. Die starke Armee, die sich der junge Staat Litauen aufgebaut hatte, konnte selbst den Konflikt mit den mongolischen Reiterheeren wagen. Mitte des 14. Jahrhunderts drangen die Litauer bis zum Schwarzen Meer vor

und eroberten ganze Teile von Weißrußland und der Ukraine, einschließlich Kiews.
Russische Menschen, die vor den Mongolen aus besetzten Städten und Dörfern in unwegsame Sumpfgebiete am Dnjepr geflohen waren, hatten sich vereinigt und nannten sich Kosaken. Sie lebten unter Führung eines Atamans, kämpften gegen die Mongolen und nannten ihr Land Ukraina, Grenze, die Grenze also zwischen den Mongolen und ihnen selbst; damit war für Jahrhunderte die Trennung zwischen Großrussen und Kleinrussen (Ukrainern) besiegelt. Auch das russische Teilfürstentum Galizien, das 1350 von Polen erobert wurde und schon vorher den katholischen Glauben aus Rom übernommen hatte, ging verloren; aus der russischen Stadt Lwow wurde das polnische Lwów, zu deutsch Lemberg.

Das Moskauer Rußland

Von der alten Rus in Kiew, der Wiege des russischen Staates und Christentums, war die wirtschaftliche, politische und militärische Macht in den Norden, in die Mitte Rußlands nach Nowgorod, Susdal und Wladimir verlegt worden. Von dort aus sollte Rußland allmählich wieder erstarken und die Fremdherrschaft abschütteln. Den Grundstein für das Moskauer Rußland legte Iwan I. »Kalita« (Geldbeutel), wegen seiner Habgier und Raffsucht so genannt. Er zahlte an die Mongolen hohe Geldsummen, erhielt 1325 dafür den Titel eines Großfürsten von Moskau und 1328 von Wladimir. Moskau aber machte er zum mächtigsten Fürstentum in Rußland. Iwan »Kalita«, in die russische Geschichte als »Sammler der russischen Lande« eingegangen, verstand es, trickreich, gewitzt und bis zur Selbstaufgabe untertänig mit den Khanen der Goldenen Horde umzugehen und hatte sie davon überzeugen können, ihn allein die Kopfsteuer in Rußland einziehen zu lassen. Der Fürst trieb die Steuern pünktlich und oft brutal ein und schreckte dabei auch vor rigorosen Strafmaßnahmen nicht zurück, wenn ein Fürstentum nicht zahlen wollte oder konnte. Iwan, der Geldbeutel, lieferte also an die Besatzer den ge-

forderten Tribut und dachte darüber hinaus erfolgreich vor allem an sich. Durch die Machtstellung und die Möglichkeit, hohe Geldsummen über Moskau zu bewegen und zu verdienen, konnte der Fürst mit leichter Hand Dörfer, Ländereien und ganze Fürstentümer kaufen.
Die Mongolen, die mit den Steuereinnahmen zufrieden waren und nicht mehr selber mit Gewalt die Steuern einzutreiben brauchten, ließen den fürstlichen »Geldbeutel« gewähren. Zur Festigung Moskaus gelang ihm ein weiterer Schritt. Er konnte den russisch-orthodoxen Metropoliten, der bereits seinen Amtssitz von Kiew nach Wladimir verlegt hatte, überzeugen, in Moskau, dem neuen russischen Zentrum, zu residieren. Iwan »Kalita« begründete damit ein Bündnis zwischen Kirche und Staat, das vor allem bei der Befreiung vom Mongolenjoch eine entscheidende Rolle spielen sollte.
Das »Sammeln der russischen Lande« um Moskau herum wurde mittlerweile durch das expandierende litauische Großfürstentum gestört, das einerseits als Gegner der Goldenen Horde Moskau mehr Spielraum einräumte, aber eben auch die Russen bedrohte und den Einigungsprozeß störte. Durch Zwistigkeiten der Khane innerhalb des Mongolenreichs und durch Niederlagen, die ihnen die Litauer zugefügt hatten, hielt sich das Kräfteverhältnis zwischen Litauern, Russen und Mongolen Mitte des 14. Jahrhunderts mehr oder weniger die Waage, obwohl die Litauer 1370 noch Smolensk, russisches Kernland also, erobert hatten und dicht bis an Moskau herangekommen waren.
Auch die Nachfahren von Iwan »Kalita« sorgten dafür, daß die Macht und Fläche ihres Moskauer Fürstentums größer wurde. Iwans Enkel Dimitrij, von 1359 bis 1389 Großfürst von Moskau, war einer der Rjuriknachkommen und ent-

schlossen, gegen die mongolischen Besatzer, die nun schon über 140 Jahre das Land besetzt hielten, mit der Waffe in der Hand zu kämpfen; dafür brauchte er auch die Unterstützung anderer russischer Fürsten.

Am 8. September 1380 zog ein vereinigtes russisches Heer auf dem »Kulikowo Polje« (Schnepfenfeld) am Don in den Kampf gegen ein mächtiges Mongolenheer. Auf beiden Seiten gab es große Verluste, aber die Russen gingen als Sieger aus der Schlacht hervor. Der russische Fürst Dimitrij erhielt für den Sieg den Beinamen »Donskoj«. Der Nimbus der mongolischen Unbesiegbarkeit war damit gebrochen. Daran änderte auch die Vergeltung der Mongolen nichts, die als Rache für die verlorene Schlacht 1382 Moskau niederbrannten.

Die erste gewonnene Schlacht gegen die Mongolen wäre ohne die politische, moralische und religiöse Hilfe der Kirche, die den Staat bedingungslos unterstützte, nicht möglich gewesen. Der Sieg am Don machte den Russen Mut, gab ihnen einen Teil ihres Selbstvertrauens zurück. Zum politischen und religiösen Aufschwung im Moskauer Rußland trugen vor allem Klöster bei, die in Moskau und um die Stadt herum entstanden, so wie vorher in Kiew oder Wladimir.

Aus einem kleinen Holzhaus, errichtet in den Wäldern um Moskau, entstand, nachdem sich die politische und religiöse Macht von Kiew über Wladimir nach Moskau verlagert hatte, das bis heute einflußreichste Kloster in Rußland und das Zentrum der russischen Orthodoxie: Das Dreifaltigkeits-Sergij-Kloster (das heutige Sagorsker Kloster).

Das Dreifaltigkeits-Sergij-Kloster wurde Anfang des 14. Jahrhunderts gegründet. Das 70 Kilometer nordöstlich von Moskau gelegene Kloster ist für russische Christen ein heiliger Ort und für Atheisten eine Stätte der nationalen Kultur und Geschichte. Das Kloster, das sehr früh zum Bindeglied zwischen der Kirche und dem Staat wurde, hat in Rußland den Grundstein für die Einheit des Staates und den Sieg über die tatarischen Fremdherrscher gelegt. Der Mönch Sergij von Radonesch, der das Kloster gründete, hat es verstanden, die Russen religiös und national für den Kampf gegen die Tataren zu motivieren. Diese Tat haben die Russen nie vergessen. Der heilige Sergij wird von den Gläubigen als Wundertäter, von den anderen Russen als Mann der Geschichte verehrt.

Sergij wurde 1313 oder 1314 in der Nähe von Rostow-Welikij als Sohn reicher Bojaren, die dem Rostower Fürsten treu dienten, geboren. Nachdem der Moskauer Fürst Iwan »Kalita« den Rostower Fürsten besiegt hatte, wurde Sergijs Familie gezwungen, in das kleine Städtchen Radonesch bei Moskau zu ziehen, nur 14 Kilometer von der Stelle entfernt, wo später das Kloster erbaut wurde. Der Mönch Sergij erhielt seinen Beinamen von der Stadt Radonesch, das Kloster wurde zu Ehren seiner Person und der Dreifaltigkeit benannt.

Der Heilige Sergij, der sich im Gegensatz zum normalsterblichen Sergej – in Rußland ein beliebter Vorname – mit »ij« am Ende und nicht mit »ej« schreibt, war schon früh Gottes Ruf gefolgt, berichtet die russische Kirchengeschichte. Als die schwangere Mutter einen Gottesdienst besuchte und der Priester das Evangelium verkündete, habe der ungeborene Sohn so laut im Mutterleib geschrien, daß es die anderen Gläubigen hören konnten. Als Säugling dann habe er sich an hohen kirchlichen Feiertagen geweigert, an der Brust der Mutter zu trinken. Gebete zu Gott hätten dem schlechten Schüler geholfen, bessere Noten zu erzielen. Ein alter Mann, den Sergij als Kind auf dem Feld getroffen hatte und der von den Eltern als Bote Gottes gedeutet wurde, empfahl dem Jungen, aus einem Buch Psalmen zu lesen. Den Einwand Sergijs, daß er noch nicht lesen könne, erwiderte der alte Mann: Gott wird dir helfen. Und Sergij konnte lesen.

Der fromme Junge, der bereits mit zwölf Jahren ohne elterliche Hilfe die Fastengebote der russichen Kirche einhielt und für sich noch strenger auslegte, nahm mittwochs und freitags keine Nahrung zu sich, an den übrigen Tagen lebte er hauptsächlich von Brot und Wasser. In der Kirche und zu Hause betete er oft, manchmal sogar ganze Nächte hindurch. Nachdem seine Eltern in ein gemischtes Kloster als Mönch und Nonne eingetreten waren, erfüllte sich auch Sergij seinen Herzenswunsch und wurde Mönch. Gemeinsam mit seinem Bruder, dessen Frau gestorben war, gründete er eine Einsiedelei in den Wäldern um Moskau. Die Brüder, die nur Gott dienen, beten und körperlich arbeiten wollten, waren überzeugt, daß sie das eigentliche mönchische Leben, so wie es die Mönche in der alten Kiewer Rus vor 300 Jahren gelebt hatten, nur in der Einsamkeit verwirklichen könnten.

Die Bojarensöhne bauten sich eine Hütte mit Mönchszellen, ein kleines Kirchlein und erhielten vom Moskauer Metropoliten die Genehmigung, das Gotteshaus zu Ehren der Dreifaltigkeit zu weihen. Die schwere physische Arbeit, die karge Nahrung, die Einsamkeit, das ständige Beten aber überforderte Sergijs Bruder und zwang ihn, in ein Kloster in Moskau einzutreten. Mit seinen Freunden, den »Tieren des Waldes und Vögeln des Himmels«, blieb Sergij allein. Doch bald war die Kunde vom asketischen Leben des Mönchs bis in die Dörfer und kleinen Städte um Moskau herum gedrungen. Junge Männer, die dem himmlischen Vater ebenso dienen wollten wie Mönch Sergij, pilgerten zur Einsiedelei in der Hoffnung, mit ihm leben zu dürfen. Nach langem Zögern nahm er die gottesfürchtigen jungen Männer auf. Aus der Einsiedelei wurde das bekannte Dreifaltigkeits-Sergij-Kloster.

Um Mönch Sergij, der das »absolute« monastische Leben in der Einsamkeit und Wildnis der unberührten Wälder gesucht hatte, scharten sich die hilflosen Menschen und suchten bei ihm Rat in allen Fragen des Lebens. Bauern rodeten in der Nähe des Klosters Wald, legten Felder und Wiesen an und waren davon überzeugt, daß in der Nähe des würdigen Vaters Sergij die Ernten reichlicher ausfallen und die Kühe mehr Milch geben würden. Aus dem Einsiedler Sergij wurde der fürsorgliche Abt eines Klosters, das Mühe hatte, die vielen Bewerber, die Mönche werden wollten, aufzunehmen. Sergij, der liebend von seinen Mitbrüdern »Vater« genannt wurde, hatte erkannt, daß er dem Mönchstum in Rußland als Abt in einer Gemeinschaft mehr dienen könne denn als Einsiedler in der Einsamkeit. Er begründete 1354 im Norden Rußland die koinobitische (gemeinschaftliche) Form des Klosterlebens, die einstmals schon in der Kiewer Rus eingeführt, aber wieder vergessen worden war. Das Sergij-Kloster war Vorbild geworden. Um Moskau herum wurden in kurzer Zeit 30 weitere Klöster gegründet.

Die Mönche, ob Novize oder Abt, waren alle den gleichen Klosterregeln verpflichtet. Sie beteten in Zellen, nahmen an gemeinschaftlichen Gottesdiensten teil und arbeiteten körperlich. Abt Sergij sei allen ein Beispiel gewesen, sagt die russische Kirchenchronik. Er habe stets »für zwei« gearbeitet. Überall, ob in der Küche, der Mühle oder der

Wäscherei, habe er Hand angelegt. Gegessen habe er wenig und bescheiden. Mit Gottes Hilfe habe er unzählige Wunder vollbracht. Nach einem von ihm gesprochenen Gebet sprudelte eine Quelle aus dem Boden im Kloster. Mit einem Gebet habe er Sünder bestrafen und himmlische Stimmen vernehmen können. Die Gottesmutter, berichten Chronisten, sei ihm als erstem russischen Heiligen erschienen.

Die Kunde vom weisen und Wunder vollbringenden Sergij hatte sich bald in ganz Rußland herumgesprochen. Die Folge war, daß immer mehr Russen ins Kloster pilgerten, um bei Sergij Rat und Hilfe zu suchen. Fürsten, reiche und arme Bauern, kranke und gesunde Menschen, ja selbst der Metropolit von Moskau suchten das Gespräch mit dem Abt des Klosters, der sein Ansehen und seinen Einfluß vermehrt auch politisch nutzte.

Dem Mönch, der sich ein starkes, freies und orthodoxes Rußland wünschte, war bewußt, daß er dieses Ziel nur erreichen konnte, wenn die Russen sich mit vereinten Kräften vom tatarischen Joch befreiten. Für diese Aufgabe allerdings mußten seine Landsleute national und religiös motiviert werden. Der Moskauer Großfürst Donskoj, der mit der tätigen Hilfe von Sergij die Hoheit über die anderen russischen Fürsten erlangt hatte, das geistliche Oberhaupt der Russen, der Moskauer Metropolit Aleksiji, und Abt Sergij, für die Russen zu Lebzeiten schon ein Heiliger, waren sich einig, daß die christlichen Russen nicht ewig die Knechte der barbarischen Tataren bleiben dürften.

Der Kampf gegen die tataro-mongolischen Heere sei der einzige Weg, der den unterdrückten Russen offen bliebe. Großfürst Donskoj, der vor der entscheidenden Schlacht auf dem Schnepfenfeld 1380 den Abt im Kloster besuchte, hatte an die prophetischen Worte und den Segen seines geistlichen Freundes Sergij geglaubt: »Fahre mutig gegen die Gottlosen, schwanke nicht, und du wirst siegen«. Zwei kampferfahrene Mönche, die Sergij stellvertretend für sich mit in die Schlacht geschickt hatte, stärkten das seelische Befinden des Feldherrn Donskoj.

Die russischen Soldaten, die für ihren Glauben und ihr Vaterland kämpften, besiegten erstmals das zahlenmäßig überlegene tatarische Heer. Abt Sergij, »die Fahne der Frömmigkeit« genannt, hatte mit seinem »geistigen Auge« alle Phasen des Kampfes verfolgt und die Soldaten mit seinem Gebet für den Sieg unterstützt. Der Sieg über die Tataren auf dem Schnepfenfeld beendete zwar noch nicht die Besatzerzeit der Goldenen Horde in Rußland, aber er gab den Russen vor allem die moralische Kraft, den angeblich übermächtigen Feind endgültig besiegen zu können.

Großfürst Donskoj, der die Soldaten in den Kampf geführt, und Abt Sergij, der sie religiös und moralisch eingestimmt hatte, starben nacheinander 1389 beziehungsweise 1392. Ihre politischen und religiösen Erben hatten sie vor ihrem Tod ermahnt, den von ihnen eingeschlagenen Weg nicht zu verlassen: Sie sollten den russisch-orthodoxen Glauben im Volk, das Bündnis zwischen Staat und Kirche weiter festigen und so gestärkt dann die Feinde aus dem Land verjagen. Die Nachfahren, die den Fürsten und vor allem den Mönch verehrten, befolgten strikt die Ermahnungen der Verstorbenen. In Rußland waren die religiösen und sittlichen Kräfte wieder erwacht. In der Zeit von 1340–1440 wurden in Rußland über 150 Klöster neu gegründet; ein Ausdruck dafür, meinen russische Theologen, daß der sittliche Zustand der Gesellschaft intakt war;

von 1240–1340, also in der Zeit nach dem Tatareneinfall, wurden lediglich 30 Klöster errichtet.
Abt Sergij, der mit 78 Jahren starb, wurde gleich nach seinem Tod heilig gesprochen und in die noch kurze Liste der russischen Heiligen eingetragen. Der Verstorbene wurde in einer Klostergruft beigesetzt. Das Kloster erhielt zusätzlich seinen Namen, zahlreiche Kirchen in ganz Rußland wurden ihm zu Ehren geweiht. Das Kloster wurde zum Wallfahrtsort und zu einer heiligen Stätte; aber auch zu einem Ort, an dem Wunsch der Gründer lebendig blieb, für den Glauben und die Heimat zu kämpfen. Nachdem die Tataren, die fast 300 Jahre Rußland besetzt hielten, aus dem Land vertrieben worden waren, mußte Rußland und das Kloster gegen neue Besatzer kämpfen. Als polnische Heere 1610 Moskau und den Kreml erobert hatten und die religiöse Kloster-Festung mit 30 000 Soldaten einnehmen wollten, wehrten sich die Mönche und Menschen im Ort mit allen Mitteln und »dem Gebet« so erfolgreich, daß das übermächtige Heer mit hohen Verlusten und resigniert abziehen mußte. Wieder einmal hatte das Kloster dazu beigetragen, Rußland vor dem Feind zu retten.
Die Zaren, die Fürsten und Bojaren, die den Mönchen ihren politischen, militärischen und religiösen Einsatz dankten, beschenkten das Kloster mit Ländereien, Gold und wertvollem kirchlichem Schmuck. Und so wurde das Kloster zu einem feudalen Großgrundbesitzer mit leibeigenen Bauern und einem florierenden Handel. Die Mönche, an sich dem Gebet, dem Gottesdienst und der physischen Arbeit verpflichtet, waren erfolgreiche Geschäftsleute geworden. Sie nutzten den Glauben, die Opferbereitschaft der Menschen und verdienten damit Geld.
Jeden Dienst ließen sie sich entgelten. Für Taufen, Hoch-

zeiten, Beerdigungen im Kloster wurden hohe Rubelsummen verlangt, die nur von reichen Russen aufgebracht werden konnten. Entsprechend teuer waren das Seelenamt, die Beisetzung und die Grabstätte im Kloster – viele vermögende Russen äußerten als letzten Willen an einem heiligen Ort begraben zu werden. Arme Russen, die jährlich millionenfach ins Kloster pilgerten, vor der Reliquie des Heiligen Sergij und vor wundertätigen Ikonen beteten, spendeten ihre letzten Ersparnisse, um dafür später im Himmel belohnt zu werden.

Den Lohn auf Erden kassierte erst einmal das Kloster. An Kirchen und Bahnhöfen, sogar an der Bahnlinie St. Petersburg-Moskau aufgestellte Opferstöcke brachten Millionen ein. Wundertätige Ikonen, die Krankheiten heilen, die Ernte reicher machen, Städte und Dörfer vor Feinden schützen sollten, verlieh das Kloster für Geld an verzweifelte Menschen, die tief von der Heilskraft der Ikone überzeugt waren. Spenden reicher und armer Russen, der Geschäftssinn der Mönche, machten das Kloster zum reichsten der Welt. Großzügige Geschenke – mit Edelsteinen besetzte goldene Kelche und Kreuze, Bucheinbände, Ikonen – haben die Zaren und Fürsten zu ihren Ehren, zu denen der Kirche und zum Ruhme Gottes dem Sergij-Kloster übergeben.

Dennoch war die Macht der Klöster und Kirche, vor allem die Ausstrahlung des Dreifaltigkeits-Klosters auf die Russen und die Gläubigen, vielen Zaren ein Dorn im Auge. Sie allein wollten die letzte weltliche und geistliche Autorität sein und mit keinem auch nur ansatzweise die Macht teilen. Der Wohlstand des Klosters, der gleichzeitig auch politischen Einfluß garantierte, mißfiel vor allem Peter dem Großen, dem das Kloster einst nach Intrigen am Zarenhof

Zuflucht geboten hatte. Er beschloß, die Einkünfte der Mönche zu halbieren.
Die getaufte Protestantin und später eifrige orthodoxe Christin Katharina die Große ging noch einen Schritt weiter als der von ihr bewunderte Zar Peter. In ihren Augen hatten die unersättlichen Mönche, die mittlerweile über hunderttausend leibeigene Bauern besaßen, ihre Raffgier übertrieben und sollten dafür bestraft werden. Die resolute Zarin nahm dem Kloster fast den gesamten Grund und Boden weg.
Zar Nikolaus I, der das Kloster besuchte und von dem Reichtum überwältigt war, wollte mit Hilfe der Klosterschätze einen Krieg finanzieren. Er sagte zum Moskauer Metropoliten, der gleichzeitig auch Abt des Klosters war: »Ihr seid reich, wie diese Pracht bezeugt. Ich aber werde einen Krieg beginnen und brauche Geld. Ihr werdet die Summe meinem Finanzminister zur Verfügung stellen, die dieser euch nennt.« Der Metropolit antwortete: »Das können wir nicht, nicht wir sind reich, wir sind arm und verwalten nur Gottes Gut. Es ist nicht erlaubt, dieses zu berühren . . . Und das Anathema trifft den, der sein Gut an sich reißt.« Die Drohung mit Gott beeindruckte den Zaren nicht: »Meinst du? Meinst du das wirklich? Aber es handelt sich nicht um sein Gut, denn das Kloster ist mein wie euer Schatz, euer Geld und euer Boden, wie ihr und wie du selbst. Dies alles und ihr gehört mir.« Der Zar hatte gesprochen und bestimmt. Das Kloster mußte Millionen Rubel für einen Krieg an die Staatskasse zahlen.
Als die atheistischen Kommunisten in der Oktoberrevolution von 1917 gesiegt, die Monarchie abgeschafft und den christlichen Glauben zum Feind erklärt hatten, erklang auch die Sterbeglocke für das berühmte russische Kloster.

Die Mönche wurden vertrieben, in Straflager gesperrt oder umgebracht. Im Jahr 1919 wurden die Pforten der heiligen Stätte, die jahrhundertelang das Schicksal Rußlands mitbestimmt hatte, geschlossen. Die Reliquie des Heiligen Sergij, zu der Millionen Russen gepilgert waren, um sich Hilfe und Linderung bei Leiden und Not zu erbeten, wurde in ein Museum nach Moskau verbracht und der Lächerlichkeit preisgegeben; der Hokuspokus der Religion, der Aberglaube und der Betrug des christlichen Glaubens am Volk sollten auch mit der Reliquie aufgezeigt werden. Das Städtchen neben dem Kloster, das den Namen des Heiligen Sergij trug, wurde nach einem Kommunisten namens Sagorsk umbenannt.

Als Stalin die russischen Christen im zweiten Weltkrieg brauchte, um gemeinsam mit ihnen die Sowjetunion vor der drohenden Niederlage gegen die deutsche Armee zu retten, erleichterte der Diktator ihre katastrophale Lage. Etliche Klöster, darunter auch das Dreifaltigkeits-Sergij-Kloster, der heilige und nationale Ort, durften wieder eröffnet werden. Das Kloster in Sagorsk blieb – bis auf die kurze Unterbrechung durch Lenins Revolution – das Zentrum der russischen Orthodoxie. Die Reliquie des heiligen Sergij ruht nun wieder in einem silbernen Sarkophag in der ältesten Kirche des Klosters.

Wie früher auch kommen die orthodoxen Christen zu Tausenden aus der gesamten Sowjetunion nach Sagorsk, um am Grab des Klostergründers zu beten, das Grab zu küssen, geweihtes und heiliges Wasser zu trinken und um von den wundertätigen Ikonen Hilfe und Gnade im täglichen Leben zu erbitten.

Wenn das Osterfest oder Weihnachten gefeiert, der Geburts- oder Todestag des Heiligen Sergij begangen wird, kommen in der Regel über 100 000 Gläubige und Schaulustige nach Sagorsk. Viele übernachten dann in den Kirchen, weil sie in der Stadt kein Quartier mehr gefunden haben. Die weitgereisten Pilger, die aus allen Teilen des großen Landes ins Kloster kommen und oft Tage und Wochen zu Fuß und mit der Eisenbahn unterwegs waren, dabei Tausende Kilometer zurückgelegt haben, bleiben dann für mehrere Tage in Sagorsk und beten oft rund um die Uhr in den Kirchen des Klosters, die alle noch an den Prunk vergangener Zeiten erinnern. Die Kuppeln sind vergoldet, innen hängen wertvolle alte Ikonen und Kreuze.

Im größten Kloster in der Sowjetunion, dem ein Priesterseminar und eine theologische Akademie angeschlossen sind, die knapp 1000 Schüler und Studenten beherbergen, leben über 100 Mönche, die beten, arbeiten und an langen Gottesdiensten teilnehmen, die an hohen Feiertagen über fünf Stunden dauern. Nachwuchssorgen hat das Sagorsker Kloster ebensowenig wie die anderen Klöster in Rußland. Es gibt, wird aus Kirchenkreisen versichert, mehr Bewerber als freie Plätze in den Klöstern. Bislang allerdings ist die Zahl der Frauen- und Männerklöster auch noch gering; vor der Revolution hatte Rußland über 1000 Klöster, heute sind es etwa 50. Obwohl die liberalisierte Sowjetunion unter Michail Gorbatschow auch den Gläubigen die Freiheit gebracht hat und der Staat alle ehemaligen Klöster der Kirche zurückgeben möchte, ist sie finanziell und personell vorerst nicht in der Lage, die zum Teil verwahrlosten Bauten zu übernehmen und zu restaurieren.

Das Leben in Rußland ist früher – und so soll es wieder werden – stark von der Kirche, dem Glauben und vor allem den Klöstern geprägt worden. Nur Mönche »der schwarzen Geistlichkeit«, die im Zölibat lebt, dürfen in der russisch-orthodoxen Kirche Bischof, Metropolit oder Patriarch, das Oberhaupt der Kirche, werden. Die verheirateten Priester »der weißen Geistlichkeit« arbeiten als Seelsorger in den Kirchengemeinden von Dörfern und Städten.

Ende des 15. Jahrhunderts brach ein Streit zwischen zwei Mönchen aus, der bis heute nicht gänzlich entschieden ist und immer wieder aufflammt. Er sollte die Kirche und die Gesellschaft im Sinne des Christentums reformieren und den rechten Weg aufzeigen. Josif Wolokolamskij, ein Befürworter des koinobitischen (gemeinschaftlichen) Klosterlebens, wollte mit strenger Disziplin, mit der Einhaltung der religiösen Gebote im Kloster wie in der Gesellschaft für christliche Werte und Rechtschaffenheit sorgen. Die Klöster und die Kirche sollten, so Wolokolamskij, reich sein, um den Armen und den sozial schwächeren Menschen helfen zu können. Damit Kirche, Staat und somit die Gesellschaft stabil blieben, müßten die weltliche und geistliche Macht eng verbunden sein und ihre politischen und religiösen Entscheidungen vertrauensvoll miteinander absprechen. Der Mönch Wolokolamskij wurde damit (ungewollt) zum Befürworter einer Staatskirche, die von den Zaren und Fürsten später für ihre Politik mißbraucht werden sollte.

Der Mönch Nil Sorskij dagegen, ein Anhänger des Skiten-Klosters (Einsiedelei), wollte die Klöster, die Kirche, den Staat und die Gesellschaft grundsätzlich reformieren. In seiner Argumentation berief sich der »Starez« (der Alte, der kluge, weise Mann) auf Christus, der arm und demütig gewesen sei; folglich müßten auch die Klöster und die ganze Kirche auf ihren üppigen Reichtum, auf ihren Prunk und Pomp, auf die goldenen mit Edelsteinen verzierten Kreuze und Kelche verzichten. Der bescheidene Mönch, der aus einer vermögenden Bojarenfamilie stammte, verurteilte die Gewalttätigkeit der Zaren und Fürsten, den hierarchischen Aufbau der Kirche und deren Intoleranz gegenüber Andersgläubigen. Der gelehrte Pater, von seinen Anhängern der »heilige Intellektuelle« genannt, predigte die Liebe und Harmonie unter den Menschen, lehnte jeglichen unnötigen Reichtum ab. Nur die Askese und Armut als geistliches Ziel könne dem Menschen Zufriedenheit und das wahre Heil bringen.

Nil Sorskij, der »Starez unter den Starzen«, forderte, daß die reichlichen Spenden, die die Klöster und die Kirche jährlich erhielten, an Arme und Bedürftige verteilt würden; daß die Klöster auf ihren enormen Besitz an Grund und Boden verzichten und sich nur von der Arbeit ihrer Hände ernähren sollten. Mit diesem Vorschlag hatte der gerechte Streiter den Finger in eine tiefe Wunde gelegt. Die Klöster besaßen im 15. Jahrhundert mehr als ein Drittel des gesamten russischen Bodens, ihnen gehörten ganze Dörfer, Städte und Bezirke. Die Moral der Mönche verkümmerte entsprechend dem wachsenden Reichtum. Die Menschen sahen in ihnen nur noch Diebe, die sich bereichern wollten und die Seelen verkümmern ließen. Nil Sorskij, der eben diesen Sumpf und die Amoral in den Klöstern und der Kirche sah, verlangte eine radikale Wende, um die Religion und ihre Institutionen zu wahren christlichen Zentren und Vorbildern für Volk und Herrscher werden zu lassen.

Nil Sorskijs geistlicher und politischer Gegner, Josif Wolokolamskij, der ebenfalls Kirche und Staat mit von oben verordneter strenger Disziplin reinigen und von den Sünen befreien wollte, konnte sich mit Hilfe der weltlichen und geistlichen Obrigkeit letztendlich durchsetzen. Nur eins erreichte er nicht: die Erneuerung von Kirche und Staat. Sorskijs Ideen, für die korrupten Bischöfe und Fürsten eine drohende Gefahr, wurde verboten. Die Klöster wurden geschlossen, die Mönche vertrieben oder eingesperrt. Der sittliche Verfall der Kirche und Klöster, die Abhängigkeit vom Staat, die verlorengegangene Achtung und Wertschätzung im Volk sollten für die Kirche nicht ohne Folgen bleiben.

Zar Peter der Große, der in Rußland absolutistisch regierte und sich als weltlicher und geistlicher Herrscher verstand, schaffte die zentrale Kirchenleitung, das Patriarchat, ab. Die Zarin Katharina die Große schloß mehr als die Hälfte der Klöster und konfiszierte die Güter samt der leibeigenen Bauern. Die Russen, die keine ehrlichen Bindungen mehr zu ihren Geistlichen und Mönchen hatten, verurteilten die zaristischen Maßnahmen nicht. Die Mönche, einst geachtet und verehrt, hatten im Volk mittlerweile den Ruf von Parasiten, die nur auf Kosten anderer lebten. Deshalb auch konnten die Zaren die Kirche und die Klöster immer mehr reglementieren. Sie wurden verpflichtet, sich »nutzbringend« zu betätigen, sie mußten Kranke oder verwundete Soldaten pflegen, hilfsbedürftige Menschen und Waisenkinder aufnehmen, denen sie auch Unterricht zu erteilen hatten. Die Aufnahme ins Kloster wurde erschwert. Frauen durften erst ab dem 40. Lebensjahr Nonnen, Männer erst mit 30 Jahren Mönche werden.

Die moralische Erneuerung der Klöster erfolgte erst wieder im 19. Jahrhundert. Einfache und gebildete Männer, die sich an das Starzentum und die redlichen Ideen von Nil Sorskij erinnerten, wollten in wahrer Liebe zu Gott und somit zu den Mitmenschen das Klosterleben begründen. Die Mönche sollten beten und arbeiten, auf irdische Güter

verzichten und vor allem den Menschen in ihren seelischen und körperlichen Nöten beistehen.
Zum Mittelpunkt der religiös-geistigen Wiedergeburt Rußlands wurde das Optina-Pustyn-Kloster in der Nähe von Kaluga. Bis zur Revolution von 1917 war das Kloster eine Art geistiger, sozialer, politischer und religiöser Heimstätte für alle Russen. Einfachen Menschen halfen die Mönche in schwierigen Lebenslagen, Philosophen und Schriftsteller gaben sie seelischen Halt und geistigen Rat. Weltweit bekannte Dichter wie Gogol, Dostojewski oder Tolstoj wollten nicht auf die begnadete Weisheit der Optina-Mönche verzichten und besuchten sie regelmäßig. Nach einem Gespräch mit dem Starzen Amwrosij sagte Tolstoj: »Dieser Amwrosij ist ein heiliger Mensch. Ich habe mit ihm gesprochen, und um meine Seele wurde es leichter. Wenn du mit so einem Menschen sprichst, dann fühlst du die Nähe Gottes.«
Der Sieg von 1380 über das Mongolenheer auf dem Kulikowo Feld am Don, den Dimitrij Donskoj, das vereinigte russische Heer und der Mönch Sergij von Radonesch errungen hatten, machte den Fürsten, Bojaren und Bürgern Mut, mit Moskau an der Spitze wieder an die glorreichen Zeiten der alten Kiewer Rus anzuknüpfen. Die Erben von Fürst Donskoj setzten seine Politik fort, betätigten sich weiterhin als »Sammler der russischen Lande« für die neue Metropole Moskau. Aber erst Iwan III. aus dem alten Geschlecht der Waräger-Fürsten, der in Moskau von 1462 bis 1505 regierte, gelang es, Rußland unter der Führung von Moskau zu vereinigen und das Mongolenjoch, unter dem die Russen über 200 Jahre zu leiden hatten, abzuschütteln. Auf dem Weg zur russischen Vereinigung hatte Iwan III. noch einige Hindernisse auszuräumen. Der Großfürst von

Moskau mußte sich nach alter Fürstentradition erst einmal seiner familiären Mitbewerber entledigen, und er tat dies mit den »bewährten« grausamen und hinterlistigen Mitteln. Seinen Bruder Andrej, dem er bei Gott schwor, ihm nichts anzutun, ließ er während eines persönlichen und vermeintlich freundschaftlichen Gesprächs verhaften und in den Kerker sperren, in dem Andrej dann starb. Andere Verwandte, deren Besitz er sich schon angeeignet hatte, legte er ein Leben lang in Ketten. Geistliche, die ihn baten, gegen seine Verwandten Milde und Barmherzigkeit walten zu lassen, beschied er: »Wenn ich sie freiließe, würden sie den Bürgerkrieg beginnen, bald würden sie die Tataren rufen, und alles würde schlimmer als je zuvor«. Er kannte sich und seine nächsten Angehörigen; denen war, genau wie ihm, jedes Mittel recht, um die Macht zu erlangen.
Nachdem Iwan III. seine Herrschaft als Großfürst in Moskau gefestigt und eine starke Armee aufgebaut hatte, deren hohe Offiziere er mit »Dienstgütern« beschenkte und für einen bedingungslosen Einsatz motivierte, fühlte er sich stark genug, die nordrussischen Fürstentümer unter die Moskauer Krone zu zwingen. Jaroslawl wurde bereits 1463, Rostow 1474 einverleibt. Der »Herr Groß-Nowgorod«, die feudale und seit Jahrhunderten selbständige Republik am Ilmensee, die vom Weißen Meer bis zum Ural reichte, glaubte auch diesmal, wie schon oft in der Geschichte, seine Unabhängigkeit gegen äußere Feinde, diesmal die Moskowiter, verteidigen zu können, obwohl der Freistaat durch inneren Zwist der Bewohner geschwächt war.
Die Bojaren von Nowgorod, die durch den blühenden nationalen und internationalen Handel, auch mit der deutschen Hanse, reich und mächtig geworden waren und ihre Untertanen und Bürger der Stadt unterdrückten und an ih-

rem Reichtum nicht teilhaben ließen, wollten auf ihre Privilegien und Vorrechte nicht verzichten. Der diplomatische Fürst Iwan, der sich in den städtischen Hader aus der Ferne einmischte, versprach, den unterdrückten Bürgern zu helfen. Der Geistlichkeit und den Bojaren, die sich mit Litauen gegen Moskau verbündeten, wollte er bei einer Vereinigung mit dem Fürsten an der Moskwa zugunsten der Bürger die Rechte und Macht beschneiden. Der geschwächte Freistaat Nowgorod, der 1471 am Fluß Dwina Iwan in einer Schlacht bereits unterlegen war, mußte sich 1478 der Übermacht des Moskauer Fürsten ergeben, der die Stadt daraufhin verschonte.
Erst als die Bojaren, die sich mit der Moskauer Oberhoheit nicht abfinden wollten, den alten freien Stadtstatus wieder herzustellen versuchten, zerstörte der Einheitsfürst die blühende und vermögende Metropole des Nordens. Die Nowgoroder wurden furchtbar bestraft und zu Tausenden im Fluß ertränkt, aufgehängt und grausam gefoltert; die reichen Bojaren, die das Massaker überlebten, wurden aus der Stadt vertrieben und in Zentralrußland angesiedelt. Die Hanse, der die Stadt durch den regen Handelsaustausch über die Grenzen hinweg viel an Wohlstand zu verdanken hatte, wurde aufgelöst. Aus der reichsten Stadt in Rußland machte Iwan eine arme Provinzstadt. Die Nowgoroder Stadtglocke, das Symbol der Freiheit und Unabhängigkeit des nordrussichen Freistaates, wurde vom Turm geholt und in den Moskauer Kreml gebracht; dort läutete sie nun zu Ehren des Großfürsten Iwan.
Die mongolischen Besatzer mußten aufgrund ihrer eigenen Schwäche tatenlos zusehen, wie sich Iwan das Reich und fast alle russischen Fürstentümer einverleibte. Nun war für den Moskauer Fürsten die Zeit gekommen, die 250 Jahre

andauernde Fremdherrschaft abzuschütteln. Iwan stellte kurz entschlossen die Tributzahlung an den Mongolenherrscher Khan Achmet ein, der ihm daraufhin mit Krieg drohte. 1480 standen sich das russische und mongolische Heer am Fluß Ugra gegenüber. Aber es kam nicht zur Schlacht. Zunächst soll Iwan, dann Achmet dem Kampf ausgewichen sein. Auf der Flucht wurde der Herrscher der Goldenen Horde von seinen eigenen Leuten erschlagen. Danach fiel die Goldene Horde auseinander; Rußland hatte sich von dem Mongolenjoch befreit.
Die Moskowskaja Rus, die Moskauer Rus – so nannte sich das Moskauer Großfürstentum, das in der zweiten Hälfte des 15. Jahrhunderts staatliche Konturen bekommen hatte – versuchte die bisherige Zersplitterung in einzelne Fürstentümer mit einem zentralen Verwaltungs- und Regierungssystem zu überwinden. Die Einführung eines zentralen Heeres stärkte Moskau und beraubte die Fürstentümer ihrer militärischen Eigenständigkeit.
Neue Gesetze wurden 1497 formuliert und in den »Großfürstlichen Sudebnik« (Gesetzbuch) zusammengefaßt. Sie berücksichtigten die ökonomischen und sozialen Veränderungen in Rußland und verankerten deutlich und rigoros die Absicht, den Staat mit allen Mitteln zu stärken. Die überwiegende Zahl der Russen, die Landbewohner und Bauern, die frei waren und entsprechend in Rußland umherziehen konnten, sollten seßhaft gemacht und an einen Ort – an ihre Scholle – gebunden werden. Sie durften laut Gesetz nur noch eine Woche vor und eine Woche nach dem St.-Georgs-Tag (26. November) ihren Wohnsitz verlassen; mit diesen rechtlichen Vorschriften begann für die Bauern in Rußland der verhängnisvolle Weg in die Leibeigenschaft. Gesetzliche Vergehen gegen die Obrigkeit, die Ad-

ligen und den Staat wurden strafrechtlich als Aufruhr, Verleumdung, Mord und Totschlag formuliert und entsprechend geahndet. Menschen, die gegen diese Bestimmungen tatsächlich oder auch nur vermeintlich verstoßen hatten, wurden ausgepeitscht, verbannt, eingekerkert, geköpft, erhängt, verbrannt oder gevierteilt. Die geistlichen Gerichte, die der Kirche unterstanden, hatten Ehe- und Familienrecht zu sprechen.

Iwan III., der sich »Großfürst von ganz Rußland« und gelegentlich auch schon Zar (die slawische Form von Cäsar, Kaiser), »Zar von ganz Rußland« und »Selbstherrscher« nannte, war nach der Eroberung des byzantinischen Reiches durch die Türken 1453 und der Zerschlagung der Mongolenherrschaft zum mächtigsten Potentaten im Osten aufgestiegen. Iwans Heirat mit Sofia Palailog, der Nichte des letzten byzantinischen Kaisers, verstärkte den Eindruck, daß der Moskauer »Selbstherrscher« nach dem Untergang des ruhmreichen byzantinischen Reiches den göttlichen Auftrag bekommen habe, der Erbe von Byzanz zu werden; den doppelköpfigen Adler, einst das Wappen von Byzanz, hatte Sofia mitgebracht, und ihr Mann Iwan übernahm es als Emblem von Moskau. Durch die staatlichen Insignien aus Byzanz gestärkt, verteidigte Iwan auch den orthodoxen Glauben. Die griechische Kirche, die gemeinsam mit ihrem Staat Verbündete gegen die Türken suchte, war in ihrer Not bereit, näher an das katholische Rom zu rücken, um von den westlichen Ländern militärische Unterstützung im Kampf gegen die moslemischen Türken zu erhalten.

Auf dem Kirchenkonzil von Florenz 1439 akzeptierten die Vertreter der byzantinischen Kirche in Konstantinopel das Primat des Papstes in Rom und das katholische Dogma, mit einer Ausnahme: die Ostkirche wollte ihre Gottesdienste weiter nach altem orthodoxen Ritus feiern. Auch die Moskauer Kirchenleitung wollte einer Union mit Rom nicht im Wege stehen und willigte ein. Doch unter den russischen Priestern und Gläubigen formierte sich Widerstand gegen den Anschluß an die Katholiken, der die weltlichen und geistlichen Herrscher in Rußland schließlich davon überzeugte, den orthodoxen Weg – ohne Rom – weiter zu gehen. Die Russen, die über Jahrhunderte hinweg immer wieder versucht hatten, sich aus der religiös-administrativen Umarmung der Griechen zu befreien, sahen jetzt die Zeit gekommen, den entscheidenden Schritt zu vollziehen. Auf dem Konzil der russischen Bischöfe 1448 wählten sie erstmals selbständig einen Metropoliten aus ihren Reihen; die russischen Metropoliten brauchten nicht mehr nach Konstantinopel zu gehen, um vom Patriarchen die dienstliche Bestätigung zu erhalten. Das russische Glaubenskind der Byzantiner war erwachsen geworden und ging seine eigenen Wege.

Moskau war nach dem Fall von Byzanz der letzte unabhängige orthodoxe Staat, der unter Iwan und seinen Nachfolgern auch die Kraft hatte, gegen die westlichen Lateiner, die Litauer, Polen und deutschen Kreuzritter, die Teile Rußlands besetzt hielten, zu kämpfen und sie aus dem Land zu vertreiben. Im mächtigen Moskau, noch unter Iwan III., wurde bereits über die eigene Weltgeschichte philosophiert und die Idee vom »dritten Rom« geboren. Ein »viertes Rom« durfte und würde es nach dem Willen Moskaus nicht mehr geben. Moskau sei und bleibe international das politische und religiöse Zentrum, meinten die Herrscher an der Moskwa, die mit dieser Einschätzung das Bewußtsein und Selbstwertgefühl der Russen im 15. Jahr-

hundert stärkten. Iwan, der Einiger Rußlands und dreiundvierzig Jahre lang sein Herrscher, lebte und handelte nach der Maxime: »Über Rußland steht Moskau, über Moskau steht der Kreml, über dem Kreml steht Gott«.
Iwans Sohn, der Großfürst Wassilij III., regierte das Moskauer Reich von 1505 bis 1533 ganz im Sinne seines Vaters. Damit Moskau weiter gestärkt wurde, sollten auch die restlichen Fürstentümer unter die Herrschaft Moskaus gebracht werden: 1510 bezwang er Pskow, 1521 Rjasan und 1522 Nowgorod-Sewersk. Außerdem eroberte er russische Gebiete, (1514 Smolensk), die von Litauen und Polen einverleibt worden waren, wieder zurück. Mit dem »Sammeln der russischen Länder« und ihrer Vereinigung war jedoch noch kein festes einheitliches Staatsgebilde entstanden. In der ersten Hälfte des 16. Jahrhunderts bestand Rußland aus politisch und ökonomisch halbselbständigen Teilen, die vor allem der großfürstlichen Familie gehörten. Die feudalen Aristokraten, die fürchteten, daß durch die Zentralisierung des Staatsapparates ihre Selbständigkeit und ihre Privilegien verloren gehen würden, wehrten sich gegen die Eingliederung. Die Opposition der mächtigen Bojaren gegen den Großfürsten und die Strukturen des Großfürstentums verstärkten sich unter Wassilijs Sohn, Iwan IV.

Iwan der Schreckliche

Iwan IV. Wassiljewitsch »Grosnyj« (der Strenge, der Schreckliche), Sohn des Moskauer Großfürsten Wassilij III. und Enkel von Iwan III., Nachfahre also der russischen Einigungsfürsten und erster Zar des russischen Reiches, war eine zwiespältige Gestalt wie kein anderer Herrscher vor ihm: Der politisch und literarisch begabte Potentat war gleichzeitig unvorstellbar brutal und despotisch. Kein phantasiebegabtes Gehirn kann sich so viel menschenverachtende Mordmethoden ausdenken, wie sie der Zar praktiziert hat – daher auch der Beiname »der Schreckliche«. Als Iwans Vater Wassilij III. 1533 starb, war der einzige Thronfolger erst drei Jahre alt. Seine Mutter Jelena Glinskaja übernahm zunächst die Regentschaft, aber regiert haben in Wirklichkeit die untereinander wetteifernden Bojaren. Fürst Obolenskij, der Liebhaber der Großfürstin Jelena, konnte vorübergehend den Machtkampf für sich entscheiden. Die Bojarengeschlechter der Belskijs und Glinskijs, aus denen Jelena stammte, wollten die zentrale Macht Moskaus erhalten und versuchten, zu den Nachbarn Litauen und Polen friedliche Beziehungen aufzunehmen. Die Bojarengruppe, die sich um den Fürsten Schuiskij versammelt hatte, war mehr an der Erhaltung der Aristokratenprivilegien interessiert als an der Stärkung der Zentralgewalt; sie schürte auch die kriegerische Auseinandersetzung mit Polen und Litauen. Bereits 1534 kam es zu Kampfhandlungen, die mit einer Niederlage der Russen und Gebietsverlusten endeten. Das Bojarengeschlecht der Schuiskijs gewann die Oberhand über das der Glinskijs.

Fünf Jahre nach dem Tod des Vaters starb auch die Mutter des achtjährigen Thronfolgers Iwan IV.; sie soll vergiftet worden sein. Fürst Obolenskij, der Liebhaber und Günstling der vergifteten Regentin, wurde von den Schuiskijs verhaftet, gefoltert und zu Tode gequält. Iwan Schuiskij gab sich 1538 den Titel »Bojar und Statthalter von Moskau«. 1540 konnten die Bojaren der Belskijs die Schuiskijs vorübergehend verdrängen, aber bereits 1542 siegten die Schuiskijs wieder über ihre Rivalen. Mord, Totschlag, Intrigen unter den Bojaren schwächten Rußland, verheerten Dörfer und Städte. Der intelligente, empfindsame und schon früh Waise gewordene Iwan, den die miteinander verfeindeten Bojarengeschlechter mit Hohn und Verachtung straften, mußte als Kind miterleben, wie das Erbe seines Vaters von den Bojaren geschändet und verspielt wurde. Ihre Intrigen und die Grausamkeiten weckten in dem Thronfolger schon früh den Hang zur Rache, Brutalität und zur perversen Freude an den Leiden anderer Menschen.

Seine durch die äußerlichen Einflüsse früh entwickelte Grausamkeit gegen alle und alles übte er zuerst an Tieren aus. Von den hohen Kremltürmen warf er Hunde und Katzen in die Tiefe und ergötzte sich an den auseinanderplatzenden Gedärmen und zuckenden Gliedern. Später ritt er hoch zu Roß in Menschen hinein und ließ sie von den Pferden genußvoll zertrampeln.

Den Bojaren, die den jungen Thronfolger gepeinigt und mißachtet, die das Ansehen und die Ehre seines toten Vaters geschändet und die Mutter vergiftet hatten, schwor der frühreife Erbe des Moskauer Reiches Rache und unerbittliche Feindschaft. Bereits mit dreizehn Jahren jagte er den Bojaren Angst und Schrecken ein. Er ging in eine Bojarenversammlung und befahl den Fürsten, sich ihm unterzuordnen. Damit die Bojaren die Befehle des jungen Thronfolgers auch richtig verstanden und kein Zweifel an der Entschlossenheit des Jungen aufkommen konnte, ließ er vor ihren Augen gleich einen von ihnen töten. Grausam zerfleischten seine Jagdhunde den Fürsten Andrej Schuiskij.

Iwans Großvater, der sich gelegentlich schon »Zar von ganz Rußland« nannte, obwohl er amtlich nur Großfürst geblieben war, hatte seinem Enkel den Weg gewiesen. Mit siebzehn Jahren, am 16. Januar 1547, ließ sich Iwan der Schreckliche zum Zaren krönen. Erstmals in der Geschichte Rußlands bestieg damit ein Zar den großfürstlichen Thron. Die Krönung, als kirchliche Trauung zu verstehen, sollte den Zaren mit seinem Land vereinen. Die Kirche machte den Zaren zum »Gesalbten Gottes« und Heiligen zu Lebzeiten. Der Zar wurde die höchste Autorität im Staat und in der Kirche. Der junge Zar wollte gerecht und würdig, gemäß seiner hohen Berufung als Auserwählter, herrschen.

Zwei Ereignisse in seinem jungen Leben ließen die Hoffnung aufkommen, daß Iwan ein strenger, aber auch gütiger Herrscher werden würde. Einen Monat nach seiner Krönung heiratete der siebzehnjährige Zar eine kluge und edle Frau, die es verstand, auf den Ehemann Einfluß zu nehmen. Unter 1500 jungen Damen, die aus allen Teilen Rußlands zur zaristischen Brautschau nach Moskau gekommen

und dem Herrscher vorgeführt worden waren, entschied sich Iwan für die Bojarentochter Anastasia. Schon im Sommer 1547 überschattete eine furchtbare Feuersbrunst, die in Moskau ausgebrochen war, den Frieden des Herrschers und Ehemanns. Der größte Teil der Stadt wurde vernichtet. Über 25 000 Häuser und Gehöfte verbrannten, mehr als 2000 Menschen kamen um, die anderen wurden obdachlos, Tausende starben an Hunger und Seuchen.
Das Feuer erfaßte auch den Kreml, vernichtete alle Holzbauten, darunter das Schatzamt und die Rüstkammer, die wertvolle Bücher und Handschriften und Ikonen beherbergten. Die Glocken stürzten von den Kirchtürmen, eingelagertes Schießpulver explodierte. Die Verwaltung und Versorgung der Stadt war zusammengebrochen. Hungrige Menschen zogen durch Moskau, plünderten und revoltierten gegen die Bojaren, die bedenkenlos die Menschen ausbeuteten und sie schon vor dem Brand materiell ruiniert hatten. Der Volkszorn richtete sich jedoch nicht gegen den Zaren, der das brennende Moskau verlassen hatte. An dem Feuer sollten die Bojaren Glinskijs schuld sein, die über die Zarenmutter mit Iwan verwandt waren; das hatten aristokratische Neider verbreiten lassen. Jurij Glinskij wurde daraufhin vom Volk gelyncht. Die Bürger, die Moskau jetzt fest in der Hand hatten, zogen bewaffnet zum Zaren im Dorf Worobjowo. Dem Herrscher gelang es, die Volksmenge durch Versprechungen zu beruhigen; nach dem Aufstand aber ließ er die Aufrührer grausam hinrichten. Auch in anderen Teilen Rußlands, in Pskow und in Nowgorod, kam es im gleichen Jahr zu spontanen Volksaufständen gegen die Bojaren. Die innenpolitische Krise führte dazu, daß der Zar die Bojarenherrschaft durch einen »Auserlesenen Rat« (»Isbrannaja Rada«) ablöste.

Zwei Männer wurden die engsten Berater, Vertrauten und Regierungschefs des Zaren: der Beichtvater von Iwan und Pfarrer der Verkündigungs-Kathedrale, Silvester, und der Kämmerer des Herrschers, Alexej Adaschew. Er hörte auf ihre Mahnungen und schwor ihnen, ein gerechter Herrscher zu sein. Silvester, Alexej Adaschew und der Metropolit von Moskau, Makarij, hatten erkannt, daß der Zar nur erfolgreich herrschen könne, wenn der Staat und die Gesellschaft, also die Verwaltung, Bildung, Rechtsprechung und die Militärstrukturen reformiert würden. Die »Isbrannaja Rada«, die Regierung des Zaren, konnte ihre politischen Vorhaben nur verwirklichen, wenn sie die Zustimmung der Bojarenduma erhielt; die Bojarenduma war ein Beratungsgremium des Zaren, in dem nur der Hochadel vertreten war. Adaschew und Silvester, die die Macht der Bojarenduma kannten, nahmen nur solche Reformwerke in Angriff, die auch vom Hochadel akzeptiert wurden und den Graben zwischen ihnen und dem Zaren nicht noch vertieften.
Der »Auserlesene Rat« empfahl dem Zaren zudem, eine Versammlung (Sobor) im Kreml einzuberufen, an der Bojaren, Adlige, Priester, städtische Händler und Handwerker teilnehmen durften, um in breiten Schichten der Bevölkerung eine Zustimmung für die Politik des Herrschers zu gewährleisten. Der einfache Adel wurde von der Gerichtsbarkeit der Bojaren befreit, den Bauern wurden keine weiteren Fesseln angelegt, die sie endgültig zu Leibeigenen der Gutsbesitzer gemacht hätten. Das Heer der Strelitzen (Schützen) wurde im Militär eingeführt. In diesem Heer dienten einfache Menschen vom Land und aus der Stadt, also keine Dienstverpflichteten oder Adligen. Es war eine Art Berufsheer, dessen Soldaten einen festen Sold und in

der Nähe der Städte Grund und Boden erhielten. Die lebenslang angestellten Soldaten konnten ihren Dienst beim Militär an ihre Söhne vererben und durften nebenbei Handel, Gewerbe und Landwirtschaft betreiben. Sie waren mit Feuerwaffen ausgerüstet und damit den adligen Reitertruppen, die nur über Hieb- und Stichwaffen verfügten, überlegen. Die gut ausgerüsteten und ausgebildeten Strelitzen dienten Zar Iwan als Leibwache.

Iwan der Schreckliche hielt sich wie sein Großvater, der die Formel geprägt hatte, daran, daß über Rußland Moskau stehe, über Moskau der Kreml, und über dem Kreml Gott. Die gottesfürchtigen Russen, die sich von ihren Glaubensvätern in Byzanz unabhängig gemacht hatten, waren zugleich tief religiös und äußerst barbarisch.

Auch die Kirche, die die Seele der Russen ihr ganzes Leben lang beherrschte und durch ihr enormes Vermögen materielle Macht ausübte, war in einen religiösen und menschlichen Sumpf gerutscht, aus dem sie sich befreien wollte. Auf der Hundert-Kapitel-Synode (Stoglaw) von 1551, die hundert Beschlüsse faßte, gab sich die russische Kirche ein Religionsprogramm, das für jeden Russen verständlich und bindend sein sollte. Zar Iwan, der Mißstände und Mißverständnisse in der Kirche ausgemacht hatte, wollte seine Einwände von den Synodalen berücksichtigt wissen.

Frage des Zaren an die Synode: Die Christen in unserem Reich betreiben betrügerische Rechtsstreitigkeiten, küssen das Kreuz oder Heiligenbilder mit falschem Zeugnis, liefern sich Kämpfe und vergießen das Blut ihres Bruders. Gleichzeitig unterstützen die Meineidigen noch Magie und Zauberei mit ihren teuflischen Kniffen durch Beschwörungen ... mit diesen teuflischen Kniffen verführen sie das

Volk und führen es fort von der Heiligen Kirche... Sie küssen das Kreuz, und dann stürzen sie sich ins Handgemenge, erst verleumden sie ihren Gegener und dann töten sie ihn. Antwort der Synode: Möge der gottesfürchtige Zar in seiner unabhängigen Stadt Moskau und in allen anderen Städten des russischen Reiches verordnen, daß alle solche Magier, Zauberer und Beschwörer ... die durch solcherlei teuflische Künste das Volk verführen und von der Heiligen Kirche fortführen oder andere griechische Teufelskünste vollführen, mit allen ihren verdammten Zaubersprüchen, die von den heiligen Vätern gebrandmarkt worden sind – daß alle solcherlei Ketzereien künftighin verboten sind für alle Zeiten ... Frage des Zaren: In der Stadt Pskow baden Männer und Frauen, Mönche und Nonnen in Badehäusern in gleichem Raum ohne Scham. Soll ein solcher Brauch verboten werden in Anbetracht dessen, daß nach den Regeln der Heiligen Väter es unstatthaft ist, daß Ehemann und Ehefrau in Badehäusern in gleichem Raum baden? Antwort der Synode: Die Heiligen Vorschriften erklären es für unstatthaft, daß Ehemann und Ehefrau in Badehäusern in gleichem Raum baden. Desgleichen sei es verboten für Nonnen und Mönche, zusammen ins Badehaus zu gehen, und wenn sie das tun, so sollen sie bestraft werden, gemäß der Heiligen Vorschriften.

Auf der Stoglaw-Synode wurde selbst über das Bartschneiden im Sinne des Glaubens nachgedacht, mit folgendem Beschluß: Die Heiligen Vorschriften verbieten den rechtgläubigen Christen, ihre Bärte abzurasieren oder den Schnurrbart abzuschneiden. Das Bartschneiden ist nicht ein orthodoxer, sondern ein heidnisch-römischer ketzerischer Brauch, den der griechische Kaiser Konstantin Kovalinos eingeführt hat. Die Regeln der Heiligen Väter und Apostel

verbieten und verdammen dies auf das Strengste, indem sie sagen: »Wer seinen Bart schneidet, soll bartlos sterben. Man soll ihm keine Totengebete sagen und ihm nicht das Vierzig-Tage-Requiem singen, noch soll man geweihte Brote und Kerzen für ihn zur Kirche tragen. Er soll als ein Abtrünniger von der Kirche beerdigt werden, denn dieser Brauch stammt von den Ketzern her.«
Selbst über rituelle Unterschiede, ob etwa das Kreuzzeichen mit drei oder zwei Fingern zu machen sei oder das Halleluja drei- oder zweimal gesungen werden müsse, zerbrachen sich die Synodalen den Kopf; sie bestimmten, daß die Gläubigen sich nur mit dem »Zweifingerkreuz« zu bekreuzigen haben und das Halleluja nur zweimal gesungen werden darf.
In einer Hausordnung, einer Art Hausbuch (»Domostroj«), das vom Beichtvater und Vertrauten des Zaren, dem Priester Silvester, verfaßt worden sein soll und etwa zur gleichen Zeit wie die Stoglaw-Beschlüsse erschien, werden den Russen Lebensregeln an die Hand gegeben – wie sie sich gegenüber dem Staat, in der Familie oder als Gläubige zu verhalten haben. Der »Domostroj« ist ein Sittenkodex, ein detaillierter Wegweiser durchs Leben, ein Ratgeber für den Glauben, die Zarenverehrung, die Beziehungen von Menschen und Kirche, das Verhältnis von Untergebenen und Obrigkeit. Die Russen hatten sich an den »Domostroj« zu halten, und wer dagegen verstieß, mußte mit Strafe seitens der Kirche oder des Staates rechnen. Im Hausbuch werden den russischen Menschen aber auch Ratschläge gegeben, wie sie die Kinder und die Diener zu erziehen haben, die Obst- und Gemüsegärten bestellen sollen, die Frauen sich zu kleiden und herzurichten haben, wie das Korn, Fleisch oder Brot auf-

zubewahren sind, wie die Christen sich von Krankheit und Schwäche heilen sollen.
Im Hausbuch steht weiter: »Suche immer Zuflucht bei den Bischöfen und erweise ihnen die gebührende Ehre. Wünsche ihren Segen herbei und begehre ihre geistliche Belehrung. Falle zu ihren Füßen nieder und sei ihnen nach dem Willen Gottes in allem untertan. Geistlichen und Mönchen bringe großes Vertrauen entgegen, begegne ihnen in Liebe und Gehorsam und zeige vor ihnen stets Demut. Bedenke den geistlichen Gewinn durch sie, denn sie sind Diener und Fürbitter beim himmlischen Herrscher und vermögen es, Gott um Gutes und Nutzbringendes für unsere Seelen und um die Vergebung der Sünden und das ewige Leben zu bitten.
Wie man den Zaren und die Fürsten ehre . . .: Fürchte den Zaren und diene ihm ergeben, bete alle Zeit für ihn und belüge ihn niemals, sondern stehe ihm wie Gott selbst, in Demut und Wahrheit Rede und Antwort und sei ihm stets untertan . . . Sei untertan auch dem Fürsten und erweise ihm die schuldige Ehre als dem von ihm zur Strafe der Übeltäter und zum Lobe der Rechtschaffenen Gesandten. Liebet euren Fürsten und Herrscher von ganzem Herzen und sinnet nichts Böses wider ihn, denn der Apostel Paulus sagt: Es ist keine Obrigkeit ohne von Gott . . .
Wie man sein Haus mit heiligen Bildern sauberhalten soll: Jeder Christ stelle an den Wänden jedweder Stube in seinem Hause heilige und ehrwürdige Bilder auf, die dem Wesen getreu gemalt seien. Schmücke sie reich mit jeglichem Zierrat und mit Lämpchen und entzünde bei jedem Lobgesang zu Ehre des Herrn Kerzen vor den heiligen Bildern. Danach lösche die Lichter und verhülle die Bilder um der Sauberkeit willen . . . Putze sie immer mit einem sauberen

Federwisch und wische sie mit einem weichen Schwamm ab. Die Ikonenstube halte stets sauber. Die heiligen Bilder darf nur berühren, wer dessen würdig und reinen Gewissens ist.

Wie man seine Tochter erziehen und mit Aussteuer einem Manne vermählen soll: Wenn jemandem eine Tochter geboren wird, so tun umsichtige Leute von allen Einkünften auf ihren Namen etwas beiseite oder füttern für sie ein Zuchttier mit Nachkommen. Lege Jahr für Jahr Linnen und Stoff, Handtücher und Kopftücher und Hemden in eine Truhe, auch Kleider und Schmuck und Halsgeschmeide, auch geweihte Gegenstände und Gefäße aus Zinn, Kupfer und Holz. Füge nach und nach eins zum anderen, nicht alles mit einem Male, so hast du keinen Verdruß, und alles wird zur Genüge vorhanden sein. So wachsen die Töchter heran und üben sich in Gottesfurcht und Handfertigkeit und jeglicher Bescheidenheit, und mit ihnen wächst unversehens die Mitgift, und wenn sie einem Manne versprochen wird, ist alles bereit. Und scheidet nach Gottes Ratschluß deine Tochter dahin, so laß von ihrer Mitgift vierzig Tage lang Totengebete für ihre Seele halten und spende Almosen davon.

Unterweisung für Mann und Weib, Gesinde und Kinder, wie sie sich angemessen betragen sollen: Der Hausherr lehre Weib und Kinder und Gesinde, nicht zu stehlen oder zu huren, nicht zu lügen oder zu verleumden, nicht zu neiden, zu beleidigen oder zu verunglimpfen. Rechte nicht mit Fremden, richte, prasse und spotte nicht, sei nicht nachtragend und zürne niemandem. Hochstehenden begegne gehorsam und unterwürfig, Gleichen liebevoll und Geringeren und Armen freundlich und gnädig. Laß allen ohne Zögern ihr Recht werden, vor allem bringe nicht den Tagelöhner um seinen Lohn. Kränkung, Schimpf und Tadel ertrage in Dankbarkeit in des Herren willen... Wenn aber ein Mann aus Unachtsamkeit oder Nachlässigkeit oder sein Weib, weil von ihm nicht unterwiesen, sündigt oder Böses tut, oder wenn Männer, Frauen und Kinder des Gesindes wegen mangelnder Belehrung durch den Hausherrn Sünden begehen oder übeltun, wenn sie Streit suchen, stehlen oder Unzucht treiben, so werden alle gemeinsam nach ihren Werken empfangen. Die Böses taten, werden ewig Qualen erdulden, und die Gutes taten und gottgefällig lebten, werden das ewige Leben im Himmelreich ererben.

Wie sich Christen von jeglicher Krankheit und Schwäche kurieren: Wenn Gott eine Krankheit oder ein Leiden geschickt hat, genese durch die Gnade Gottes, durch Tränen, Gebet, Fasten, durch Almosen an die Armen und aufrichtige Reue, durch Dank und Fürbitte und Barmherzigkeit und unerheuchelte Liebe zu jedermann. Bitte die geistlichen Väter, Andachten und Bittgesänge abzuhalten und Wasser zu weihen mit dem ehrwürdigen Kreuz, mit heiligen Reliquien und wundertätigen Bildern. Salbe dich mit Öl, gelobe, zu den wundertätigen und geheiligten Stätten zu pilgern, und bete dort mit reinem Gewissen, so wird dir Gott Genesung von jeglichem Leiden gewähren. Meide jegliche Sünde und tue fürderhin nichts Böses, befolge die Gebote der geistlichen Väter und tue die auferlegte Buße, so wirst du dich von deinen Sünden reinigen und von dem Leiden der Seele wie des Körpers genesen und Gott gnädig stimmen... Wer indes vermessen ist und zuchtlos, nicht in Gottesfurcht lebt und nicht Gottes Willen tut, wer das christliche Gesetz und die Überlieferung der Väter nicht achtet, wer sich die Kirche Gottes, den Kirchengesang und die Klosterregeln, das Gebet und die Lobpreisung Gottes

nicht angelegen sein läßt, wer ohne Mäßigung ißt und trinkt, wer sich unzeitiger Fresserei und Sauferei hingibt und nicht ein Leben nach dem Gesetz führt, wer den Sonntag, den Mittwoch, den Freitag und die Feiertage, die Großen Fasten und die Gottesmutterfeste nicht heiligt, wer zu unziemender Zeit und wider Natur und Gesetz der Ausschweifung frönt oder mit fremden Weibern hurt oder der Sünde Sodoms huldigt, wer frevelt und gottlose Dinge tut, wer Unzucht, Unreinheit, Lästerung oder schamloser Rede verfällt, teuflische Lieder singt ... wer Donnerkeile, kleine Äxte, Zauberhölzer, Steine und magische Knochen besitzt, wer allerlei Teufelswerk begeht oder jemanden durch Hexerei, mit Kräutern, Wurzeln oder Gräsern tötet oder vergiftet ... in allen Werken, Gewohnheiten und Sitten eines solchen Menschen regen sich Stolz, Haß und Rachsucht, Zorn, Feindseligkeit und Kränkung, Lüge, Diebstahl, Verwünschung, schändliche Rede und Lästerung, Zauberei und Hexerei, Spott und Frevel, Völlerei und unzeitige Sauferei früh und spät jegliches Böse, jegliche Unzucht und Unreinheit ... Wenn wir uns in aufrichtiger Reue läutern, so erbarmt sich der Herr in seiner Gnade unserer Sünde und schenkt Gesundheit dem Körper und Rettung der Seele, und des ewigen Heils wird nicht verlustig gehen, wer sich in diesem Leben um das himmlische Reich müht ...
Der Mann lehre sein Weib, wie es Gott zu gefallen und ihrem Mann zu Willen sei, wie sie das Haus und alles Wirtschaftsgerät in guter Ordnung halte und jegliche Arbeit zu verrichten wisse ...: Es geziemt dem Manne, sein Weib liebevoll und wohlüberlegt zu unterweisen. Die Frau befrage ihren Mann nach jeglichem Anstand, wie sie ihre Seele erretten, Gott und dem Mann wohlgefällig dienen und ihr Haus in guter Ordnung halten soll. Sie sei ihrem Manne in

allem gehorsam, nehme in Furcht und Liebe an, was er sie heißt, und tue nach seiner Vermahnung. Vor allem lebe sie in Gottesfurcht und in Reinheit des Körpers ... Nachdem sie sich vom Nachtlager erhoben, sich gereinigt und ihr Gebet verrichtet hat, soll sie den Frauen und Mädchen das Tagwerk zuweisen und was an Arbeit zu verrichten ist, welche Essen kochen und welche Brot backen soll, aus gebeuteltem und aus gesiebtem Mehl. Sie selbst muß wissen, wie man Mehl siebt, den Backtrog vorbereitet und den Teig einrührt, wie man Brote formt und backt, wann Sauerteigbrote und Süßsauerteigbrote, auch Kalatsch und Piroggen abgebacken sind, wieviel Mehl man nimmt, wieviel man daraus backt und wieviel ein Viertel, ein Achtel oder ein ganzes Sieb hergeben, wieviel Aussiebsel übrigbleibt und wieviel zu backen ist ... Alles sei der Herrin bekannt, welche Arbeit sie zu übertragen hat, wieviel sie wovon gibt und wieviel sie wovon nimmt, ob jemand an einem Tage viel oder wenig schafft und wieviel man voraus erhält, all das soll sie wissen und alles soll berechnet sein. Und die Herrin selbst soll nie und unter keinen Umständen außer bei Krankheit untätig sein, dann frommt es den Dienerinnen, auf sie zu schauen. Wenn der Mann heimkehrt oder eine häufige Besucherin kommt, stets sitze sie über ihrer Arbeit, es wird ihr zu Ehre und Ruhm und ihrem Manne zum Lob gereichen. Niemals sollen die Diener die Herrin wecken, immer wecke sie die Diener, und zum Schlafen lege sie sich nach getaner Arbeit und nachdem sie ein Gebet verrichtet hat.
Wie die Frau jegliche Kleidung tragen und herrichten soll: Die Kleider, die Hemden und Tücher soll sie alle Tage mit Sorgfalt tragen, sie nicht beschmutzen, besabbern oder verknittern, nichts über sie schütten und sie nicht an schmut-

zige oder feuchte Plätze legen. Nachdem sie sie abgelegt hat, soll sie sie sorgsam wegtun und wohl behüten, und all das lehre sie auch die Dienerschaft. Der Herr selbst wie auch die Herrin, die Kinder und Diener tragen zur Arbeit alte Kleidung, nach getaner Arbeit indes ziehen sie saubere Alltagskleidung an und wechseln die Schuhe. An Feiertagen, bei schönem Wetter, unter Menschen, zum Kirchgang oder zu Gast legen sie ihre besten Kleider an ... Nach der Rückkehr von einem Fest, vom Kirchgang oder von einem Besuch sind die guten Kleider abzulegen, zu überprüfen, zu trocknen, zu glätten, auszuklopfen, zu säubern und sorgsam wegzutun und zu verwahren. Auch die abgetragenen und die Alltagskleidung, Oberkleidung und Unterzeug, Weißwäsche und Stiefel, alles soll stets sauber sein, das abgetragene aber geflickt und ausgebessert, so ist man geziemend anzuschauen, und es ist angenehm und vorteilhaft ...

Wie man die Hofabgabe, die Ladengebühr oder die Grundsteuer zahlt und den Gläubigern alle Schulden begleicht: Jedermann soll den Grundzins für Hof und Laden oder die Abgaben und Steuern für Gutsbesitz und Land und jeglichen Obrok (Zins), jegliche Gebühr und alle Abgaben an den Herrn ohne Säumen zahlen. Lege das Geld allmählich beiseite und zahle vorfristig, so lebst du ohne Mühe und verlierst kein Geld durch Fristüberschreitung und Bürgschaft, mußt nicht Geschenke geben und hast es nicht schwer. Wer aber Obrok und Gebühren nicht fristgemäß zahlt und sich davon zu befreien sucht, der hat doppelte Abgaben zu leisten, denn er muß zweifach zahlen, und so leben unvernünftige Leute in Mühsal, mit Zwangseintreibung und Schulden und geraten an den Bettelstab. Wer jedoch rechtzeitig bezahlt und nach dem Gesetz, wer mit den

Abgaben nicht säumt und keine törichten Schulden macht, der wird stets ohne Mühsal leben und frei sein, zu Lebzeiten wird es ihm gutergehen und nach dem Tode wird er seinen Kindern einen Hof mit allem Vorrat, einem Laden mit Waren oder ein Gut mit jeglichem Vieh als Erbteil und Geschenk hinterlassen, und es wird nicht mit Verpflichtungen und Schuldverschreibungen der Bürgschaften oder sonstigen Lasten und Abgaben beladen sein. Wer aber ohne Schuldschein oder gegen Pfandbrief, gegen Bürgschaft oder zinslos Geld leiht, der soll zur Frist zahlen, so werden ihm ehrenhafte Leute auch in Zukunft Vertrauen schenken. Wer jedoch nicht rechtzeitig zahlt oder nicht im voraus Zinsen begleicht, der wird Einbußen haben und in Schande zahlen, und niemand wird ihm mehr glauben.«

Der »Domstroj«, in der Volks- und Umgangssprache verfaßt, sollte für alle Volksschichten ein Leitfaden fürs Leben sein, die Klassenstrukturen festigen und vor allem die Lebensformen der Menschen verbessern. Auch die unvorstellbare Gewalt, die in der Zeit von Iwan dem Schrecklichen breite Schichten der Bürger erfaßt hatte, wollten die Verfasser, die im kirchlichen und staatlichen Auftrag handelten, einschränken und abbauen helfen.

Als Zar Iwan mit dem »Auserlesenen Rat« innenpolitische Erfolge gegen die Bojarensippen erzielte, und die Lebensverhältnisse der Volksmassen sich verbesserten, konnte der Herrscher seinen Blick auch über die Grenzen des russischen Reiches richten. Mit Freude und Jubel reagierten seine Untertanen auf das militärische Vorhaben, das über 2000 Kilometer von Moskau entfernte Kasan zu erobern. Die Handelsstadt, Mitte des 13. Jahrhunderts am Ufer der Wolga gegründet, war zur Metropole eines selbständigen Mongolen-Khanats aufgestiegen. Iwans Großvater hatte

die Mongolen aus Rußland vertrieben, der Enkel schickte sich nun an, Teilstaaten der Mongolen unter seine Herrschaft zu bringen, die dann von Russen besiedelt wurden. Nach mehreren gescheiterten Versuchen, die Stadt, die mit einer Mauer aus dicken Eichenstämmen umgeben war, einzunehmen, gelang es Zar Iwan erst 1552, Kasan mit einem 150 000 Mann starken Heer zu besiegen. Vier Jahre später eroberte er das Astrachaner Khanat. Diese Erfolge waren nicht nur militärischer und politischer Natur, sie waren vor allem auch religiöse Siege der russischen Orthodoxie. Mit der Eroberung von Kasan zogen orthodoxe Russen in die Stadt und verdrängten die moslemischen Mongolen an die Peripherie. Nach dem Sieg der Russen über die Moslems wurde in der Stadt eine wundertätige Ikone gefunden, die als die Gottesmutter von Kasan in ganz Rußland bekannt und verehrt werden sollte. Der Legende nach ist die Gottesmutter einem kleinen Mädchen im Traum erschienen und hat ihm erzählt, daß unter den Trümmern eines Hauses eine Ikone begraben liege.
Die Ikone war während der Mongolenherrschaft versteckt worden, um von den Moslems nicht geschändet zu werden. In einer feierlichen Prozession wurde die gefundene Ikone in die Nikolaus-Kirche gebracht, in der sie dann Wunder vollbrachte und unter anderem Blinde heilte. Der Erzbischof von Kasan schickte sogleich eine Kopie der Ikone mit einem genauen Bericht über ihre Herkunft und Wundertätigkeit an den Zaren nach Moskau. Der Herrscher im fernen Moskau ordnete an, daß dort, wo die heilige Ikone gefunden worden war, eine Kirche und ein Nonnenkloster gebaut wurden, in denen sie untergebracht wurde. Dort soll sie dann wieder vor allem Blinde und kranke Augen geheilt haben. Zur Erinnerung an die Erscheinung der »Al-

lerheiligsten Gottesmutter« in der Stadt Kasan feiert die russische Kirche seit 1595 am 8. Juli ihr Fest.
Einen zweiten Festtag zu Ehren der wundertätigen Gottesmutter-Ikone von Kasan legten die Kirchenväter auf den 22. Oktober. Mit diesem Tag erinnern sie an die Befreiung Moskaus von polnischen Heeren im Jahr 1612. Freiwillige aus Kasan, die die wundertätige Ikone mitgebracht hatten, kämpften damals gegen die Polen und entrissen ihnen das Moskauer Jungfrauen-Kloster. Ein russisches Heer unter Fürst Poscharskij, das aus dem Norden anrückte, war den Polen zahlenmäßig unterlegen. Nur mit der Hilfe Gottes und der Ikone aus Kasan sei die Schlacht zu gewinnen, stellten die Russen fest. Vor dem entscheidenden Gefecht beteten und fasteten die Soldaten drei Tage lang vor der Ikone aus Kasan, berichtet die Legende. Mit Hilfe des Heiligenbildes besiegte das russische Heer die Polen am 22. Oktober 1612. Die Wundertat der heiligen Ikone verbreitete sich in Rußland wie ein Lauffeuer. Kirchen in vielen Dörfern und Städten Rußlands erhielten ihren Namen, unzählige Ikonen wurden nach dem Vorbild der »Kasanskaja« gemalt.
Fürst Poscharskij erbaute 1636 ihr zu Ehren die Kasaner Kathedrale am heutigen Roten Platz in Moskau und brachte sie dort unter (1936 wurde die Kirche abgerissen). Zar Peter der Große, der die Metropole seines Reiches von der Moskwa an die Newa nach Petersburg verlegt hatte, nahm sie 1721 mit nach Petersburg, um sie im Alexander-Newskij-Kloster unterzubringen. 1811 schließlich wurde das Heiligenbild in Petersburg, in der Kasaner Kathedrale, die ihr zu Ehren erbaut worden war, als »allgemeines Heiligtum der Hauptstadt« untergebracht. Die von allen Russen bis zum heutigen Tag verehrte Original-Ikone ver-

schwand im japanisch-russischen Krieg von 1905 und ist seitdem nicht mehr aufgefunden worden.
Etwas außerhalb der Kremlmauern setzte sich Zar Iwan der Schreckliche ein ewiges Denkmal. Nach der Eroberung von Kasan ließ er zur Erinnerung an den Sieg, der endgültig die Mongolen verdrängt und die russische Orthodoxie gefestigt hatte, in nur sechs Jahren (1554 bis 1560) eine Kathedrale am Roten Platz in Moskau erbauen, die alle architektonischen Phantasien übersteigt. Die Mariä-Schutz-Kathedrale (»Pokrowskij Sobor«), nach dem gleichnamigen »Gottesnarren«, der Wunder gewirkt hatte, auch Basilius-Kathedrale (»Wassilij Blaschennij«), benannt, ist keinem bestimmten Baustil zuzuordnen. In ihr sind Elemente der Gotik, der Renaissance und orientalische Ornamente und Farbenpracht verarbeitet. Regelmäßige Linien oder Formen, abgeleitet aus der architektonischen Schulweisheit, sind beim Bau der Basilius-Kathedrale nach Möglichkeit vermieden worden. Der Architekt spielte mit dem Baumaterial, schuf bizarre Gebilde und erzählt wie in einem Märchen mit Steinen, Metallen und Farben bunte Geschichten. Die fünf Türme der Kathedrale sind alle verschieden in Größe, Form und Farbe. Der eine erinnert an eine Knolle, der andere an eine Pyramide, der dritte an eine Spirale, der vierte ist oval, der fünfte sieht aus, als wäre er aus lauter Schuppen geformt worden. So unterschiedlich wie die Formen sind auch die Farben; die Kuppeln sind grün, gelb, rot in verschiedenen Schattierungen und auch ganz vergoldet. Der Grundriß der Kathedrale ist ein Kreuz, an dessen Enden vier Kirchen gebaut wurden; in der Mitte erhebt sich eine weitere, mit knapp sechzig Metern die höchste. Dazwischen hat der Architekt noch vier Kapellen untergebracht. Nach Vollendung des phantasiereichen Bauwerks

hat – so wird erzählt – Iwan der Schreckliche dem genialen Baumeister die Augen ausstechen lassen, damit er kein zweites mehr, womöglich noch für einen anderen Herrscher, von dieser Schönheit bauen könne. Mit dem Bau der Basilius-Kathedrale wollte der Zar von ganz Rußland auch die Einheit der weltlichen und religiösen Macht zum Ausdruck bringen.

Der junge Zar Iwan, der sich dank seiner milden Frau und seines weisen Beraters und Beichtvaters, die wesentlichen Einfluß auf den Herrscher ausübten, noch nicht den Beinamen »der Schreckliche« erworben hatte, stabilisierte Rußland nach Außen und Innen. Er hatte der Kultur, der Architektur, der Wirtschaft, dem Handel – auch mit dem Ausland – wichtige Impulse gegeben. Von den Ansätzen zu einer grenzenlosen Grausamkeit, die sich im Kindesalter und in der Jugend da und dort gezeigt hatten, war nichts mehr zu bemerken, bis sich eine furchtbare Krankheit seiner bemächtigte und der erst dreiundzwanzig Jahre alte Herrscher todkrank wurde. Um die Nachfolge nach seinem Ableben zu regeln, befahl er die einflußreichen Bojaren an sein Krankenbett und forderte sie auf, seiner Frau Anastasia und seinem kleinen Sohn die Ehre zu erweisen und sie als seine möglichen Thronerben zu respektieren.

Der aus niederem Adel stammenden Ehefrau wollten die Bojaren jedoch mehrheitlich nicht die Zarenmacht überlassen, vor den Augen des sterbenskranken Zaren entbrannte ein heftiger Streit. Iwan kannte die Bojaren gut genug, um zu wissen, daß nach seinem Tod seine Frau Anastasia und der Sohn, aber auch ganz Rußland, einer tödlichen Gefahr ausgesetzt wären. Aber wie durch ein Wunder überwand der Zar die Krankheit und wurde wieder gesund. Kaum war der Zar genesen, da traf ihn ein zweiter Schicksals-

schlag. Seine Frau starb, sie soll vergiftet worden sein. Den Leibärzten warf er vor, ausreichende medizinische Hilfe unterlassen zu haben, den Priestern, sie hätten für seine Frau zu wenig gebetet.
Der »Auserlesene Rat«, der unter Leitung der Zarenvertrauten Adeschew und Silvester die Regierung führte, geriet zunehmend in Verdacht, eine Politik gegen den Zaren zu betreiben. Der Zar wollte die absolute Gewalt im Staat, dagegen lehnten sich die Bojaren mit Hilfe des Rates auf. Der Tod von Iwans Frau Anastasia bot einen Anlaß, sich der engen Vertrauten mit der üblichen Methode zu entledigen. Silvester wurde beschuldigt, Anastasia vergiftet zu haben. Der Zar verbannte ihn ins Solowezkij-Kloster. Adaschew wurde unter Hausarrest gestellt, er starb, kurz bevor der gegen ihn geplante Mord ausgeführt werden konnte.
Zar Iwan, der Frauen mehr als Sklavinnen denn als Partner behandelte, heiratete nach dem Tod von Anastasia gleich wieder. Diesmal hielt er keine aufwendige Brautschau wie bei seiner ersten Hochzeit ab, als 1500 Kandidatinnen, die aus ganz Rußland angereist waren, sich dem Zaren zur Auswahl zu stellen hatten. Ihm war von der Schönheit einer Prinzessin der Tscherkessen, eines Volksstammes aus dem Kaukasus, berichtet worden. Er ließ sie nach Moskau bringen. Die junge Prinzessin gefiel ihm; sie wurde nach der Hochzeit 1561 russisch-orthodox getauft und erhielt den christlichen Namen Maria.
Die zweite Frau, wird berichtet, sei dem Zaren charakterlich ebenbürtig gewesen – unberechenbar, grausam und entschlossen. Mit der Tscherkessin war er zwei Jahre verheiratet, dann wurde auch sie vergiftet. Iwans dritte Frau, die Kaufmannstochter Marta, starb bereits zwei Wochen nach der Hochzeit an einer Vergiftung. Eine vierte Ehe

wollte und durfte die russische Kirche nach kanonischem Eherecht nicht mehr genehmigen.
Zar Iwan aber, ein Fuchs in jeder Beziehung, begründete die Notwendigkeit einer vierten und die Nichtigkeit seiner dritten Ehe. Er schrieb an die Kirche: »Die Zarin Marta ist als Jungfrau gestorben, die Ehe war nicht vollzogen, existierte in Wahrheit nicht. Ich wollte mich ins Kloster zurückziehen, doch ich muß für die Erziehung meiner Kinder sorgen und das Reich und den christlichen Glauben verteidigen; deshalb kann ich der Weltlichkeit nicht entsagen. Um aber Sünde zu vermeiden im weltlichen Leben, bin ich genötigt, wieder zu heiraten.«
Die Geistlichen mußten die Lüge und Erpressung akzeptieren und die Eheschließung gestatten. Der Zar heiratete zum vierten Mal. Seine Gemahlin Anna wurde nach kurzer Zeit in ein Kloster verbannt. Seine fünfte Frau, auch eine Anna, mit der er sich ohne kirchliche Genehmigung heimlich hatte trauen lassen – er hatte die Geistlichen dazu gezwungen –, starb wieder an einer Vergiftung. Die sechste Frau, die schöne Wassilissa, wurde vom Zaren schnell verstoßen, weil sie abgenommen hatte und der Zar dünne Frauen nicht mochte. Die siebte Ehefrau, Maria Dolgorukowa, wurde gleich nach der Hochzeitsnacht in einer Kutsche ins Wasser geworfen und ertränkt, weil sie – so Iwan – nicht mehr jungfräulich gewesen war. Die achte Gemahlin, Maria Nogaja, die er 1580 heiratete, entsprach nicht seinen Vorstellungen und sollte einer Ausländerin Platz machen.
In die Suche nach einer ausländischen Prinzessin mischte sich Komik und Tragik zugleich. Der sexuelle und menschliche Rohling, das politische Raubtier aus Moskau, wollte unbedingt mit dem britischen Königshaus verbunden sein und eine englische Prinzessin heiraten. Ein englischer Arzt,

der sich im Moskauer Kreml aufhielt, wollte dem Zaren eine Verwandte der Königin Elisabeth als Frau vermitteln. Der Zar beauftragte von russischer Seite pikanterweise den Vater seiner derzeitigen Frau mit den Verhandlungen, der einen Gesandten des Zaren nach London schickte. Der Zar gab seinem Bevollmächtigten genaue Anweisungen: »Vor allen Dingen trachte die Prinzessin Titunski (ein Pseudonym des Zaren für die englische Prinzessin) zu sehen. Prüfe sie mit Sorgfalt, notiere genau, wie sie aussieht. Ich will wissen, was sie für ein Gesicht hat, von welcher Farbe ihr Teint ist; vergiß auch nicht, annähernd ihren Leibesumfang zu beschreiben. Erforsche alles, was ihre Familie betrifft, und erkundige dich bei verläßlichen Personen über ihr Alter. Schließlich hast du Sorge zu tragen für ein getreues Porträt der Prinzessin. Wenn irgend möglich, bemühe dich, genaue Maße von ihrer Größe und ihrem Umfang zu erhalten.«
Der Gesandte wollte wissen, was er zu antworten habe, wenn die Engländer von den vielen Ehen des Zaren gehört hätten und wüßten, daß er noch verheiratet sei. »Dann wirst du sagen,« befahl der Zar, »daß meine früheren Frauen alle tot sind. Was jedoch die Zarin Maria, meine jetzige Gemahlin, anbelangt, so sage dieses: Die Zarin besitzt keine Rechte. Da sie die Tochter eines simplen Bojaren ist, hat ihre Ehe mit mir keine Konsequenzen, und die neue Zarin wird allein die Rechte und den Rang der Herrschersgattin haben. Die zukünftige Zarin muß, ebenso wie alle Personen, die sie aus England mitbringt und bei sich behalten will, zum russischen Glauben übertreten. Vor der Verlobung ist zwischen England und Moskau eine Allianz in aller Form abzuschließen.«
Der russische Gesandte erhielt nach langem Warten eine

Audienz bei der Königin und brachte seine Wünsche vor, die Prinzessin zu sehen und malen zu lassen. Die Königin: »Ich wäre sehr glücklich, mit dem Zaren in Verwandtschaft zu kommen. Aber ich habe mir erzählen lassen, daß der Zar nur schöne Frauen liebt, und Marie Hastings ist nicht schön. Zudem hat sie kürzlich die Blattern überstanden, und es wäre nicht gut, jetzt ihr Porträt anzufertigen.« Die englische Königin schickte wiederum ihren Gesandten an den Zarenhof, der dem Herrscher die Bedingungen einer Heirat zu überbringen hatte. Die Königin war zu einem Bündnis mit Moskau bereit, wenn sie dafür das Monopol des gesamten russischen Außenhandels bekäme. Die Gespräche vor allem über die Heirat mit einer englischen Prinzessin, die sich der russische Herrscher in den Kopf gesetzt hatte, zogen sich lange hin und strapazierten die Geduld des ungeduldigen Iwan. Um sein Ziel zu erreichen, soll er sogar bereit gewesen sein, den protestantischen Glauben des englischen Königshauses anzunehmen. Während Iwan noch auf die englische Prinzessin wartete, starb er in Moskau.

Als Iwan die tscherkessische Prinzessin, seine zweite Frau, geheiratet hatte, begann seine unerbittliche Jagd auf die Bojaren, die ihn als Kind, während seiner Krankheit, zutiefst beleidigt und gekränkt hatten und seiner alleinigen und uneingeschränkten Herrschaft über Rußland im Wege standen. Seine Frau aus dem Kaukasus, ähnlich veranlagt wie ihr Mann, schürte und unterstützte sein blutrünstiges Wüten. Aus dem russischen Zaren wurde Iwan Grosnyj, Iwan der Grausame, der Schreckliche, dem jedes Mittel recht war, um sich tatsächlicher oder vermeintlicher Gegner zu entledigen. Er mordete, quälte, folterte blindlings alle Menschen, die ihm im Wege standen oder einfach über

den Weg liefen. Keiner konnte vor ihm sicher sein. Seine Grausamkeit und brutale Phantasie spottet jeder Beschreibung, etwas Derartiges war bis dahin in Europa unbekannt.
Mit Täuschung und klugem politischen Kalkül leitete er im Dezember 1564 den entscheidenden Schlag gegen die Bojaren ein. Mit seiner Frau und seinen Kindern fuhr der Zar aus Moskau ins nahe gelegene Kolomenskoje, um dort am 6. Dezember den Nikolaus-Tag zu feiern. Diesmal aber hatte er kirchliche Fahnen, Ikonen, den Staatsschatz, Schmuck, die Festkleider und alle ihm treu ergebenen Diener und Berater mitgenommen. Von Kolomenskoje aus schickte er dem Moskauer Metropoliten ein Schreiben und beschwerte sich darin über die Bojaren und deren Kinder. Er könne in diesem Land der Verräter nicht länger Herrscher sein, schrieb er in einer Urkunde über seine Abdankung als Zar. Iwan der Schreckliche, der seine Untertanen kannte, erreichte mit seinem Pokerspiel, was er wollte. Alle Moskowiter, ob Bürger oder Bojaren, waren ratlos, erschreckt und voller Angst über eine Zukunft ohne den ersten russischen Zaren, den von Gott beauftragten Herrscher. Die Bürger Rußlands und der kleine Adel sahen sich bereits wieder der Willkür der Bojaren ausgesetzt, die wiederum selbst durch den Schritt des Zaren verzweifelt und ausweglos waren. Bürger und Bojaren richteten gemeinsam eine Botschaft an den Zaren, in der sie sich bereit erklärten, alle Wünsche und Forderungen des Herrschers zu akzeptieren. Der Zar hatte sein Ziel erreicht und konnte gestärkt auf seinen Thron in Moskau zurückkehren.
Sein größtes Anliegen, die Zarenmacht in Moskau zu stärken, Rußland von der Metropole aus zu beherrschen, konnte nur auf Kosten der widerspenstigen separatisti-

schen Feudalherren in den Provinzen erreicht werden. Iwan der Schreckliche setzte seinen rigorosen Plan durch und schuf sich eine Opritschnina, einen Staat im Staate. Die Opritschnina (das Abgesonderte, die Absonderung) war zunächst eine persönliche Kampfeinheit des Zaren, die sich dadurch auszeichnete, daß sie mit besonderer Grausamkeit alle tatsächlichen und sogenannten Gegner des Zaren vernichtete; die Opritschnina wurde zum Synonym des Schreckens. Die Aufteilung des russischen Staates und der Stadt Moskau in zwei Gebiete, der Semtschina und der Opritschnina, war der Vollzug einer Schreckensherrschaft. Der größere Teil, die Semtschina (vom Wort semlja = Land, Erde), sollte weiterhin vom Zaren und dem Bojarenrat regiert werden. In der Opritschnina, die aus den wichtigsten militärischen und wirtschaftlichen Gebieten Rußlands gebildet wurde, sollte nur der Zar uneingeschränkter Herrscher sein.

In der Opritschnina siedelte er seine ergebensten Diener an, denen er Land zuteilte, das er vorher den großen Feudalherren abgenommen hatte. Die Bojaren, die nicht umgebracht und enteignet worden waren, wurden aus dem Zarenland vertrieben und in der Semtschina angesiedelt. Die Opritschniki, die für die Opritschnina und den Zaren unvorstellbare Grausamkeiten verübten, zogen Tag und Nacht durch die Lande, verwüsteten Dörfer und Städte und vernichteten alle, die sich ihnen in den Weg stellten. Die Todessoldaten des Zaren waren schwarz gekleidet, ritten auf schwarzen Pferden und hatten an den Sätteln als Symbole ihres aggressiven Willens Hundeköpfe und Besen gebunden. An die Abmachungen, daß der Zar allein nur in der Opritschnina herrsche, hielt sich Iwan genauso wenig wie seine ihm hündisch ergebenen schwarzen Reiter. Sie unternahmen immer häufiger auch Überfälle in die Semtschina und versetzten Bürger und Adlige in Angst und Schrecken. Zar Iwan hatte seine Schreckensherrschaft übers ganze Land gezogen. »Nahe der Zar, nahe der Tod«, hieß es in Rußland nur noch.

Der russische Historiker Karamsin teilt deshalb auch die Herrschaft Iwans des Schrecklichen in verschiedene Epochen ein, die alle jedoch nur von einem geprägt sind: dem Willen, die Menschen bestialisch zu quälen und zu töten. Karamsin sagt: »Der Blutbecher stillte nicht seinen Durst, sondern vermehrte ihn, und der Zar wurde eine wahre Geißel«.

Am Anfang seiner Herrschaft war er noch bemüht, seine Greueltaten zu rechtfertigen, und sah in den Opfern Gegner des Staates und der Religion, die das große Werk der Einheit Rußlands verraten wollten. Er kam über den tödlichen Scherbenhaufen, den er vor sich sah, ins Grübeln und beschimpfte sich, seinen Charakter und seine mörderischen Taten: »Ich bin ein stinkender Hund, ich war jederzeit in Trunkenheit und Hurerei, in Ehebruch, Unfläterei, Totschlag und Blutvergießen, Plündern, Rauben und jeglicher Schandtat.« Einer der ersten, der den Zaren ob seiner grausamen Willkürherrschaft anprangerte, war Fürst Kurbskij, der Rußland wegen Iwan verlassen und sich 1564 in die Obhut des benachbarten Großfürsten von Litauen begeben hatte. Von einem sicheren Ort aus wagte er, den Selbstherrscher zu kritisieren. Hätte er es von Rußland aus getan, wäre er sofort umgebracht worden.

Kurbskij schrieb an den Zaren: »An den einst herrlichen Zaren, jetzt aber im Gewissen aussätzigen Tyrannen, dessengleichen selbst unter den Herrschern der Ungläubigen nicht gefunden wird. Gibt es keinen Gott und keinen höchsten Richter für den Zaren? Die Tränen der unschuldigen Opfer bereiten dem Tyrannen seine Strafe. Fürchte auch die Toten! Die von Dir erschlagenen stehen lebend vor dem Allerhöchstens; an seinem Throne fordern sie Rache. Deine Kriegshaufen retten Dich nicht. Deine Schmeichler, die unwürdigen Bojaren, die Gesellen Deiner Schmausereien und Deiner Wollust, die Verderber Deiner Seele, die Dir ihre Kinder zum Opfer bringen, machen Dich nicht unsterblich.« Dem Boten, der diesen Brief überbrachte, stieß Iwan seinen schweren und spitzen Eisenstab durch den Fuß, dann befahl er ihm, das Schreiben vorzulesen, anschließend übergab er den Boten seinen Folterknechten. Fürst Kurbskij antwortete er: »Wir dürfen nach Belieben unsere Knechte belohnen, wir dürfen sie auch nach Belieben hinrichten. Bisher haben russische Herrscher noch keinem Menschen Rechenschaft über ihr Tun und Lassen gegeben.«

Der Zar sprach und handelte. Verwandte, Freunde (tatsächliche oder angebliche) von Fürst Kurbskij wurden einschließlich ihrer Familien umgebracht. Als erste wurden Fürst Gorbatij-Schuiskij, ein Nachfahre des Heiligen Wladimir, und sein siebzehnjähriger Sohn geköpft, am selben Tag noch weitere Fürsten. Damit die Zuschauer sich bei dem ständigen Köpfen nicht langweilten, wurde Fürst Dimitrij Schewjurow zur Abwechslung auf Wunsch des Zaren auf einen Pfahl gespießt. »Er lebte am Pfahl noch einen Tag und sang ein Loblied zu Ehren Christi«, heißt es in der Chronik.

Iwan der Schreckliche mordet, quält, schändet mit einer Wollust, die jeder Beschreibung spottet. Im Jahr 1568 läßt sich sein Tyrannenhirn wieder etwas anderes einfallen. Er schickt seine Mordgehilfen in Häuser, die reichen Kaufleuten gehören und deren Frauen schön sein sollen. Er läßt die Ehefrauen in ein eigens für eine Orgie eingerichtetes Lager bringen und sucht sich die schönsten aus; die anderen überläßt er seinen Dienern, die zudem noch die Aufgabe hatten, die Häuser der geschändeten Frauen und gedemütigten Ehemännern niederzubrennen; wer sich von den Frauen oder Ehemännern dagegen empört hätte, wäre sogleich samt Familie und Verwandten umgebracht worden. Selbst Menschen, die sich aus dem weltlichen Leben in die Stille eines Klosters zurückgezogen hatten, ließ der Zar nicht in Ruhe. Keiner war irgendwo vor seinen Henkern sicher.

Den Fürsten Schtschenjatew brachten sie auf ausdrücklichen Befehl Iwans in einer Klosterzelle qualvoll um. Sie rösteten ihn auf einer Bratpfanne, nachdem sie ihm unter die Fingernägel lange Stacheln getrieben hatten. Den Schatzmeister des Zaren samt seiner Frau und seiner kleinen Söhne zerteilte der Schwager des Herrschers, Fürst Tscherkasskij, eigenhändig in Stücke. Mit perverser Phantasie hatte Iwan der Schreckliche seine Henkertrupps immer wieder zu neuen Folter- und Mordmethoden angeregt. Nach dem Enthaupten, Hängen war das Zerstückeln von Menschen an der Reihe. Ein russischer Historiker: »Die Opritschniki liefen mit langen Messern und Äxten bewaffnet in der Stadt umher, suchten nach Opfern und erschlugen täglich zehn bis zwanzig Menschen. Durch die Totenstille in Moskau schall nur das fürchterliche Geheul der Henkersknechte.« Sie drangen mit Vorliebe in Kirchen ein und erschlugen die Betenden von hinten. Überall lagen die Leichen herum, weil die Menschen Angst hatten, sie zu beerdigen und dabei das nächste Opfer zu werden.

Alle Russen, ob Bürger oder Bojaren, hatten schreckliche

Angst vor dem Zaren und seinen Opritschniki. Nur wenige wagten, dem Herrscher zu widersprechen und gegen ihn Widerstand zu leisten. Diese Menschen wurden entweder auf der Stelle getötet oder qualvoll zu Tode gefoltert. Der Bojar Mitkow, dem der Herrscher ein Glas Honigwein (Met) anbot, sagte ihm: »O Zar, Du befiehlst uns, zugleich mit Dir Met zu trinken, der mit dem Blute unserer Brüder, rechtgläubiger Christen, vermischt ist.« Der mutige Bojar hatte diesen Satz kaum ausgesprochen, da stieß ihm der Herrscher voller Wut seinen spitzen Eisenstab ins Herz. Dem Moskauer Metropoliten Philip, der den mordenden Zaren angeklagt hatte, bereitete er dagegen einen langsamen Tod.

Der oberste Hirt der russischen Christen hatte 1568 dem Zaren in der Uspenskij-Kathedrale des Kreml den priesterlichen Segen verweigert. Die in der Kirche versammelten Bojaren forderten den Metropoliten auf: »Heiliger Vater, hier ist der Zar, Heiliger Vater, segne ihn.« Statt zu segnen, sprach der Bischof gegenüber dem Zaren klare und mahnende Worte: »Ich erkenne den Zaren nicht. O Herr, wir bringen hier Gott unser Opfer, und jenseits des Altars fließt unschuldiges Christenblut. Seitdem die Sonne am Himmel glänzt, ist es nicht gesehen noch gehört worden, daß gottesfürchtige Zaren ihre eigenen Staaten so furchtbar zerrütteten. Selbst in ungläubigen heidnischen Reichen gibt es Gesetze und Recht, Barmherzigkeit gegen die Menschen, aber in Rußland nicht. Vermögen und Leben der Bürger sind ohne Schutz. Überall Raub, überall Mord; und im Namen des Zaren werden sie verübt. Noch stehst Du auf dem Thron. Aber es ist ein Höchster Dein und unser Richter. Wie wirst Du vor seinem Richterstuhl treten, befleckt mit dem Blute der Unschuld, betäubt von dem Geheul ihrer Qual? Denn selbst die Steine unter Deinen Füßen schreien um Rache. Herr, ich spreche als Hirt der Seelen; ich fürchtete nur den einzigen Gott.« Keiner hatte bislang dem Zaren so eindeutig und offen die Wahrheit gesagt.

Mit bebender Stimme, blaß vor Zorn, schrie dieser den Metropoliten in der Kirche an: »Pfaff, bis jetzt hatte ich euch Aufrührer zu sehr gescheut; künftig werde ich so sein, wie ihr mich schildert.« Kaum hat Iwan der Schreckliche die Kathedrale verlassen, da beginnt eine Mordjagd auf einfache Pfarrer und Hierarchen der Kirche. Den im Volk beliebten Moskauer Metropoliten läßt er wegen Zauberei vor ein Gericht stellen, aber nicht gleich umbringen. Furchtlos sagt der Metropolit dem Zaren: »Es ist besser, als unschuldiger Märtyrer zu sterben, denn als Metropolit die Schrecken und Frevel dieser unglücklichen Zeit stumm mitanzusehen.« In der Kathedrale schlägt er dem Herrscher vor, auf das Bischofsamt zu verzichten. Der Zar ist wütend über so viel eigenständiges Handeln und herrscht ihn an: »Du bist nicht Dein eigener Richter.« Dann reißt er dem Oberhirten die bischöflichen Kleider vom Leib und läßt ihn von seiner Leibwache mit Besen aus der Kirche fegen. Der Metropolit wird in ein Kloster verbannt und dem Hungertod ausgesetzt. Damit sein Tod noch qualvoller wird, bringen ihm Iwans Henker das Haupt seines geköpften Neffen und einen Brief des Zaren: »Da ist dein lieber Verwandter, deine Zaubereien haben ihm nichts geholfen.« Der Zar schickt wieder einen Boten und erbittet den Segen des Metropoliten, der ihn zu geben verweigert: »Man segnet nur die Guten«, spricht der Priester, nun wird er auf der Stelle erwürgt.

Nach dem Mord an dem Moskauer Metropoliten läuft die

Vernichtungsmaschine Iwan des Schrecklichen und seiner Opritschniki auf Hochtouren. Iwan denkt sich immer neue Verschwörungen gegen neue Feinde aus. Bislang waren nur einzelne Menschen, Familien, Sippen, vernichtet worden – jetzt hätten sich gegen ihn ganze Dörfer, Städte oder Provinzen verschworen, verkündete der Zar. Wieder fand er eine Rechtfertigung für seine Untaten. Um das Moskauer Reich zu retten, mußten die »Verräter« in der Provinz vernichtet werden. Mit ihnen wurden jetzt auch Tiere, die den sogenannten Abtrünnigen gehörten, abgeschlachtet. Damit die Menschen keine Fische essen konnten, wurden Flüsse und Seen vergiftet. Das Heu und Getreide in den Scheunen wurde verbrannt, die Häuser und Höfe in Asche gelegt.
Iwans Rachefeldzug gegen die Provinz beginnt mit der Stadt Klin; innerhalb von wenigen Stunden haben die Opritschniki die blühende Stadt zerstört. Alle Bürger, ob alt oder jung, ob Greis oder Kind, werden umgebracht. Das Mordkommando zieht weiter nach Twer, nach fünf Tagen gleicht auch diese Stadt einem Trümmerhaufen und Totenhaus. Die mordenden Horden des Zaren ziehen weiter.
1570 stehen sie vor den Toren der alten, stolzen und reichen nordrussischen Stadt Nowgorod. Sie umzingeln die Stadt, versiegeln Kirchen und Klöster, fesseln Geistliche und Mönche, berichtet der Chronist. Jeder Stadtpfarrer und Mönch, der nicht gleich zwanzig Rubel für den Zaren berappen kann, wird von morgens bis abends ausgepeitscht. Kaufleuten und Richtern werden Ketten angelegt, die Frauen in den Häusern eingesperrt. Als der Zar selbst mit seinem Sohn in Nowgorod eintrifft, werden die Mönche und Pastoren auf den Marktplatz gezerrt und zu Ehren des erschienenen Herrschers mit Keulen erschlagen.
Der Erzbischof von Nowgorod geht dem Zaren mit wunder-

tätigen Ikonen entgegen und bittet für sich und seine Gläubigen um Gnade. Iwan der Schreckliche ist ungnädig und schreit ihn an: »Nicht das lebenschaffende Kreuz ist in deiner Hand, sondern die mörderische Waffe, die du uns ins Herz stoßen willst. Ich kenne deinen Anschlag.« Er befiehlt dem Bischof, in die Kirche zu gehen und einen Gottesdienst zu zelebrieren, bei dem der Zar eifrig und hörbar betet. Danach begibt er sich mit dem Oberhirten in das erzbischöfliche Palais zum Mittagessen und setzt sich neben den Bischof. Während der Mahlzeit gibt der Zar seinen Soldaten ein Zeichen zur Festnahme des Bischofs und Plünderung der Stadt.

Zar Iwan und sein Sohn gehen zum Marktplatz, um dort über Nowgorod und seine Bewohner zu richten. Täglich werden etwa 1000 Männer zum Tode verurteilt und grausam hingerichtet. Sie werden mit glühendem Eisen überschüttet, mit dem Kopf an Schlitten gebunden, durch die Stadt gezogen und in den Fluß gekippt. Ganze Familien, Männer, Frauen, Kinder und Großeltern werden mit Stricken zusammengebunden und wie Ballen in den Fluß gerollt. Wochenlang wird geplündert und gemordet. Erst als Iwan der Schreckliche persönlich den sechzigtausendsten Bürger der Stadt Nowgorod zum Tode verurteilt hatte, steckte er seinen Säbel weg und verkündete zynisch den Frieden.

Die wenigen Bürger, die sich verstecken konnten und sich gerettet haben, krochen verängstigt aus Kellern, Winkeln und Ecken der Stadt. »Schattengleich, bleich und abgezehrt erschienen sie, aber der Zar sah sie an mit gnädigem und sanftem Auge, in dem aller Zorn erloschen schien«, schreibt der Chronist. Zu den vor Angst zitternden Nowgoroder Bürgern sagte er: »Betet zum Herrn für die wahre

gottesfürchtige Zarenherrschaft. Gott richte den Verräter, euren Erzbischof Pimen. Von ihm werde das Blut gefordert, das hier geflossen ist. Nun mögen Weinen und Wehklagen verstummen, lebt und gedeiht in dieser Stadt.«
Iwan der Schreckliche zog mit seinen Soldaten in die nächste Stadt, nach Pskow, um auch sie wie Nowgorod zu bestrafen. Die Pskower Bürger, die von den Grausamkeiten in ihrer Nachbarstadt gehört hatten, zogen dem umbarmherzigen Zaren nach alter russischer Sitte mit Salz und Brot entgegen, um ihn mild zu stimmen. Sie flehten ihn an: »Nimm Brot und Salz von deinen liebenden, treuen Untertanen, aber mit unserem Leben tue nach deinem Gefallen, denn alles, was wir haben, und wir selbst sind dein, großer Selbstherrscher.« Doch nicht das Jammern und Flehen zur Begrüßung des Zaren hat den Pskowern das Leben gerettet, sondern die Dreistigkeit eines (angeblich) Schwachsinnigen, der dem Zaren statt Brot und Salz ein Stück rohes Fleisch reichte. Der verdutzte Zar stammelte: »Ich bin ein Christ und esse während des großen Fastens kein Fleisch.« Der Mann schrie den Zaren an: »Du tust Schlimmeres, du nährst dich von Fleisch und Blut der Menschen.« Der ansonsten schrecklose Zar bekam Angst und ließ den so zum Retter von Pskow gewordenen mutigen Mann unbestraft gehen. Seinen Truppen, die sich schon auf das Blutbad in Pskow und die Plünderung der Stadt eingestellt hatten, befahl er den Rückzug: »Stumpft eure Schwerter an Steinen ab.«
Sein Schwert zog er dann noch einmal im Kloster von Pskow-Pjetschory. Dem Abt des Klosters schlug er den Kopf ab und bat die Mönche zugleich um Vergebung seiner Sünde. Mit reichen Schenkungen an das Kloster wollte er seine grausame Tat sühnen. Den Höhlenklostern im Nor-

den Rußlands schenkte der Zar Ländereien, kostbare Kreuze, Kelche und eine 3040 Kilogramm schwere Glocke, die bis heute seinen Namen trägt.
Für das entgangene Blutbad von Pskow entschädigte er sich gleich nach seiner Rückkehr in Moskau. Seine engsten Mitarbeiter, die hündisch ergebenen Vollstrecker des Zarenwillens, sind nun selbst an der Reihe. Sie werden mit den gleichen Methoden abgeschlachtet, mit denen sie vorher ihre Opfer hingerichtet haben. Dem Herrscher ist es eine Genugtuung, seine erbarmungslosen Helfer jetzt als ängstliche Opfer zu sehen, die sich gegenseitig verraten und beschuldigen, um vielleicht doch noch den eigenen Kopf aus der schon vorbereiteten Todesschlinge zu ziehen. Denunzianten erzählen dem Zaren von wilden und abstrusen Plänen und Komplotten seiner Günstlinge gegen den Selbstherrscher. Den niederträchtigen »Verrat« will er nicht in aller Stille rächen, sondern öffentlich, vor den Augen seiner Moskowiter Untertanen, in einer großen Inszenierung bloßstellen. Für den Schauprozeß von 1570 wird im Moskauer Stadtteil Kitajgorod auf dem Marktplatz ein makabres Hinrichtungsfest vorbereitet. Achtzehn Galgen werden aufgestellt, in der Mitte des Platzes wird ein meterhoher Scheiterhaufen hergerichtet.
Keinem Moskauer Bürger bleiben die Vorbereitungen verborgen, und sie jagen Angst und Schrecken ein. Gerüchte gehen durch die Stadt, daß der Zar nach der Zerstörung der ehrwürdigen Stadt Nowgorod diesmal Moskau und seine Menschen vernichten wolle. In panischer Angst verlassen Kaufleute ihre Geschäfte, ihre Häuser und flüchten, andere verkriechen und verschanzen sich in Kellern und Schuppen. Moskaus Straßen und Gassen sind menschenleer.

Der Zar reitet festlich gekleidet, mit seinem Lieblingssohn Iwan an der Seite, zum Ort des grausamen Schauspiels; ihm folgen die Fürsten, Bojaren, die Opritschniki und Hunderte zum Tode verurteilter Verräter, die noch vor Wochen die engen Vertrauten und Freunde des Zaren waren, mit ihm durch die Lande zogen, ihm ergeben und gleichgesinnt darin: zu morden, zu töten und zu vernichten. Aus Jägern sind Gejagte geworden. Aber für das Schauspiel fehlt plötzlich die Kulisse. Der Zar hat Tausende von Moskowitern, die sich dem Zug durch die Straßen bis auf den Hinrichtungsplatz anschließen sollen, erwartet. Aber aus Angst ist keiner gekommen.

Der Zar befiehlt, Menschen herbeizuschaffen. Er selbst reitet durch die Straßen und verspricht lauthals, daß nicht das Volk Strafe zu erwarten habe, sondern nur die Verräter aus seiner Umgebung. Das Volk solle Zeuge eines gerechten Richters und Herrschers sein. Sicherheit und Gnade verspricht er denen, die auf den Marktplatz kämen; bestraft aber würden diejenigen, die in ihren Verstecken blieben. Nachdem die Opritschniki mit Gewalt Menschen auf den Platz gebracht haben, andere aufgrund der Drohung und der Zusage des Zaren gekommen sind, spricht der Zar: »Volk, du wirst Qualen sehen und Tod. Doch ich züchtige Verräter. Antworte, Volk: Ist mein Gericht gerecht?« Und alle schreien aus Angst: »Langes Leben dem Zaren, Untergang den Verrätern.«

Mit unvorstellbarer Grausamkeit und satanischer Menschenverachtung beginnt das Mordspektakel. Der Zar befiehlt: Ein Sohn muß seinen Vater erschlagen, ein Fürst seinen Bruder, dann werden beide als Vater- und Brudermörder hingerichtet. Damit das Volk und vor allem der Zar nicht durch die Eintönigkeit der Hinrichtungen gelangweilt werden, haben sich die Henker für die Verräter verschiedene Mordmethoden ausgedacht. Der eine wird erschlagen, der andere geköpft, der nächste erdrosselt, zerhackt, erhenkt. Wieder andere Verurteilte werden langsam zu Tode gequält: Eine Körperhälfte wird mit kochendem, die andere mit eiskaltem Wasser übergossen.

Iwan der Schreckliche, dem das bloße Zuschauen nicht reicht, geht unter die Henker und legt Hand an. Mit einer Lanze durchbohrt er einem Greis den Körper, einen anderen erschlägt er mit einer Keule. Nach vier Stunden haben der Zar und seine Mordgehilfen über 400 Menschen abgeschlachtet. Der Zar ist zufrieden. Auf dem Heimweg schaut er mit seinem Sohn Iwan bei jenen Frauen und Kindern vorbei, deren Männer und Väter umgebracht wurden, und ergötzt sich an ihrer Trauer. In einem Haus gefällt ihm die fünfzehnjährige Tochter eines hingerichteten Mannes. Während der Zar die Ehefrau foltert, vergewaltigt der Zarensohn die Tochter.

Nach einer Pause von mehreren Tagen überfallen den unersättlichen Bluthund aus dem Kreml schon wieder Mordgelüste. »Verräterische« Aristokraten müssen ausgerottet werden. Diesmal soll es schnell und ohne Schau ablaufen. Die wegen Verrats am Herrscher Verurteilten werden erschlagen, in eine Reihe gelegt, dann in Stücke gehackt und den Hunden zum Fraß vorgeworfen. Achtzig Ehefrauen der Hingerichteten werden ertränkt; die Henker fesseln die Frauen und werfen sie in einen Fluß.

Keiner ist vor Iwan dem Schrecklichen sicher. Verdienste um Vaterland, Kirche oder das Herrscherhaus zählen nicht mehr, wenn den Mörder aus dem Kreml die Lust am Töten überkommt. Vertraute, Verwandte, Berater, Kriegshelden, Kinder, Frauen, Arme und Reiche werden wahllos abgeschlachtet, wenn der herrschaftliche Massenmörder seiner perversen Wollust frönen will. Mittlerweile widersetzt sich keiner mehr dem schrankenlosen Wüten der regierenden Hyäne. Selbst mächtige und fähige Heerführer, die für Iwans Macht und Herrlichkeit gekämpft und gesiegt haben und auf deren Kriegskunst der Zar noch angewiesen ist, um sein Reich vor äußereren Feinden zu verteidigen, bringt er scharenweise um.

Den tapferen Soldaten und Fürsten Obolenskij-Serebrjanow läßt er nach Moskau kommen, während sich der Untertan vor dem Zaren demütig hinkniet, wird er von den Opritschniki auf Iwans Befehl hin enthauptet. Ein anderer Fürst, gewarnt vor Iwans Absichten, flüchtet in ein Kloster und will dort als Mönch seinen Lebensabend beschließen. Die Opritschniki entdecken ihn. Der Zar befiehlt, ihn auf ein Pulverfaß zu setzen und in die Luft zu sprengen. Zynisch sagt er: »Die Mönche sind Engel und müssen gen Himmel fahren.«

Heerführer, die nicht in Moskau sind und an den Grenzen Rußlands für den Zaren Schlachten schlagen, werden von seinen Söldnern in den äußersten Ecken und Winkeln des Landes aufgespürt und im Namen des Zaren ermordet. Wenn tapfere Offiziere schon im Kampf gefallen und damit der Rache des Zaren entkommen sind, werden dafür ihre Frauen und Kinder getötet oder in den Kerker geworfen.

Der Zar legt eine Ruhepause ein, um danach die Freude am Töten wieder um so genüßlicher fühlen zu können. Fürst Worotinskij, der mit dem Zaren Kasan erobert hat, ist dem Herrscher ein Dorn im Auge, weil er vom Volk geliebt wird, und das macht Iwan eifersüchtig. Der alte Heerführer soll dafür büßen. Zwischen zwei Feuern soll er bei lebendigem Leibe langsam geröstet werden. Iwan der

Schreckliche schiebt behutsam, immer darauf bedacht, den Gequälten nicht zu verbrennen, das glühende Holz immer näher an den Fürsten heran. Nach der Feuertortur wird er im See ertränkt. Der Bojar Morosow wird samt seiner Frau und seinen Kindern nur deshalb umgebracht, weil er fernab der Hauptstadt vom Zaren und dem Henker vergessen worden und als letzter der alten Bojaren übriggeblieben war.
Nach dem »einfachen« Tod der Morosows hatte der Zar wieder Freude an einer ausgeklügelten Tötungsmethode gefunden. Er ließ die Opfer in eine Bärenhaut einnähen und sie von Hunden zerfetzen und auffressen. Auf diese Weise wurden vor allem Richter und Geistliche getötet.
Manchmal überkommt den Zaren ganz spontan die Lust, Menschen umzubringen. Er springt während einer ausgedehnten Mahlzeit auf, läßt Mitarbeiter und Gäste sitzen, trommelt seine Opritschniki zusammen und reitet mit dem Ruf »Heida, Heida« auf Menschenjagd davon. In Kerkern stürzen sich die Mörder auf angekettete Gefangene und erschlagen sie. Nach der Bluttat kehrt der Zar gut gelaunt wieder an die Tafelrunde zurück, er ißt und trinkt, als hätten ihm die Toten den Appetit verstärkt.
Die Wollust des Tötens setzt beim Zaren voraus, daß die Menschen immer wieder anders gequält, gefoltert und hingerichtet werden. Guten Lohn und viel Lob erhalten jene Bürger, die sich mit viel Phantasie neue Marterwerkzeuge und neue Tötungsmethoden ausdenken. Künstler, Handwerker und Techniker, ganze Wirtschaftszweige, sind damit beschäftigt, zum Beispiel Pfannen zu konstruieren, in denen die Menschen besonders qualvoll und langsam geröstet werden; die Rache des Zaren soll der Gequälte möglichst lange bei Bewußtsein erleben. Für jede Tötungsmethode werden genaue Vorschriften erlassen.

Manchen Menschen werden, nachdem sie zerhackt worden sind, nach Plan Streifen aus dem Körper geschnitten, mit denen man hungrige Tiere füttert. Den Arzt Bornelius, der für Iwan ein Gift erfindet, mit dem der Zar seine Opfer nach fünf oder zehn Minuten oder auch nach drei Stunden sterben lassen kann, läßt sein mißtrauischer Auftraggeber bald selbst töten.

Iwan der Schreckliche hatte nur Freude und Spaß, wenn Blut floß. Einen Wojewoden aus der Provinz, der an die Zarentafel geladen wird, begrüßt der Herrscher ausgelassen: »Sei gesund, mein geliebter Wojewode. Du bis Unserer Gnade würdig.« Als zusätzlichen Beweis der zaristischen Gnade schneidet ihm der Herrscher ein Ohr ab.

Als der Herzog von Holstein König von Livland geworden war, gab ihm Iwan seine Nichte zur Frau und nahm an der Hochzeit selbst teil. Der Chronist berichtet darüber: »Und er bezeigte viel Freude in barbarischer Art nach seiner Gewohnheit. Er stellte sich in die Reihe der jungen Mönche und sang mit ihnen, indem er mit seinem dicken Stock den Takt auf ihren Köpfen schlug bis das Blut in Strömen floß.«

Dem Gesandten eines ausländischen Fürsten, der vor dem Zaren nicht das Haupt entblößte, ließ Iwan den Hut auf den Kopf nageln.

Nur einmal sollte sich seine Grausamkeit auch an ihm rächen und ihm seelische Qualen bereiten. Sein geliebter Sohn und Kronprinz, der wie sein Vater Iwan hieß, war auf dem besten Weg, eine Kopie seines Vaters zu werden. Die beiden waren gleichen Wesens und unzertrennlich. Sie reisten, mordeten, raubten und planten ihre Greueltaten genüßlich zusammen. Auch den ungezügelten Geschlechtstrieb hatte der Vater dem Sohn vererbt, gemeinsam hurten

sie und vergewaltigten Frauen; oft teilten sie dieselbe Mätresse.
Eine Geliebte, die der Vater an den Sohn verschenkte, wird von den anderen höfischen Damen daraufhin verspottet. Die Gehänselte beklagt sich darüber beim Zaren, und er verschafft ihr Genugtuung. Die Spötterinnen müssen sich im Winter bei größter Kälte vor aller Augen entkleiden und im Schnee ausharren. Zur Mätresse sagt er: »Nun lache du über sie.« Der Sohn macht es dem Vater gleich und heiratet eine Frau nach der anderen; die Verstoßenen verbannt er in Klöster.
Die Gefährten der Grausamkeit werden getrennt, als der Vater den Sohn erschlägt. Iwan der Schreckliche trifft eines Morgens seine schwangere Schwiegertochter und schlägt sie, weil sie bei kaltem Wetter zu leichte Kleidung trägt. Der Sohn läuft herbei, um seine schwangere Frau vor dem Zorn des Vaters zu schützen. In einem Anfall von Wut schlägt der Vater den Sohn mit dem Eisenstab und trifft ihn tödlich an der Schläfe. Die Schwiegertochter bringt ein totes Kind zur Welt. Den Schmerz über den Tod seines Sohnes hat der Zar nie verwunden.
Von einem anderen Chronisten wird die Tat so geschildert: Der Thronfolger tritt in einer Anwandlung von Patriotismus vor den Herrscher mit der Bitte: »Vater, gib mir ein Heer zur Verjagung des Feindes.« Dieses Verlangen ist dem Zaren verdächtig. »Rebell«, schreit er von wahnsinniger Wut erfaßt, und mit seinem furchtbaren Stabe schlägt er dem Sohn wuchtig aufs Haupt. Blutend stürzt der Prinz zu Boden. Des Zaren Zorn ist verraucht, sein ungeheuerliches Verbrechen wird ihm bewußt, und erblassend klagt er sich vor allen laut an: »Ich habe meinen Sohn ermordet.« Er wirft sich nieder, küßt und herzt den Sterbenden und

beschwört die Ärzte, den Sohn zu retten. Die Ärzte wissen weder Hilfe noch Trost, der sterbende Prinz allein verzweifelt nicht und bittet den Vater, nicht zu klagen: »Ich allein trage die Schuld, mein Herr, verzeihe mir, ich sterbe als dein treuer Sohn und treuester Untertan.«
Zerschmettert wankt der Tyrann von der Leiche des Sohnes weg; tagelang weigert er sich, Speise und Trank aufzunehmen. Nacht um Nacht verbringt er schlaflos, stöhnend und jammernd, sich selbst anklagend und laut seine Absicht verkündend, der Welt zu entsagen und im Kloster seine Tage zu beschließen.
Während Rußland im Westen durch das erstarkte Litauen und Polen, die sich 1569 zu einer Staatenunion zusammenschlossen, Gebiete verlor und mehr und mehr in die Defensive gedrängt wurde, konnte das Moskauer Reich sich im Osten große Landstriche einverleiben. Der Kaufmann Stroganow hatte begonnen, in der Nähe des Urals Salzbergwerke zu erschließen. Ständige Überfälle mongolischer Stämme erschwerten jedoch seine Arbeit. Er bat den Zaren, ihm den Kosakenführer Jermak zu Hilfe zu schikken. Mit 800 Kosaken, Abenteurern und Söldnern vertrieb Jermak die Mongolen, zog über den Ural und unterjochte die dort lebenden Nomadenstämme.
Nach der tatarischen Stadt Sibir, die Jermak einnahm, wurde das Land jenseits des Urals Sibirien genannt. Es ist größer als Europa und beherbergt alle Bodenschätze dieser Erde. Dem Kosaken Jermak folgten Tausende russische Siedler, die sich in den unwirtlichen Weiten, der großen Kälte im Winter niederließen und das Land bebauten. Viele Russen flohen auch vor Iwan nach Sibirien und zogen es vor, mit der harten Natur in Sibirien zu kämpfen, statt sich von den Henkersknechten des Zaren umbringen zu

lassen. Die Siedler zogen immer weiter. Hundert Jahre später hatten sie Tausende Kilometer zurückgelegt und waren im Osten am Stillen Ozean angelangt.
Fernab von Moskau, jenseits des Urals, rodeten die Russen Wald, pflügten Äcker und pflanzten Getreide an. Im Zentrum des russischen Reiches lagen währenddessen die Felder brach, die Höfe verödeten, die Bürger und Bauern hungerten; von der gesamten landwirtschaftlichen Nutzfläche des Moskauer Gebiets wurde in den letzten Jahren der Schreckensherrschaft von Zar Iwan nur noch 14 Prozent bearbeitet; in anderen Teilen Rußlands sah es nicht besser aus. Die Mordmaschine des Zaren und seiner Helfer hatte das Land an den Rand des Ruins gebracht.
Das Zarenmonstrum, das ein Leben lang gehurt, gesoffen, gevöllt und gemordet hatte, befiel mit 53 Jahren eine unheilbare Krankheit, die den Ärzten ein Rätsel blieb. An seinem Körper bildeten sich dicke Eiterbeulen, Iwan verfaulte bei lebendigem Leib. Er ließ Wunderheiler, Quacksalber, Sterndeuter, selbst Zauberer, die er verfolgt hatte, kommen, aber keiner konnte seine Qualen und Schmerzen lindern. Auch Gebete, die vor der heiligen Ikone verrichtet werden mußten, brachten ihm keine Hilfe. Der Tyrann verfaßte sein Testament und beschwerte sich: »Mein Körper ist erschöpft, mein Geist verdunkelt, die Eiterbeulen an meinem Leibe und an meiner Seele vermehren sich, kein Arzt ist da, mich zu heilen. Ich wartete, ob sich jemand meiner erbarmen wollte, doch niemand kam zu mir. Sie haben mir Gutes mit Bösem, Liebe mit Haß erwidert.«
Iwan, der Satan in Menschengestalt, liegt geschwächt auf dem Sterbebett und kämpft mit dem Tod; aber selbst in den letzten Stunden seines Lebens muß er sich als Sünder und Frevler bestätigen. Der Chronist schreibt: »Vom Fie-

ber des Todeskampfes aufgerieben und verschmachtend wälzt sich Iwan auf seinem Lager. Die keusche Gattin Fjodors, der nach der Ermordung des Bruders durch den Vater Thronfolger geworden, tritt zum Sterbenden hin, um ihn in seinen letzten Momenten zu trösten; und sie neigt sich zu ihm hinab, seine Schmerzen zu lindern. Da plötzlich stößt sie einen fürchterlichen Schrei aus und stürzt von wahnsinnigem Entsetzen erfaßt von dannen; der verrekkende Unmensch hat seine letzten Kräfte zusammengerafft, um seine barmherzige Schwiegertochter zu sich zu reißen und zu vergewaltigen.«

Am 18. März 1584 starb Iwan der Schreckliche beim Schachspiel.

Iwan der Schreckliche hatte zwei Söhne, die noch lebten. Fjodor, aus der Ehe mit Anastasia, war krank und gebrechlich, stotterte und hinkte, sein Geist war schwach, er betete von früh bis abends und hatte die größte Freude, wenn er die Glocken in der Kirche läuten konnte; er hatte vom Vater weder die Laster noch die Brutalität geerbt. Der zweite Sohn Dimitrij (Demetrius) war das Kind aus der letzten Ehe, mit Maria Nogaja. Als Zar Iwan starb, war Dimitrij noch minderjährig. Der Thronfolger war der 27jährige Sohn Fjodor, der, wie die Russen meinten, mit Gebeten regieren wollte.

Sein Schwager Boris Godunow, ein Bojar mit mongolischem Blut, übernahm die Regierungsgeschäfte des jungen Zaren. Während der begabte und energische Godunow die Politik des Moskauer Reiches bestimmte und seine Gegner mit Geschick und Härte ausschaltete, fastete und betete der fromme Zar in Kirchen und Klöstern – auch für die Sünden seines verstorbenen Vaters. Hinter dem Rücken des schwachen Zaren stritten wiederum die Bojaren um

Recht und Einfluß. Sie wollten mit Hilfe des Moskauer Metropoliten Dionissij den Schwager des Zaren entmachten. Der oberste Priester wollte den Zaren überreden, sich von seiner unfruchtbaren Frau Irina, Godunows Schwester, scheiden zu lassen. Als Godunow von den Machenschaften erfuhr, rächte er sich blutig. Die Bojaren ließ er umbringen, den Metropoliten verbannte er in ein Kloster. Zum neuen Metropoliten in Moskau machte er den ihm verbundenen Erzbischof von Rostow, Iow.

Boris Godunow und der falsche Zarewitsch

Der Bojar Godunow, der anstatt des Zaren im Kreml herrschte, und der Metropolit Iow, der nun erster Priester in Rußland war, unterstützten sich gegenseitig. Der Metropolit wurde mit Hilfe von Godunow 1589 Patriarch von Moskau und ganz Rußland. Die weltliche Macht in Rußland hatte einen Zaren, die russische Kirche aber, die längst vom Patriarchat in Konstantinopel unabhängig, eigenständig und mächtig geworden war, brauchte an ihrer Spitze mehr als einen Metropoliten, der formell noch dem byzantinischen Patriarchen unterstand. Rußland war politisch und (nun auch) religiös ein eigenständiges Reich, das sein Ansehen im In- und Ausland, vor allem aber in der orthodoxen Welt, erhöhte. Die orthodoxe Religion erlebte in Rußland ihren Höhepunkt und bestimmte das Leben von Feudalherren und Bauern. Nicht nur westliche Reisende, selbst die griechischen Lehrer waren von der tiefen Frömmigkeit und den stundenlangen inbrünstigen Gottesdiensten der Russen beeindruckt und angetan. Für die Russen war das nationale Bewußtsein mit dem orthodoxen Glauben identisch. »Russische Erde« und »orthodoxe Erde« hatten die gleiche Bedeutung.

Boris Godunow, der im Kreml herrschte, aber nicht Zar war, hatte auch nach dem Ableben des Herrschers Fjodor keine Aussicht, den Thron zu besteigen, weil der Halbbruder Dimitrij der rechtmäßige Nachfolger des kinderlosen Fjodor war. Plötzlich aber starb der junge Dimitrij, und für Godunow ebnete sich der Weg auf den Thron. Ob Dimitrij nun von Boris Godunow ermordet wurde, wie einige behaupten, ob ihn andere umgebracht haben oder ob er durch einen selbstverschuldeten Unfall ums Leben kam, ist bis heute nicht geklärt. Mit Fjodor starb 1598 der vorerst letzte aus der Rjurikdynastie, und Boris Godunow wurde mit Hilfe des Patriarchen Iow zum neuen Herrscher gewählt. Als Zar hatte er jedoch wenig Glück.

Die russischen Fürsten, die noch von dem Waräger Rjurik abstammten, konnten und wollte nicht begreifen, daß ein Bojar, der keinen Fürstentitel und keine rein russische Herkunft hatte, nun die Zarenkrone trug und sie beherrschte. Das Volk wiederum glaubte, das Boris Godunow den Zarewitsch Dimitrij ermordet habe, um selbst der Herrscher aller Russen zu werden. Die abergläubischen Russen fühlten sich in ihrem Urteil bestätigt, als eine Hungersnot über sie hereinbrach, die sie als Strafe Gottes für den Mord an Dimitrij werteten; in den Jahren 1601 bis 1603 starb ein Drittel der Bevölkerung an Hunger.

Das Land war insgesamt in einem schlechten wirtschaftlichen und moralischen Zustand. Überall erhoben sich die Menschen – vor allem die Bauern – gegen ihre unmittelbaren Unterdrücker, die örtlichen Feudalherren. Viele Bauern flohen aus ihren Dörfern, von den Höfen ihrer Herren, die unter Godunow gesetzlich an die Scholle gebunden und zu Leibeigenen der Gutsbesitzer gemacht worden waren; die Bauern waren rechtlos und ihren Eigentümern auf Verderb und Gedeih ausgeliefert. Die verzweifelten Bauern sammelten sich in einem Heer und kämpften gegen die Truppen Godunows; sie wurden besiegt. Einigen Knechten und Bauern, die auf keinen Fall Leibeigene eines Herrn sein wollten, gelang die Flucht in die Randgebiete des russischen Reiches, wo sie sich den Kosaken anschlossen.

Die größte Gefahr drohte Boris Godunow aber nicht von den Bauern und dem Adel, sondern von dem verstorbenen Zarewitsch Dimitrij. Dieser sei durch glückliche Umstände und die Fügung Gottes gar nicht getötet worden und 1603 in Polen aufgetaucht, wurde im Nachbarland behauptet. Die Nachricht verbreitete sich wie ein Lauffeuer in ganz Rußland. Bei dem polnischen Fürsten Wyszniewski hatte ein Diener dem örtlichen Pfarrer erklärt, er sei Dimitrij. Das war natürlich nicht wahr, aber den Polen kam die Dimitrij-Legende gelegen, um mit Hilfe des »rechtmäßigen« Thronfolgers in Rußland einmarschieren zu können.

Der in Polen aufgetauchte Dimitrij war in Wirklichkeit der Mönch Grigorij, der Bojarensohn Otrepjew aus Galitsch. Als Mönch war er viel rumgekommen, hatte Klöster besucht, war in den Patriarchengemächern und in der Bojarenduma von Moskau gewesen, hatte Boris Godunow selber beobachten können, und er kannte sich im Kreml aus. In einer protestantischen Schule in Polen hatte er Reiten, Säbelfechten und Schießen gelernt, alles Voraussetzungen für einen wirklichen Zarewitsch. Der gebildete und abenteuerliche Mönch, der die Rolle des Zarewitsch echt und glaubhaft spielte, wurde vom polnischen König Sigismund III. empfangen. Dem König und auch einigen einflußreichen Bojaren, die Godunow vom Zarenthron

stürzen wollten, paßte der falsche Dimitrij in das politische Ränkespiel. Sie benutzten ihn als Marionette, die nach Belieben zu bedienen war.
Boris Godunow, dem auch nicht entgangen war, daß der falsche Dimitrij von vielen Russen für den echten gehalten wurde, dementierte die Geschichte nicht, sondern verwirrte die Gemüter noch zusätzlich. Er brachte eine neue Variante ins bitterernste Spiel. Dimitrij sei ein wirklicher Sohn des Zaren Iwan des Schrecklichen. Er stamme aus der siebten (also ungesetzlichen) Ehe und habe folglich kein Recht auf den Zarenthron. Zarewitsch Dimitrij, der Mönch Grigorij, der Bojar Otrepjew, scherte sich jedoch wenig um die verschiedenen Versionen seiner Herkunft und zog gegen Rußland. Sein Ziel war Moskau, der Kreml und der Zarenthron.
Mit 1000 polnischen Söldnern und etwa 2000 Kosaken begann er 1604 den Kampf gegen das mächtige Heer des russischen Reiches. Zar Godunow hatte den »Pöbel«, wie er sagte, unterschätzt. Viele Russen und russische Soldaten, die Dimitrij für den Zarewitsch hielten, fürchteten die Strafe des himmlischen Richters, wenn sie gegen einen Sohn des von Gott gesalbten Zaren kämpften. Sie ergaben sich lieber. Viele Städte in Rußland begaben sich freiwillig unter die Herrschaft des aus Polen eingedrungenen Dimitrij, der ihnen die Befreiung vom Moskauer Zarenjoch brachte. Die Menschen sammelten bald für die Armee von Dimitrij, viele Männer aus den eroberten Gebieten schlossen sich dem polnischen Heer an. Die unzufriedenen Bauern im Süden und Südwesten nutzten die Gelegenheit und erhoben sich gegen den Zaren und die Bojaren. Mit den Freiwilligen wurde Dimitrijs Heer immer größer und mächtiger.

Doch bevor der falsche Zarewitsch Moskau eroberte, starb 1605 Zar Boris Godunow. Aus Mund und Ohren floß das Blut, heißt es in der Chronik. Er sei vergiftet worden. Für kurze Zeit bestieg Godunows Sohn Fjodor den Thron, doch die Heerführer weigerten sich, dem jungen Zaren die Treue zu schwören, und ergaben sich dem »echten Zarewitsch«. Als die Abgesandten Dimitrijs den Kreml erreichten, hatten die Bojaren soeben die Witwe und den Sohn des verstorbenen Godunow umgebracht und den Patriarchen Iow in die Verbannung geschickt.
Dimitrij, der falsche Zarewitsch, wurde Herrscher von Rußland und am 21. Juli 1605 in der Mariä-Entschlafens-Kathedrale des Moskauer Kreml zum Zaren gekrönt. Der belesene und gebildete Zar, der durch ein schön gesponnenes Märchen auf den Moskauer Thron gekommen war, wollte als tatsächlicher Zar die Märchenrolle weiterspielen. Als er aus den Träumen erwachte, war es schon zu spät. Den Söldnern und Kosaken gegenüber, die ihn auf den Thron gekämpft hatten, zeigte er sich gönnerhaft und großzügig. Er zeichnete sie mit Orden aus und überhäufte sie mit Geld aus der Staatskasse. Dem niederen Adel, der seine Hauptstütze im Kampf gegen die Bojaren werden sollte, schenkte er Geld und Ländereien. Er prahlte, lebte verschwenderisch und ließ andere daran teilhaben.
Bald aber war die Staatskasse leer, und er hoffte, sich nun aus dem Vermögen der Kirche und Klöster finanzieren zu können. Die orthodoxe Kirche, die erfahren hatte, daß Dimitrij in Polen heimlich zum Katholizismus übergetreten war und eine katholische Polin geheiratet hatte, sah ihren russischen Glauben in Gefahr. Die Kirchenglocken schlugen Alarm. Rußland ist, war und wird orthodox bleiben, darin waren sich alle einig. Nur der katholische Zar und

sein polnisches Gefolge hatten nicht erkannt, daß die Macht der Kirche und der Bojaren den neuen Herrscher nicht lange auf dem Thron dulden würden. Die geübten Verschwörer nahmen das Heft in die Hand. Zar Dimitrij wurde erschlagen. Nur ein Jahr, von 1605 bis 1606, war Dimitrij der Herrscher aller Russen gewesen. Nach ihm bestieg der Verschwörer Schuiskij den Zarenthron. Er war der letzte aus der Rjurikdynastie in Rußland, die über 500 Jahre geherrscht hatte.

Die Geschichte des falschen Dimitrij hatte Schule gemacht und andere beflügelt, eine ähnliche Geschichte zu erfinden, um so den Zarenthron in Moskau zu besteigen. Die falschen Dimitrijs, die wie Pilze aus dem Boden schossen, fanden in leicht- und abergläubischen Russen immer wieder Anhänger. Von den Polen, die mit dem ersten gute Erfahrungen gemacht hatten, wurden die nachfolgenden falschen Dimitrijs unterstützt, weil sie mit deren Hilfe Rußland erobern zu können glaubten.

Ein zweiter selbsternannter Dimitrij Iwanowitsch, dessen Herkunft und beruflicher Werdegang unklar sind, versammelte um sich versprengte Bauern und Kosaken, deren aufständisches Heer vom Kremlherrscher Schuiskij besiegt worden war; auch Teile des russischen Dienstadels und einige Vertreter des Hochadels, die mit Schuiskij verfeindet waren, schlossen sich dem zweiten falschen Dimitrij an. Mit den übergelaufenen Bauern, Kosaken und Adligen verfügte dieser bald über bedeutende militärische Kräfte, die zudem noch von der polnischen Armee unterstützt wurden. Im Jahr 1608 besiegte er das Zarenheer und marschierte in Richtung Moskau. In Tuschino, vor den Toren der Metropole, quartierte er sich ein. Er residierte prunkvoll und verschwenderisch; die Bürger nannten ihn den

»Gauner von Tuschino«. In Tuschino hatte sich ebenfalls die polnische Armee niedergelassen, die dort den Ton angab. Zu den Befehlshabern gehörte auch Jerzy Mniszech, der Vater von Maria und Schwiegervater vom ersten falschen Dimitrij. Die Tochter gab an, in Dimitrij II. ihren vom Tode erretteten Ehemann, Dimitrij I., erkannt zu haben.

Der »Gauner von Tuschino« hatte weite Teile Rußlands erobert und war nicht mehr weit von seinem Ziel entfernt, den Zarenthron im Kreml zu besteigen. Diesen hatte mittlerweile auch der polnische König Sigismund III. angepeilt. Die politische und militärische Lage wurde für die Herrscher im Kreml immer gefährlicher, die sich in ihrer Not an die Schweden um Hilfe wandten. Der polnische König setzte seine Armee ein, ließ den falschen Dimitrij fallen, der später erschlagen wurde, und besiegte die geschwächten und uneinigen Russen. Er besetzte Moskau und den Kreml. Zar Schuiskij mußte 1610 zurücktreten; er wurde verbannt und starb wenig später. Die Regierung übernahm ein Bojarenrat, die Semibojarschtschina (Sieben-Bojaren-Rat). Der polnische König Sigismund wollte 1611 Zar von Rußland werden, die Schweden, die in Nordrußland eingefallen waren und Nowgorod belagert hatten, wollten ihren Prinzen auf dem Moskauer Thron haben. Die russische Kirche und patriotische Russen, die ihr Vaterland und ihren heiligen Glauben keinen fremden und gottlosen Westlern überlassen wollten, vereinigten sich zu einem beispiellosen Widerstand. Es gelang ihnen, Moskau zu befreien und die Feinde zu vertreiben.

Im befreiten Moskau wurde 1613 eine Städteversammlung einberufen (Semskij Sobor), in der Adlige, Bürger und auch Bauern vertreten waren. Sie hatte vorrangig die Aufgabe, einen Zaren zu bestimmen. Die Wahl fiel auf den erst sechzehnjährigen Michail Romanow, Sohn des Bojaren Fjodor Romanow, den der Zar Boris Godunow gezwungen hatte, Mönch zu werden.

Mit Michail Romanow begann die Dynastie der Romanows, die Rußland bis zur Oktober-Revolution von 1917 regierten.

Der junge Zar Michail und sein Vater Fjodor, der aus polnischer Kriegsgefangenschaft heimgekehrt war und als Filaret Patriarch von Moskau und ganz Rußland wurde, regierten Rußland, wobei der Patriarch die politischen Akzente setzte. Die Einheit von weltlicher und geistlicher Macht wurde in Rußland von diesen Männern verkörpert. Ihre vordringliche Aufgabe war es, im Inland die Ordnung wieder herzustellen und mit den ausländischen Nachbarn – vor allen den Polen und Schweden – Frieden zu schließen. Von den Schweden erhielten sie Nowgorod zurück, an die Polen mußten sie hingegen Smolensk im Westen abtreten. Im Süden festigten sie ihr Land gegen Einfälle der Krimtataren, im Osten trieben sie die Erschließung Sibiriens voran; Michail Romanow herrschte in Rußland von 1613 bis 1645.

Nach dem Tod von Michail Romanow wurde sein Sohn Alexej Zar von Rußland; er regierte von 1645 bis 1676. Seine erste Frau Maria Miloslawskaja brachte dem Zaren dreizehn Kinder zur Welt, die zweite, Natalja Naryschkina, drei Kinder, zwei Töchter und einen Sohn Pjotr (Peter), den späteren Zaren Peter I., Peter der Große. Zar Alexej war gleich seinem Vater ein ruhiger und milder Regent, der eine erfolgreiche Außenpolitik betrieb. Er schaffte es, für das besetzte und zerstückelte Rußland einige Landstriche zurückzugewinnen. Unter ihm wurde 1654 die Ukraine mit

Rußland wieder vereinigt und Smolensk den Polen abgenommen. Innenpolitisch hatte der Zar eine weniger glückliche Hand. Die soziale Not und Unterdrückung der Bauern, die nun endgültig Leibeigene der Gutsherren geworden waren, führte zu massenhaften Aufständen auf dem Land; die Stadtbewohner, die höhere Steuern zu zahlen hatten, erhoben sich ebenfalls gegen ihre Herren. Eine Symbolfigur, die die unzufriedenen Knechte und Bauern gegen die menschenunwürdige Knechtschaft und Leibeigenschaft anführen konnte, fanden die Rebellen in dem Helden und Draufgänger Stjenka Rasin, dem Sohn eines reichen Kosaken. Als Anführer der Donkosaken hatte er schon erfolgreich gegen Krimtataren und Türken gekämpft, bevor er sich der Sache der armen Bauern annahm.
Für Stjenka Rasin, einem Revolutionär, der gerecht dachte und mit den sozial Schwachen fühlte, war die Leibeigenschaft der Bauern nur eine Folge der grundsätzlichen Ungerechtigkeit des Zarenregimes. Seinen Kosaken, die blitzschnell zuschlugen und wieder verschwanden, schlossen sich bald scharenweise Bauern an. Gemeinsam eroberten sie in kurzer Zeit das gesamte Wolgagebiet und Teile des südlichen Rußlands. Nachdem sich Stjenka Rasin noch Sektierer, liberale Gläubige und nichtrussische Volksstämme angeschlossen hatten, waren die Aufständischen ein mächtiges Heer geworden, das mittlerweile fast ganz Südrußland besetzt hielt. Stjenka Rasin, der nicht Zar werden, sondern die bestehende Ordnung demokratisieren wollte, war für den Herrscher im Kreml eine ernstzunehmende Gefahr geworden. Der Zar setzte gegen die Bauernkrieger seine gut ausgerüstete Armee ein und besiegte sie schließlich. Stjenka Rasin wurde 1671 in Moskau auf dem Roten Platz öffentlich hingerichtet.

Doch mehr noch als der Bauernkrieg von Stjenka Rasin sollte der orthodoxe Glaube, das seelische Zentrum eines jeden Russen, die Gemüter bewegen und erhitzen. Rußland stand vor einem Religionskrieg und Schisma. Gleich nachdem Nikita Minow, der Mönch Nikon, 1652 Patriarch von Moskau und ganz Rußland geworden war, sollte er im Einvernehmen mit dem Zaren Alexej die Kirche reformieren. Nikon, der Sohn eines leibeigenen Bauern, war nicht nur Oberhirte der gläubigen Russen, sondern auch ein Freund und Berater des Zaren. Mit ihm als Verbündeten wollte der mutige und kluge Patriarch die russisch-orthodoxe Liturgie, die Bibel, die Zeremonien und den Ablauf des Gottesdienstes von Fehlern reinigen, die sich im Lauf der Zeit durch Unwissenheit und Sorglosigkeit der Priester eingeschlichen hatten.

Patriarch Nikon hatte nicht vor – obwohl ihm einige Geistliche, Bojaren und Mitglieder der Zarenfamilie diesen Vorwurf machten –, den russisch-orthodoxen Glauben in seinem Kern zu verändern. Wenn auch die russische Kirche schon seit geraumer Zeit von der griechischen administrativ unabhängig war, blieb sie dennoch ein religiöses Kind der griechischen Mutter. Nikon wollte den russischen Gottesdienst, den russischen Glauben, nach Inhalt und Ritus wieder der griechisch-byzantinischen Urquelle zuführen. Die Kirchenbücher, in die sich durch falsche Übersetzungen und mangelhaftes Abschreiben viele Fehler eingeschlichen hatten, sollten vernichtet und durch neue, die dem griechischen Urtext glichen, ersetzt werden. Mit der Einführung des Buchdrucks in Rußland glaubten die Anhänger des Patriarchen, daß sich die Fehlerquote in den Büchern verringern werde. Das Gegenteil war der Fall, weil die Buch-

drucker die fehlerhaften Abschriften weiter als Textvorlage benutzten.
Der Moskauer Patriarch, der hinter dem Reformwerk von Nikon stand, redigierte die Bibel und befahl den Priestern, nur noch das korrigierte Meßbuch während des Gottesdienstes zu benutzen. Während die gebildeten Priester, die Mönche in den Klöstern, das Reformwerk begrüßten und guthießen, sperrten sich andere Geistliche, vor allem die weniger gebildeten Dorfpfarrer, gegen die Neuerung aus Moskau. Sie sahen ihre Ruhe und ihre alten ehrwürdigen russisch-orthodoxen Gebräuche bedroht.
Bei dem Reformwerk ging es weniger um grundlegende theologische und religionsphilosophische Diskussionen und Änderungen als darum, neben den Verfälschungen der griechischen Orthodoxie einfache rituelle Abweichungen zu beseitigen. Das Kreuzzeichen sollte nicht mit zwei, sondern mit drei Fingern gemacht werden. Darüber, ob das »Amen« und »Halleluja« in der Kirche nun häufiger oder seltener gesprochen werden sollte, wurde endlos debattiert und gestritten.
Auch über die Gesänge in der Kirche, die der Reformer Nikon ändern ließ, wurde heftig polemisiert. Mit dem Christentum übernahmen die Russen seinerzeit auch die griechischen Kirchengesänge aus Byzanz. Instrumente waren verpönt und werden bis zum heutigen Tag nicht benutzt. Ursprünglich trug nur ein Sänger, abwechselnd mit dem Priester, monotone Rezitative vor. Später sang ein Chor einstimmige Lieder, die von dreistimmigen abgelöst wurden. Nikon, der Abweichungen im griechischen Kirchengesang erkannt hatte und Elemente des westeuropäischen (mehrstimmigen) Gesangs einführen wollte, wurde daraufhin beschuldigt, Rußland an die Ketzer im lateinischen

Rom zu verraten. Er konnte sich behaupten und ersetzte die griechischen Noten (aus Buchstaben) durch die europäischen (aus Zeichen); auch diese Veränderung schien einigen Priestern und Gläubigen einer Gotteslästerung gleichzukommen.

Anfangs war sogar die geistliche Elite gegen die Reformpläne von Nikon. Der Patriarch aber blieb hart und verfolgte jeden, der sich widersetzte. Priester, die die Änderungen nicht mitmachen wollten, wurden eingesperrt oder nach Sibirien verbannt; unter ihren Anhängern wurden sie als Märtyrer verehrt.

Nikon wollte mit den Reformen die Kirche und ihre Macht im Staat vergrößern. Der resolute Patriarch, der sich auch erfolgreich in die Staatsgeschäfte des Zaren einmischte, hatte konsequent seinen Einfluß auf den Zaren und in der russischen Glaubenswelt verstärkt. Der Kirche als Großgrundbesitzer verschaffte er zusätzlich Grund und Boden, sich persönlich stiftete er drei Klöster, darunter das reiche Erlöser-Kloster an der Istra. Sein von Gott gegebenes Amt auf Erden, seine Titel »Patriarch« und »Großer Herrscher« (Welikij Gosudar), stellten den Mönch, wie er meinte, über den Zaren. Er verglich sich, den geistlichen Herrscher, mit der Sonne, und den weltlichen, den Zaren, mit dem Mond, der sein Licht von der Sonne erhält.

Der Zar dagegen wollte die Kirche verstärkt dem Staat unterordnen. Im neuen Gesetzbuch von 1649, das der Zar überwiegend von Laien hatte ausarbeiten lassen und in dem die Rechte und Pflichten der Stände festgelegt waren, mußte die Kirche auf einige Vorrechte verzichten, die der Patriarch Nikon seiner Kirche hatte einräumen wollen. Die Gerichtsbarkeit der Bischöfe und Klöster wurde einem Klosteramt übertragen. Weiter wurde bestimmt, daß den

Klöstern kein Land mehr geschenkt werden darf. Der Bauernsohn Nikon wetterte gegen dieses Gesetzeswerk und nannte es ein »fluchwürdiges Buch, ein teuflisches Gesetz«, das nicht der Gerechtigkeit willen, sondern aus »Furcht vor allen gemeinen Leuten« geschaffen worden sei.
Im Kampf um die Macht in Moskau siegte schließlich der weltliche Herrscher. Patriarch Nikon stellte sein Amt zur Verfügung, weil – so der vordergründige Anlaß – der Zar nicht mehr an seinen Gottesdiensten teilnehme und ihn nicht mehr zu Empfängen in den Kreml einlade. Der Patriarch zog sich in ein Kloster zurück, in der Hoffnung, vom Zaren wieder gerufen zu werden. Auf der Synode wurde das Reformprogramm angenommen, Nikon offiziell wegen seiner Haltung verurteilt und seines Amtes enthoben; der Zar verbannte ihn 1667 in ein Kloster am Weißen Meer im hohen Norden Rußlands.
Die Synode beschloß schließlich, alle Gegner der Reformen als Häretiker aus der Kirche auszuschließen und die Häresie als Straftat weltlichen Richtern zu überantworten. Damit waren die Häretiker zu Gegnern der Amtskirche und des Staates geworden. Das Schisma, der Raskol, war vollzogen. Die Kirche war gespalten in die Reformanhänger, die Gläubigen, und die Reformgegner, die Altgläubigen; der Raskol besteht bis heute. Die Anhänger der »verfälschten Tradition«, die Altgläubigen, auch Strenggläubigen genannt, gerieten in die Minderheit. Sie wurden vor allem von den Dorfbewohnern und den ärmeren Menschen in den Städten unterstützt. Die Aristokraten, die Besitzenden und die städtische Geistlichkeit entschieden sich zögerlich, später aber konsequent für die einleuchtenden und notwendigen Reformen.
Mit administrativen Maßnahmen wurde erreicht, daß sich

die Reformen auch in den Dörfern, die beharrlich jedwede Änderung ablehnten, durchsetzten. Die Geistlichen, in den Gemeinden die Autorität für Glaubensfragen, wurden vom Bischof bestimmt und nicht mehr von der Gemeinschaft gewählt. Obwohl die Kirche und der Staat auf die Altgläubigen psychischen und physischen Druck ausübten und sie erbarmungslos verfolgten, blieben sie ihren alten Traditionen treu und widersetzten sich mit allen Mitteln den »Ketzern« und »Antichristen«. Die Altgläubigen ließen sich lieber töten und verbrannten sich zu Tausenden, als ihrem alten Glauben abzuschwören; sie flohen vor den Verfolgungen in entlegene und einsame Gebiete, vor allem nach Sibirien. Ganze Klöster verteidigten ihre Treue zu den alten Glaubensriten mit Waffen. Die Mönche des nordrussischen Solowezkij-Klosters, in dem auch andere geistliche Reformgegner Zuflucht gefunden hatten, leisteten dem vom Zaren entsandten Heer mit knapp 100 Kanonen jahrelang erbitterten Widerstand; die Strelitzen, die Elite-Soldaten des Moskauer Herrschers, konnten das Kloster nur mit Hilfe eines Verrats einnehmen.
Mit dem Raskol, dem Schisma in der Orthodoxie, wurde eine Phase in der russischen Geschichte eingeleitet, die gleichermaßen die Kirche wie den Staat beeinflussen sollte. Die russische Orthodoxie, die die Reformen von oben und mit Hilfe des Zaren durchgesetzt hatte, wurde die Religion der Adligen, Besitzenden und Obrigkeitshörigen, deren religiöse Ziele auch einen staatstragenden Charakter hatten. Den Raskolniki schlossen sich dagegen Menschen an, die mit den politischen und sozialen Verhältnissen in Rußland unzufrieden waren, es waren die Ausgebeuteten und Armen der Gesellschaft. Auch viele

leibeigene Bauern, deren Status als Sklaven gesetzlich bestimmt worden war, fanden bei den Raskolniki eine religiöse und soziale Heimat.

Aus den religiösen Reformen, die nur formeller Natur waren und keine substantiellen Glaubensveränderungen brachten, entstand in Rußland eine Spaltung des gesamten Lebens. Die Altgläubigen behielten nicht nur ihre alten Riten in der Kirche, sie klammerten sich an alle alten Traditionen und widersetzten sich grundsätzlich jeder Neuerung. Sie lehnten moderne Kleidung ab und bevorzugten alte Trachten, den Männern verbot der Glaube, die Bärte abzuschneiden. Kaffee, Tee durften nicht getrunken und Tabak nicht geraucht werden. »Wer raucht, verscheucht den Heiligen Geist; wer Kaffee trinkt, wird vom Blitz getroffen; wer Tee trinkt, kann nicht selig werden«, glaubten die Altgläubigen. Über die Herkunft und Wirkung des Tees sagten sie: »Ein Pfeil kam aus China nach Rußland geflogen und durchbohrte das Herz des Volkes«.

Obwohl die Altgläubigen in ihrer ganzen religiösen und weltlichen Haltung konservativ und rückständig auf dem Alten beharrten, glaubten sie doch an mehr Gerechtigkeit auf Erden. Die pflichttreuen, gewissenhaften und asketisch lebenden Raskolniki hatten die Hoffnung, daß der russische Bauer mit ihrer Hilfe die Leibeigenschaft abschaffen und den Grund und Boden neu aufteilen werde; vorerst sei zwar der Leib der Bauern geknechtet und Eigentum der Großherren, seine Seele aber sei frei und sein Glaube gerechter als der seiner Peiniger.

Mit der Geißel der Bauern, der Leibeigenschaft, dem Raskol, der wiederum Dutzende von Sekten geboren hatte, mußten die künftigen Zaren sich wiederholt auseinandersetzen.

Peter der Große

Nach dem Tod des Zaren Alexej im Jahr 1676 übenahm sein ältester Sohn Fjodor die Herrschaft über das Moskauer Reich. Der Zar, der mehrere Sprachen beherrschte, sich für Kunst und Musik begeisterte und die Wissenschaften förderte, war von schwacher Natur und krank; er litt an Skorbut und konnte wegen seiner ständig geschwollenen Füße nicht laufen. Im Jahr seiner größten kulturpolitischen Leistung, der Gründung der Slawisch-Griechisch-Lateinischen Akademie in Moskau 1682, starb der Regent nach nur sechs Herrschaftsjahren. Thronfolger des kinderlosen Fjodor war sein Bruder, der geistesschwache Prinz Iwan; sein Halbbruder Peter, der ihm als Erbe folgte, war noch minderjährig.
Die Schwester des verstorbenen Zaren, die Prinzessin Sofia, nutzte die Probleme der Thronfolge für ihre eigenen Machtgelüste. Sie intrigierte gegen die Verwandten ihres Halbbruders Peter, die Narischkins, und behauptete, sie hätten den Thronfolger ermordet, um selber die Regentschaft zu übernehmen. Die alarmierten Strelitzen stürmten den Kreml, erschlugen die Verwandten seiner Mutter vor den Augen des Prinzen, der allerdings nicht ermordet wor-

den war. Mit dieser Intrige hatte Sofia erreicht, daß sie, als die beiden Prinzen Iwan und Peter 1682 zu Zaren gewählt wurden, die eigentliche Regentin wurde. Sofia wurde 1689 entmachtet und floh ins neuerbaute Nowodjewitschij-Kloster (Jungfrauen-Kloster) in Moskau; Zar Peter zwang sie später, Nonne zu werden.

Doch vorher hatte die regierende Sofia den jungen Peter aus ihrer Nähe verbannt. Sie fürchtete, daß der Knabe und seine Mutter, deren Verwandte Sofia grausam hatte umbringen lassen, alle jene um sich versammeln würden, die der Regentin die Macht streitig machen wollten. Peter und seine Mutter mußten in Preobraschenskoje, einem kleinen Dorf bei Moskau, leben. Mit der Verbannung in die Natur, in ein Dorf, förderte Sofia in dem Knaben ungewollt Eigenschaften, die ihm seinen späteren Lebensweg erleichterten. Der kluge, robuste und lebhafte Junge konnte sich auf dem Land ungezwungen ohne die höfische Etikette und das zwanghafte Protokoll entwickeln. Die einschüchternde, einen jungen Menschen seelisch tötende Atmosphäre im Kreml, mit Prunk und Pomp, Intrigen und Lügen, mit hündisch devoten und bestialisch herrischen Dienern und Zarenlakaien blieb Peter erspart.

Er wurde auf dem Dorf mit anderen Jungen groß, mit Kindern aus dem einfachen Volk. Sie spielten miteinander die Spiele der Dorfjugend, unbekümmert, ohne Aufsicht und eingeteilten Stundenplan. In einfachen Kneipen lernte er den russischen Muschik, den Handwerker, den kleinen Straßenhändler, den kleinen Mann mit seinen Sorgen, Nöten und spontanen Freuden kennen. Die geistig weniger verborgenen, praktisch und phantasievoll denkenden Menschen imponierten dem Zarensprößling. Später, als er Peter der Große war, erinnerte er sich an seine Jugend und

die Menschen, die ihm das eigentliche Leben vermittelt hatten. Er holte sich immer wieder Berater und Mitarbeiter aus Handwerker- und Bauernfamilien.
Mit den Jungen im Dorf spielte er am liebsten Krieg. Er befahl, die anderen hatten zu gehorchen, sie mußten sich in Reih und Glied aufstellen und dann gegeneinander kämpfen. Aus dem Spiel sollte später bitterer Ernst werden. Peter der Große führte als Herrscher von Rußland ständig gegen irgendjemanden Krieg. Seine Gewohnheiten und Eindrücke aus der Jugend hatten sich bei ihm fest eingeprägt. Mit seinen Freunden aus dem Dorf erkundete Peter oft die nähere Umgebung und entdeckte Erstaunliches. Vor den Toren Moskaus stieß er auf eine Wohnsiedlung, von der er vorher noch nichts gehört hatte; sie war ganz anders als eine russische. Dort wohnten Handwerker, Händler, Goldschmiede, Künstler und Akademiker, die Iwan der Schreckliche aus Westeuropa nach Moskau geholt hatte.
Die Vorstadt von Moskau wurde nach den deutschen Einwanderern die »Njemetzka Sloboda« (Deutsche Slobode) genannt, obwohl dort auch andere Westeuropäer wie Franzosen, Engländer, Holländer und Schotten lebten. Der neugierige Peter erlebte einen Ort, der sauber war, in dem Ordnung herrschte und gearbeitet wurde. Die Menschen waren anders gekleidet, bewegten sich ungezwungen, Männer und Frauen sprachen auf der Straße miteinander, was in russischen Orten untersagt war, sie stellten Waren und Gegenstände her, die Peter gefielen, aber vorher noch nie gesehen hatte.
Der junge Peter war beeindruckt und gleichzeitig betrübt darüber, daß seine russischen Landsleute nicht ebenso lebten und arbeiteten wie die Deutschen in der Vorstadt von

Moskau. Er nahm sich vor, als Herrscher Rußland nach dem Vorbild der Slobode zu verändern, zur Not auch gewaltsam.
Nachdem die Halbschwester Sofia als Regentin abdanken mußte und sich keine Hoffnungen mehr auf den Zarenthron machen konnte, war die Zeit für den siebzehnjährigen Peter gekommen. Er wurde Herrscher von Rußland; sein geistesschwacher Bruder Iwan war nur dem Namen nach Mitregent. Mit siebzehn Jahren war Peter Herrscher und Ehemann. Peters Mutter, die für den jungen noch unreifen Mann wichtige Entscheidungen traf, hatte ihn kurz vor der Übernahme des Throns mit Jewdokija Lupochina verheiratet. Durch die Ehe, meinte die Mutter, werde ihr Sohn wohl ernster, männlicher und verantwortungsvoller. An seiner jungen Frau, die sanft, ruhig, gläubig und gleichzeitig auch sehr abergläubisch war, hatte der Herrscher, der sich wie ein ungebändigter Tiger im Käfig aufführte, bald kein Interesse mehr. Er sah sie kaum noch und verbrachte die Tage statt dessen mit ungezügelten Kampfspielen, bei denen hart gekämpft und scharf geschossen wurde. Freunde und Soldaten, die dabei tödlich verletzt wurden, begrub der Herrscher ohne Trauer und Mitleid; bei Peter zeigten sich Züge von Rohheit, hemmungslosem Draufgängertum und traditioneller Zarenbrutalität. Die Nächte verbrachte der junge Ehemann mit anderen Frauen und wüsten Saufgelagen.
Nach dem Tod seiner Mutter, die noch als einzige mäßigend auf den zügellosen Sohn einwirken konnte, setzte er sein geliebtes Kriegsspiel in die Tat um. Verhaßt waren ihm vor allem die Türken. Im Jahr 1696 entreißt er ihnen die Festung Asow. Peter aber will mehr. Mit Verbündeten in Europa möchte er gegen die Türken ziehen, ihren Staat

vernichten und besetzen; in Noten an die europäischen Herrscherhäuser unterbreitet er seinen Plan. Am Ende beschließt der Zar, selbst in den Westen zu reisen. Er will Westeuropa kennenlernen, das er in kleinerem Maßstab schon als Junge in der Moskauer Slobode bewundert hatte. Er will Rußland nach europäischem Muster verändern, will dort alles sehen, selber Hand anlegen, mit Menschen reden und vor allem lernen. Aus einer jungenhaften Laune heraus beschließt der Zar, als Unteroffizier Peter Michailowitsch durch den Westen zu reisen, um unerkannt, ohne protokollarische Pflicht und Zeitverschwendung, seiner Arbeit und seinem Studium nachgehen zu können.

In den knapp zwei Jahren, die der Zar und Unteroffizier in Westeuropa verbringt, reist, lernt und arbeitet der bärenstarke Russe wie ein Besessener. In Holland arbeitet er auf Werften und erlernt das Handwerk eines Tischlers, eines Zimmermanns für den Schiffsbau; in Großbritannien läßt er sich in die Geheimnisse der Schiffahrt und Navigation einweisen. Er läßt sich die Fertigung von Segeltüchern und ihre Anwendung zeigen; bei Ärzten lernt er das Zähneziehen, Klempner zeigen ihm die Funktion von Wasserleitungen und Abwässersystemen. Mit westlichen Gelehrten spricht er über Technik, Naturwissenschaften, optimale Regierungs- und Verwaltungsmethoden. Von Bischöfen und Pfarrern läßt er sich den katholischen und evangelischen Glauben im Westen erläutern. Bei Königen und Fürsten wirbt er für ein Bündnis gegen die Türkei. Der Zar ist grob, zupackend und direkt in seinem Handeln und Reden; einem westlichen Fürsten begegnet er nicht anders als einem Handwerker.

Der Zar hatte nun zwar Handwerk, Technik und Verwaltung gelernt, aber nicht die Einstellung zum Menschen, die

Sitten und Gebräuche im Westen angenommen. Er ging, wie er gekommen war: als ein robuster, verwegener, roher und rücksichtsloser Mann. Menschen, die ihm begegnet waren, berichteten: »In Holland stieg der Zar in einem Hotel ab. Er fand da einen seiner Bediensteten auf einem Bärenfell in einem Winkel liegend. Er jagte ihn mit Fußtritten auf und sagte einfach: ›Geh, ich will deinen Platz.‹ Bei einem Feste, das dem Zaren in Berlin gegeben wird, macht man ihn aufmerksam, daß er Handschuhe anziehen müsse; aber in seinem Gepäck sind keine Handschuhe zu finden. Beim Tanzen greifen der Zar und seine Begleiter den Tänzerinnen an die Mieder; sie halten sie für natürliche Attribute und klagen laut über die steinerne Härte der Brüste deutscher Frauen. Peter will sich für die ihm zuteil gewordene Gastfreundschaft revanchieren und die Hofgesellschaft auch seinerseits unterhalten. Er läßt einen seiner Hofnarren rufen; da aber dessen Produktionen auf die Europäer abstoßend wirken, gibt der Zar dem Zwerg mit einem Fußtritt den Laufpaß. Des Zaren unverhüllte Rohheit tritt bei Tische zutage. Admiral Golowin, einer der Günstlinge des Zaren, lehnt als Gast am Zarentisch einen Salat ab, weil der Essig ihm schädlich sei; da ergreift Peter selbst zornig die Schüssel und stopft dem Admiral den ganzen Salat gewaltsam in den Hals, bis der Unglückliche Erstickungsanfälle erleidet.«
Ein polnischer Minister, der das Benehmen des Zaren kennt, berichtet nach einem Essen mit ihm: »Er hat sich selbst übertroffen. Er hat bei Tisch nicht aufgestoßen, nicht gefurzt, sich nicht die Zähne gestochert, wenigstens habe ich nichts gesehen und nichts gehört.«
Über die Tischmanieren des Zaren erzählt der Staatsrat und Domherr von Lüttich, der in Spa von ihm zu einem

Essen geladen war: »Der Zar saß oben an, in der Nachtmütze und ohne Halsbinde. Zwei Soldaten trugen jeder eine große Schüssel auf. Nun kam ein Kerl, der sechs Bouteillen Wein auf die Tafel nicht stellte, sondern gleich einer Handvoll Würfel hinkollerte. Der Zar nahm eine davon und schenkte jedem fast ein Glas davon ein. Auf dem Tische sah es schön aus. Fast aus allen Näpfen war Brühe auf das Tischtuch verschüttet; so auch der Wein, weil die Bouteillen nicht ordentlich zugepfropft wurden. Als man von der Tafel aufstand, war das Tischtuch über und über mit Fett und Wein getränkt. Nun kam das zweite Essen. Dies zweite Gericht bestand aus zwei Kälberkeulen und vier jungen Hühnern. Se. Majestät nahm die größte davon mit der bloßen Hand aus der Schüssel, rieb es sich prüfend unter die Nase, und nachdem er mir durch einen Wink zu verstehen gegeben, daß er es köstlich finde, war er so gnädig, es mir auf meinen Teller zu werfen. Nach dem Dessert ging der Zar an ein Fenster. Hier fand er ein paar Lichtscheren, mit denen er, so voll Talg und angerostet sie auch waren, sich die Nägel putzte.«
Während der Zar sich noch vergeblich um ein russisch-westliches Bündnis gegen die Türken bemühte, erreichte ihn aus der Heimat die Kunde, daß sich die Strelitzen gegen ihn erhoben hätten. Die Eliteeinheiten, die Zar Iwan der Schreckliche für sein Mordregime und seine grausamen Feldzüge geschaffen hatte, verabscheute Zar Peter seit seiner Jugend, seit sie vor seinen Augen die Verwandten seiner Mutter grausam umgebracht hatten. Zudem waren die Strelitzen nach Peters Ansicht mehr Händler und Kaufleute geworden als Soldaten. Vor seiner Abreise in den Westen hatte er die verwöhnten Strelitzen in die Provinz verbannt und das reguläre Heer stärker ausgebaut. Die

einst privilegierten Soldaten, die gut besoldet wurden und eine staatstragende Funktion hatten, wollten sich rächen und die Abwesenheit des Zaren nutzen, um ihn von seinem Thron zu vertreiben; außerdem wurden Gerüchte verbreitet, daß der Zar nicht mehr in seine Heimat zurückkehren wolle. Die Strelitzen marschierten gen Moskau. Peters Heer hatte wenig Mühe, die einst besessen und bestialisch kämpfende Truppe zu schlagen; die Anführer wurden sofort hingerichtet.

Nachdem der Zar von dem Sieg über die Strelitzen benachrichtigt worden war, hatte er es mit seiner Heimreise nicht mehr so eilig und traf sich in Krakau mit dem polnischen König August dem Starken. Die beiden Herrscher verstanden sich auf Anhieb, sie hatten ähnliche Interessen und gleiche Leidenschaften. Sie redeten über Politik, Kriege und vor allem Frauen; dabei tranken sie Unmengen von Alkohol. Als Zar Peter nach Moskau zurückkehrte, hatten die Regenten vereinbart, den Schweden in einem Krieg die Ostseeprovinzen zu entreißen.

Mit Reformplänen im Kopf und Rachegelüsten im Herzen traf der Zar von seiner Westreise in Moskau ein. Und er handelte unverzüglich. Die Strelitzen, die sich gegen ihn erhoben hatten, wurden erbarmungslos verfolgt. Der Zar wollte persönlich ihr erster Richter und Henker sein. Er ließ sie auf den Roten Platz in Moskau schleppen. Den einen schlug er eigenhändig die Köpfe ab, andere wiederum mußten die gedemütigten Bojaren enthaupten, die restlichen wurden von Berufshenkern geköpft. Der sadistische Zar weidete sich an den Qualen und dem Blut seiner Opfer.

In dem nahe Moskau gelegenen Ort Preobraschenskoje, wo der Zar seine Jugend verbracht hatte, richtete er Folter-

kammern ein, in denen die Strelitzen und andere ihm unliebsame Menschen Tag und Nacht gequält, zerstückelt oder geröstet wurden. Zar Peter steht Iwan dem Schrecklichen an Grausamkeit und Brutalität kaum nach. Er ahmt ihn nach. Die Strelitzen samt ihrer Mütter, Väter, Schwestern oder Brüder werden gefoltert und grausam getötet. Seine Halbschwester, die ehemalige Regentin Sofia, der er die Mitschuld an dem Strelitzenkomplott gibt, foltert er persönlich; vor dem Fenster ihrer Klosterzelle – dorthin hatte er sie verbannt – läßt er drei halbverweste Leichen von Strelitzen aufhängen.
Seine eigene Frau Jewdokija, die er nie geliebt hat, wurde zu Unrecht beschuldigt, auch an der militärischen Verschwörung gegen ihn beteiligt gewesen zu sein. Sie, die die westlichen Reformpläne Peters ablehnte und an den alten russischen Sitten und Gebräuchen hing, wurde in ein Kloster verbannt. Während der klösterlichen Einsamkeit hatte sie ein Verhältnis mit einem Offizier. Empört ließ der Zar, als er davon erfahren hatte, den Liebhaber qualvoll umbringen; mit ihm starben einige Nonnen, die sich geweigert hatten, seine Frau zu verraten. Seine Frau wurde in Gegenwart des Sohnes ausgepeitscht und zur ewigen Buße in eine finstere Klosterzelle gesperrt.
Noch schlimmer leiden mußte sein leiblicher Sohn und Thronfolger Alexej. Der Junge, das Gegenteil seines Vaters, liebte Bücher und die Religion, sein altes und nicht von westlichen Reformen »verdorbenes« Rußland. Er hatte keine Freude am Krieg und Soldatentum. Wohl nur zwei Dinge verbanden Vater und Sohn: die Freude am Alkohol und die Neigung, Frauen aus einfachen Verhältnissen zu lieben. Dem Zaren war bewußt, daß sein Sohn, sollte er den Zarenthron besteigen, die petrinischen Refor-

men in Rußland wieder rückgängig machen würde. Ihm war nicht entgangen, daß viele Bojaren und Geistliche, die die radikalen Reformen Peters ablehnten, sich mit dem Zarewitsch verbunden hatten und nur darauf warteten, nach dem Tod des Herrschers das Rad der Geschichte wieder zurückdrehen zu können.
Der Vater forderte den Sohn auf, Mönch zu werden und auf das Zarenerbe zu verzichten. Der Sohn, bei Drohungen und Forderungen des Vaters gehorsam wie immer, fügte sich und ging ins Kloster. Dem unfreiwillig Mönch gewordenen Sohn mißfiel das einsame Klosterleben jedoch. Mit Hilfe von Freunden floh er nach Neapel. Sein Vater schickte einige Vertraute nach Italien, um den Sohn zur Heimkehr zu bewegen. Mit Drohungen und Versprechungen, den Sohn nicht zu bestrafen, Bitten und Flehen konnten sie Alexej überreden, nach Rußland heimzukehren. Der Vater ist zornig über den Ungehorsam seines Sohnes; er hält keine der gemachten Zusagen und peinigt ihn grausam. Während der Folter, an der sich der Vater immer dann beteiligt, wenn er den Eindruck hat, der Sohn würde nicht genug gequält, nennt Alexej die Namen seiner Freunde, der Reformgegner. Der Zar läßt alle umbringen. Der Sohn wird zum Tode verurteilt, stirbt jedoch vor der Vollstreckung des Urteils; die genaue Todesursache ist bis heute nicht geklärt. Es wird angenommen, daß der Sohn an den Knutenhieben seines Vaters oder seiner Knechte gestorben ist.
Ein österreichischer Diplomat, der in Rußland damals Dienst tat, schildert den Tod des Sohnes: »Weil sich niemand wollte finden lassen, der die Hand an seinen Kronprinzen, um solchen zu torquieren, hätte legen wollen, so nahm der Czaar solches Amt selbst über sich; da Er aber

dieses Amt noch nicht so meisterlich, als der ordinaire Büttelknecht versehen mogte, versetzte er seinem Sohn mit der Knutpeitsche einen solch unglücklichen Streich, daß er gleich sprachlos zur Erde sank, und die anwesenden Ministri nicht anders meinten, als daß der Prinz sogleich verscheiden würde; der Vater hörete zwar auf zu schlagen, ließ sich aber im Weggehen diese heßliche Worte verlauten: der Teufel wird ihn doch nicht holen.«
Ein Historiker berichtet: »Peter versuchte dem Sohne einen Giftbecher zu reichen. Alexej weigerte sich das Gift zu schlürfen. Da ließ ihm der Czar durch den Marschall Adam Weyde mit einem Beil den Kopf vor die Füße legen, nachdem man zuvor die Vorsicht gebraucht hatte, eine Diele im Fußboden auszuheben, um das Blut in den Schutt rinnen zu lassen. Eine Maitresse Peters, Mamsell Kramer, mußte des Prinzen Haupt wieder an den Leichnam annähen, der dann mit einem dicken Tuche um den Hals öffentlich ausgestellt wurde zur Unterstützung der Mär, Alexej sei aus Angst an einem Herzschlag gestorben.«
Alle Russen, die sich den Reformen Peters oder ihm persönlich entgegenstellten, wurden erbarmunslos vernichtet. Er reformierte Rußland an Haupt und Gliedern. Die Verwaltung des Landes wurde gänzlich geändert. Die Bojarenduma wurde von einem regierenden Senat, bestehend aus Beamten, abgelöst. Das ganze Land wurde in Gouvernements aufgeteilt. Aus der Feudalmonarchie entstand ein Staat, der von einem absoluten Herrscher regiert wurde. Er hatte sich zur Unterstützung und Erhaltung seiner Macht eine stolze Armee, eine Flotte und einen zentralen Verwaltungsapparat geschaffen, in dem nicht nur – wie bisher – Adlige beschäftigt werden konnten. Peter der Große hatte die Vorrechte des Adels in Verwaltung und Armee

aufgehoben und damit Nichtadligen die Möglichkeit eröffnet, hohe Staatsbeamte zu werden.
Innerhalb der Beamtenhierarchie, die in vierzehn Ränge eingeteilt war, konnten jetzt auch bürgerliche Russen, die entsprechende Fähigkeit besaßen, die höchsten Ämter im Staat bekleiden; nicht mehr die adlige Herkunft entschied über Titel und Rang beim Militär oder bei der Verwaltung. Unter Peter dem Großen machten schließlich viele Russen aus einfachsten Verhältnissen große Karrieren. Peter der Große hatte keine Berührungsängste und Vorbehalte. Alexander Menschikow, ein kleiner Straßenhändler, der nicht lesen und schreiben konnte, wurde des Zaren wichtigster Berater. Der bauernschlaue Menschikow, den Peter noch aus seiner Jugend kannte, stieg zum Feldmarschall des Zaren auf und wurde nach ihm der wichtigste Mann in Rußland. Der ungleiche Freund aus der Jugend, der keine Skrupel und das Elend des Lebens kannte, war für den Zaren Unterhalter, Beichtvater, Saufbruder, Frauenbeschaffer und wichtigster Staatsbeamter gleichermaßen.
Gemeinsam mit seinem windigen Freund – der dabei allerdings mehr störte als half – wollte der rigorose Zar ein Grundübel der russischen Beamtenschaft mit Stumpf und Stiel ausmerzen: die Korruption. Sein ganzes Zarenleben kämpfte er mit allen Mitteln dagegen, jedoch ohne großen Erfolg. Alle Russen, ob Minister, Sekretäre oder Boten, stahlen, was sie unter die Finger kriegen konnten; sie rechtfertigten ihr Verhalten mit der über 200 Jahre andauernden Mongolenherrschaft, die sie nur mit Diebstahl, Bestechung und anderen Gaunereien überlebt hätten; diese erworbenen Eigenschaften seien nicht so schnell aus dem Blut zu vertreiben. Auch harte Strafen, die der Zar verhängte, konnten das Übel nicht beseitigen. Ein Berater, dem er

drohte, jeden Beamten und jeden Russen töten zu lassen, der besteche und sich bestechen lasse, antwortete dem Zaren: »Wollen Eure Majestät denn alleine im Staate bleiben?«
Hohe Beamte und Minister, die Fehler machen oder nicht so funktionieren, wie es sich der Zar vorstellt, läßt er in sein Zimmer kommen. Dort verprügelt er sie mit seiner Dubina, einem Holzstab, den er – wie Iwan der Schreckliche seinen spitzen Eisenstab – ständig bei sich hat. Minister, die er kurz vorher noch blau und blutig geschlagen hat, werden anschließend zu ihm zum Essen geladen und aufgefordert, mit dem Zaren Bruderschaft zu trinken. Die Strafe im Arbeitszimmer des Zaren gilt als gnädiger Akt, im Gegensatz zu Prügelstrafen im Ratszimmer, auf öffentlichen Sitzungen oder auf der Straße. Vor spontanen Prügelstrafen des launischen Zaren sind weder Freund noch Feind sicher. Der Günstling Menschikow wird von seinem Gönner mit dem Prügelstock auf der Straße so schwer geschlagen, daß er anschließend Wochen im Bett zubringen muß.
Gleich nach seiner Rückkehr aus Europa erließ der Zar 1699 einen Bart- und Kleider-Ukas. Die Russen, die das lange Gewand (Kaftan) von Byzanz und den Mongolen übernommen hatten, sollten sich nun wie die Westeuropäer – vor allem wie die Franzosen – kleiden. Die vermögenden Bürger mußten die neuen Kleider sofort tragen, den ärmeren Menschen wurde eine »angemessene« Frist gesetzt. Sechs Jahre nach Erlaß der Kleiderbestimmung mußten ab 1705 alle, ob reich oder arm, die westeuropäische Mode tragen; Verletzungen der Kleider-Bestimmung wurden mit Strafen geahndet. Die Bojaren und reichen Bürger hatten sich umgehend auf die neue Kleiderordnung

eingestellt, die Armen in Rußland hingegen konnten aus finanzieller Not nur schwer ihre russischen Trachten-Kleider, die sie auftragen mußten, gegen europäische eintauschen. Das Volk empörte sich über die strenge Kleider-Reform des Zaren und das Verbot, seine eigenen russischen Kleider zu tragen.

Die Bart-Reform des Zaren war für die meisten Russen eine nationale Katastrophe. Sie sahen ihr altes, heiliges Rußland zerstört. Kein Krieg, keine Hungersnot, keine Todesstrafe hat die russischen Gemüter so erhitzt wie des Zaren lange Schere, die den Russen die Bärte abschnitt. Der Bart war für sie nicht nur modisches Attribut, nicht nur Schutz gegen die Kälte, nicht nur eine altväterliche Marotte – der Bart war Bestandteil ihres Glaubens, ihrer Tradition, ihrer Verbundenheit mit Gott. Der Kiewer Großfürst Wladimir Monomach beispielsweise hatte den russischen Bart unter seinen Schutz gestellt. Wer einem anderen ein Stück des Bartes herausriß, so daß ein »kahler Fleck« zu sehen war, mußte eine hohe Strafe zahlen. Die Tötung einer Magd oder eines Knechtes, die als Handwerker ausgebildet waren, war für die Richter strafrechtlich das gleiche Delikt wie ein paar ausgerissene Barthaare; die Ermordung eines einfachen Bauern wurde noch geringer bestraft.

»Die Moskowiter trugen, nach dem Beispiel der alten Patriarchen, bis zu Peter dem Großen immer lange Bärte, die ihnen bis zur Brust herabhingen; sie pflegten sie sehr, gaben acht, kein Härchen zu verlieren; die Schnurrbarthaare waren so lang, so daß die Leute nicht trinken konnten, ohne den Bart naßzumachen, so daß sie ihn fortwährend abwischen mußten. Die Haare aber trugen sie kurzgeschnitten, nur die Geistlichen hatten auch lange Haare«, schrieb ein westlicher Reisender. Den größten Widerstand gegen die westlichen Kleider und die bartlosen Gesichter leisteten die Geistlichen, die in dem Neuen eine Verletzung ihrer religiösen Gesetze sahen. In der russischen heiligen Bilderwelt, der Ikonografie, sind Gottvater und Gottes Sohn mit langen Bärten und langen Kleidern abgebildet; ohne Bart und langes Kleid, argumentierten die Geistlichen, seien die russischen Menschen nicht mehr das Ebenbild Gottes und seines Sohnes. Den Geistlichen ließ der Zar den Bart.

Für Iwan den Schrecklichen, den ersten russischen Zaren, war der Bart ein geheiligter menschlicher Bestandteil: »Von allen ketzerischen Gewohnheiten ist keine verdammlicher als die, sich den Bart zu rasieren. Diese Sünde könnte nicht durch das Blut des Märtyrers hinweggewischt werden. Seinen Bart rasieren lassen, um den Menschen zu gefallen, heißt alle Gesetze übertreten und sich für einen Feind Gottes erklären, der uns nach seinem Ebenbilde geschaffen hat«. Russisch-orthodoxe Patriarchen hatten gedroht, alle zu exkommunizieren, die die schwere Sünde begingen, sich ihren Bart zu rasieren. Der »Antichrist« Peter der Große – so stuften ihn verärgerte Geistliche (heimlich) ein – setzte sich rigoros über alle Einwände hinweg und schnitt den Russen die Bärte ab. Viele von ihnen, vor allem Peters Günstlinge aus seiner nächsten Umgebung, hatten ihre Bärte schon vor der Bartreform rasieren lassen. Feldmarschall Menschikow überraschte seinen Herrn, als dieser von seiner Europareise zurückkehrte, mit einem glattrasierten Gesicht, was ihm wiederum Lob und Ehre des Zaren einbrachte. Die anderen Russen, die sich nicht selbst rasierten, wurden rasiert.

Der Zar setzte die Bart-Reform mit der nötigen Strenge

durch. Ganze Scharen von Beamten überwachten den Zaren-Ukas und schnitten den Männern, wenn sie sich nicht fügten, auf der Straße mit Gewalt die Bärte ab. Am Hof beschäftigte der Zar einige Bartschneider, die bei jedem, auch den Gästen des Herrschers, zur Tat schritten. Die Reform nutzte der Zar, der für seine ständigen Kriege immer wieder neue Geldquellen brauchte, für zusätzliche Einnahmen. Russen, die bereit und in der Lage waren, hohe Rubelsummen als Bartsteuer zu zahlen, durften ihren Bart behalten, mußten aber auf ihrer Brust eine Medaille tragen, auf der dann stand: »Der Bart ist eine unnütze Last.« In der Gunst des Zaren waren diese reichen Russen jedoch nicht; und deshalb ließen sich auch alle, die vom Zaren und seinem Hof abhingen, die Bärte abschneiden. Nur die Armen, die die Taxe nicht aufbringen konnten, hingen aus religiöser Überzeugung weiter an ihren Haaren. Sie trugen sie in einem Beutel verstaut am Halse, um damit beerdigt zu werden, »damit sie anständig vor dem heiligen Nikolaj« erscheinen konnten.

Der Bart-Reform widersetzten sich vor allem die von Moskau weit entfernten Provinzen. In Astrachan ließ der vom Zaren eingesetzte Gouverneur vor Kirchen Soldaten aufmarschieren, die allen Männern die Bärte gewaltsam ausrissen und so empörten, daß sie gegen die zaristischen Maßnahmen auf die Straße gingen; zwanzigtausend Soldaten mußten eingesetzt werden, um den blutigen Aufstand niederzuschlagen.

Trotz des blutigen und gewaltsamen Widerstands gegen die Bart-Rasur war der Zar nicht bereit, auch nur einen Satz, ein Komma von der Reform zurückzunehmen. Denn hinter der Bartreform des Zaren steckte ein ganzes Programm. Die Bartträger, die Langbärte, waren in seinen Augen die

Anhänger reaktionärer Kreise, die das alte Rußland mit seinen überkommenen Sitten und Gebräuchen, mit seiner feudalistischen Politik zu ihrem Vorteil erhalten wollten. Der Bart war für sie ein Symbol des Alten. Das glattrasierte Gesicht war für Peter entsprechend das Symbol des Neuen, der Öffnung seines Landes in allen Lebensbereichen. Zar Peter peitschte sein Rußland nach vorne. Das russische Sprichwort »Wir sind ein Volk, das noch im Finsteren wandelt; nicht wissen wir, was Sünde, und nicht, wo die Erlösung zu finden ist.« sollte Vergangenheit werden.
Peter der Große ging gegen alles, was den Russen bisher heilig und teuer gewesen war, sie aber »im Finsteren« hielt, mit brachialer Gewalt vor. Die Religion, der Glaube, die Kirche, den Russen der Trost auf Erden und der Mittler für die ewige Freude und Erlösung im Himmel, sollten von Peter in ihren Grundfesten erschüttert werden. Respektlos, wie es vor ihm kein anderer russischer Herrscher gewagt hatte, machte er sich die Kirche zum Untertanen. Zu seinem Verständnis von Staat und Gesellschaft gehörte es, daß nur der absolute Herrscher, der Zar, weltliche und geistliche Fragen letztinstanzlich zu entscheiden habe; auch die Kirche habe ihre Interessen den staatlichen unterzuordnen.
Unter Peter dem Großen wurde die russisch-orthodoxe Kirche zu einer Staatskirche umfunktioniert. Als Patriarch Adrian, auch mit dem weltlichen Titel »großer Herr« ausgestattet, 1700 starb, ließ der Zar, der nach dem Gewohnheitsrecht einen neuen Kirchenführer vorzuschlagen hatte, den Patriarchenstuhl unbesetzt. Der Zar hatte die russische Kirche ihres Oberhauptes beraubt.
Mit der Abschaffung des Patriarchats und der damit verbundenen Zerschlagung der weltlichen Machtzentrale wies

der Zar der Kirche die Rolle zu, die sie im petrinischen Staat zu übernehmen hatte. Sie sollte in erster Linie dem Staat dienen, ihm untergeben sein und sich erst dann um die Seelen der Menschen kümmern. Peter der Große, der sich als weltlicher und geistlicher Herrscher verstand, machte sich selbst zum Oberhaupt der russisch-orthodoxen Kirche und erscheint bei feierlichen Anlässen in der Doppelfunktion des Zaren und Patriarchen.

An die Spitze der Kirchenadministration setzte der Zar den heiligen Synod. Dieses Gremium bestand aus zwölf Geistlichen, von denen ohne die Gunst des Zaren keiner Synodal werden konnte. Diese zwölf wiederum wurden von einem Oberprokuror, dem die Synodalkanzlei unterstand, kontrolliert; für den Zaren war der Oberprokuror »unser Auge und Anwalt für die Staatsangelegenheiten«. Ähnlich wie die Beamten und Militärs hatten die Mitglieder des obersten Kirchenkollegiums zu beeiden, daß sie dem Zaren und der Zarin »treuer und gehorsamer Knecht und Untertan« sein würden. Der Synod durfte nur theologische Fragen entscheiden, die Verwaltung des Kirchengutes hatte sich der Zar vorbehalten.

Die Geistlichen wurden zu Dienern des Staates und wie Beamte und Militärs hierarchisch eingestuft und entlohnt. Der Metropolit und Bischof entsprach einem General, der Priester einem Major und der Diakon einem Leutnant. Kritiker spotteten über die Verbeamtung der Geistlichen: Die russische Geistlichkeit sei eine Miliz, die nur noch eine etwas andere Uniform als die weltlichen Truppen des Zaren trage. Obwohl und gerade weil ein Metropolit den Rang eines Generals, ein Erzbischof den Rang eines Generalleutnants besitze, erinnere die Behandlung der Kirchenfürsten durch den Zaren an eine Kaserne.

Die Sophien-Kathedrale in Nowgorod

Links: Die Mariä-Schutz-Kirche am Fluß Nerl;

rechts: Die Gottesmutter von Wladimir

Oben: Ansicht von Moskau mit Kreml, um 1890;
rechts: Basiliuskathedrale in Moskau;
linke Seite, unten: Der Mongolenherrscher Dschingis Khan im Kreis seiner Vasallen

Iwan IV., genannt der Schreckliche (ca. 1530–1584)

Peter der Große (1672–1725)

Oben: Napoleons Große Armee vor Moskau (1812); *links:* Katharina die Große herrschte von 1762 bis 1796

Oben: Das Winterpalais von St. Petersburg; *unten:* Zar Nikolaus II. stand unter dem starken Einfluß von Rasputin (rechts)

Oben: St. Petersburg während der Oktoberrevolution;
rechts: Wladimir Iljitsch Uljanow, besser bekannt als Lenin (1870–1924)

In der bisherigen russischen Geschichte standen Kirche und Staat in einem engen Verhältnis zueinander. Für die weltlichen Herrscher war es selbstverständlich gewesen, daß sie sich an den Normen des Glaubens zumindest theoretisch orientierten. Metropoliten, Patriarchen und Bischöfe berieten und beeinflußten Fürsten und Zaren. Unter Peter dem Großen, einem Anhänger der frühen Aufklärung, hatte jedoch das Staatsinteresse Vorrang, und die Kirche mußte sich diesem anpassen und fügen. Sie wurde, wie andere Gruppen im Staate auch, verpflichtet, dem Zaren und dem Staate zu dienen.

Ohne die Kirche zu fragen oder zu konsultieren, verlegte der Zar den Jahresanfang in Rußland – nach westeuropäischem Beispiel – vom 1. September auf den 1. Januar. Diese Verordnung wollte vor allem den Altgläubigen, die sich gegen jeden sperrten, der etwas zu verändern wagte, nicht einleuchten. Gott könne doch, war ihre Überlegung, die Welt nicht am 1. Januar erschaffen haben, sondern nur im Herbst, wenn die Äpfel geerntet werden. Woher sonst hätte Eva den Apfel genommen?

Die Altgläubigen beschimpften den Zaren als Antichristen, der vom Zarenthron aus die Kirche vernichten wolle. Gegen die westliche Kleidung, gegen das Rauchen von Tabak widersetzten sie sich ebenso wie gegen das Verbot, lange Bärte tragen zu dürfen.

Mit konkreten Maßnahmen wollte Peter der Große vor allem die Klöster und das Mönchtum reformieren. Er wollte die Macht und den Einfluß der Klöster einschränken, aber auch ihren Reichtum und ihre finanziellen Möglichkeiten für die Bedürfnisse des Staates nutzen. Schon Ende des 17. Jahrhunderts hatte der Monarch verfügt, daß die Klöster über ihre Einnahmen, Ausgaben und die Getreidevorräte an den Staat zu berichten hätten. Neue Gebäude und Reparaturen durften sie nur noch mit Genehmigung des Zaren errichten bzw. durchführen. Über das 1701 eingerichtete Klosteramt wurden alle klösterlichen und bischöflichen Besitztümer erfaßt und kontrolliert. 1703 verbot der Zar, neue Klöster zu gründen, einige bestehende wurden geschlossen. Alle Mönche und Nonnen mußten genau gezählt und registriert werden.

Für die Ideale der Mönche – in Askese zu leben und zu beten – hatte Peter der Große kein Verständnis. Für ihn waren sie arbeitsscheue Drückeberger, die auf Kosten anderer lebten und sich im Kloster vergnügten: »Nicht das Heil seiner Seele wird in den Klöstern gesucht, sondern der Müßiggang, die Vergnügungen und niedrigste Wollust. Die Archimandriten empfangen und bewirten Gäste in ihren Zellen. Die Mönche halten sich Diener und sind so schamlos, daß sie Frauenzimmer in das Kloster bringen, um in Saus und Braus die Güter des Klosters zu verprassen und der gemeinsten Unzucht frönen ... Endlich – und dies ist das Bejammernswerteste, das was über ein Volk den göttlichen Zorn, Krieg, Hunger und die Pest bringt – man ergibt sich der Sodomie«.

In einem Ukas von 1724 schimpfte Peter der Große: »Das heutige Leben der Mönche ist nur ein Schein und bewirkt Böses, weil der größte Teil von ihnen nur Faulenzerei treibt. Jedermann aber weiß, welcher Aberglaube und welche Empörung aus Müßiggang entstanden sind. Da die Mönche fast alle aus einfachem Stande kommen, ist es klar, daß sie nichts aufzugeben haben, daß sie keinem Luxus entsagen, sich vielmehr durch das Mönchtum ein gutes und bequemes Leben suchen. Denn zu Hause sind sie auf dreifache Weise verpflichtet: sie müssen ihre Familie ernähren, der Krone Steuern und ihren Erbherren Abgaben entrichten. Gehen sie aber ins Kloster, dann entfallen diese drei Sorgen: Die Mönche finden alles vor, was sie brauchen. Geben sie sich Mühe, die heilige Schrift zu verstehen oder andere zu unterrichten? Keineswegs. Wem nützen sie? In Wahrheit weder Gott noch den Menschen.«

Peter der Große verpflichtete die Klöster, sich »nutzbringend« zu betätigen. Mönche mußten kranke und verwundete Soldaten, arme und hilfsbedürftige Bürger aufnehmen und sie auf ihre Kosten betreuen und verpflegen. Für Waisen hatten die Klöster Schulen einzurichten, »wo sie im Lesen, im Rechnen und der Geometrie unterrichtet werden.« Nonnen mußten sich um die Armen ihres Geschlechts kümmern. Mönche, die gegen die Klosterregeln verstoßen und »gesündigt« hatten, wurden später in das Solowezkij-Kloster bei Archangelsk im Norden Rußlands verbannt. Im frühen 19. Jahrhundert sollen dort mehrere Tausend Mönche gelebt haben.

Besonders schwerwiegend war der Eingriff des Zaren in das Beichtgeheimnis. Priester wurden verpflichtet, der Obrigkeit zu melden, was ihnen Beichtende an staatsfeindlichen Gedanken und Tätigkeiten anvertraut hatten; viele Priester widersetzten sich allerdings dem Befehl aus St. Petersburg. Peter der Große verbot zudem, Einsiedeleien zu gründen, die als oppositionelle Verstecke hätten genutzt werden können.

Die Aufnahme ins Kloster wurde erschwert. Männer durften nicht unter dem dreißigsten Lebensjahr ins Kloster eintreten; Soldaten, Leibeigene, Analphabeten, Ehemänner, deren Frauen noch lebten, Beamte, Männer, die Schulden hatten, durften vom Kloster nicht aufgenommen werden. Diejenigen Männer, die in ein Kloster eintreten wollten, mußten vom Zaren oder vom Synod ein Erlaubnisschreiben vorzeigen. Bevor sie Mönch werden konnten, mußten sie drei Jahre lang als Novize im Kloster leben. Frauen wurden erst ab dem vierzigsten Lebensjahr in ein Kloster aufgenommen, die schon im Kloster lebenden jüngeren Nonnen sollten verheiratet werden. Die Zahl der Mönche und Nonnen sollte nicht weiter erhöht werden; sie sollten sich durch handwerkliche Arbeit und Handarbeit selbst ernähren.

Während der Zar bestrebt war, junge Frauen von einem Leben im Kloster abzuhalten, verbannte er seine eigene Frau Jewdokija zu lebenslänglichem Gefängnis in ein Kloster, um seine Geliebte heiraten zu können.

Mönche und Nonnen protestierten gegen die zaristischen Maßnahmen und schrieben Briefe nach St. Petersburg. Sie beschuldigten den Monarchen, ein Feind Gottes zu sein. Daraufhin ließ der Zar den Klöstern Tinte und Papier wegnehmen, damit die Mönche und Nonnen nicht mehr schreiben konnten.

Von diesen Einschränkungen und Bestimmungen ausgenommen war das Alexander-Newskij-Kloster in St. Petersburg, das Peter der Große 1713 hatte bauen lassen. Das Kloster soll an der Stelle in St. Petersburg erbaut worden sein, an der der Nationalheilige Alexander Newskij 1241 das schwedische Heer und die Ordensritter geschlagen hat. Für die neue russische Metropole an der Newa brauchte der Zar ein Kloster, das das Volk beeindruckte und zu dem sie pilgern konnten; entsprechend wurde es monumental gebaut und mit einem Kathedralbau ausgestattet. Die Gebeine des heiligen Newskij wurden aus der alten russischen Stadt Wladimir, wo sie bislang verehrt worden waren, geholt und in das neue Kloster gebracht, wo sie in einem fünf

Meter hohen Reliquienschrein aus Silber begraben wurden.
Auch St. Petersburg hatte nun sein berühmtes Kloster. Es wurde in den gleichen Rang wie das verehrte Dreifaltigkeits-Sergij-Kloster in Sagorsk bei Moskau und das erste russische Kloster, das Höhlen-Kloster in Kiew, erhoben. Es durfte sich ehrenvoll Lawra nennen; nur diesen – und noch einem vierten Kloster – war dieser Ehrentitel vorbehalten.
Mit dem Newskij-Kloster machte der mißtrauische Zar seine eigene Kirchenpolitik. Den ergebenen Mönchen aus dem Newskij-Kloster, denen der Zar gegenüber anderen eine Sonderstellung einräumte, konnte er vertrauen. Den Widerstand, der sich in vielen Klöstern Rußlands gegen die petrinische Politik regte, wollte er mit ihnen brechen.
Er verfügte, daß die großen russischen Klöster nur noch von Mönchen aus dem Newskij-Kloster zu leiten seien. Der Schritt wurde damit begründet, daß »seine Majestät der Zar keine genügende Kenntnis über die Mönche in den Gouvernements besitzt«. Aus allen Teilen Rußlands wurden geeignete Mönche ins Newskij-Kloster geholt, um sie entsprechend auf die künftigen Führungsaufgaben im Kloster und auf die Bischofspflichten vorzubereiten.
Peter der Große erwog auch, die Metropoliten und Bischofsämter nicht mehr mit Mönchen, sondern mit verheirateten weltlichen Priestern aus dem weißen Klerus zu besetzen, die seiner Ansicht nach mit den Problemen der Kirchengemeinden und Menschen besser vertraut waren als die weltfremden im Zölibat lebenden Mönche. Aufgrund heftiger Widerstände im schwarzen Klerus ließ der Zar diesen Gedanken wieder fallen.
Selbst Peter der Große, der Rußland mit eiserner Hand

regierte, wagte es jedoch nicht, die Klöster zu enteignen, obwohl ihm der Reichtum der Klöster immer ein Dorn im Auge gewesen war.

Schon Iwan der Schreckliche, der kaum Skrupel kannte und rigoros mit allen ihm zur Verfügung stehenden Mittel seine politischen Vorstellungen durchsetzte, wollte den Klöstern die Ländereien wegnehmen. Nachdem ihn die Kirchenleitung eindringlich davor warnte, ließ er den Gedanken wieder fallen.

Sie hatte ihm geschrieben: »Seit dem apostelgleichen Kaiser Konstantin und später haben die Bischöfe und Klöster überall Städte und Dörfer besessen. Nie haben die Kirchenversammlungen der heiligen Väter dies verboten. Sogar bei Deinen Vorfahren und bis zu unserer Zeit hatten Bischöfe und Klöster Städte und Landgüter, Flecken und Dörfer, Gerechtigkeitspflege, kirchliche Abgaben und Steuern. Haben nicht der heilige Wladimir und der große Jaroslaw gesagt: ›Wer von meinen Kindern oder Nachkommen etwas ändert; wer sich anmaßt, das Eigentum der Kirche und die Zehnten der Bischöfe anzutasten, der sei verflucht im Diesseits und in der Ewigkeit!‹?«. Sogar die gottlosen Zaren der Horde (der tataro-mongolischen Besatzer) schonten aus Furcht vor dem Schöpfer das Eigentum der Klöster und Bischöfe. »Also wollen wir es nicht wagen und finden es nicht gut, das kirchliche Eigentum zurückzugeben, denn es gehört Gott und ist unantastbar.«

Zar Peter, der den Russen die Bärte nahm und sie in europäische Kleider steckte, erlaubte ihnen andererseits neben dem Genuß von Alkohol ein weiteres Laster, das bei den Russen zur Leidenschaft werden sollte: den Genuß von Tabak, das Rauchen. Auch hier hatte er vor allem den Widerstand der Geistlichen und der Kirche zu brechen, die behaupteten, Tabak sei ein Kraut der Hölle, der Rauch ein Qualm des Teufels. Besonders die Mönche lehnten das Rauchen ab – und sie tun dies bis zum heutigen Tage. Sie begründen die Ablehnung des Lasters mit der Bibel. In einer alten kirchlichen Erklärung wird gesagt: »Gott habe das Tabakrauchen ausdrücklich verboten; es heißt in der Bibel: Was zum Munde hineingeht, verunreinigt den Menschen nicht; aber was zum Munde herausgeht, verunreinigt den Menschen. Deshalb sei eher Bier oder Branntwein erlaubt als Tabakrauchen«.

Bis zu Peter war es sowohl den Russen als auch den Ausländern verboten, »Tabak bei sich zu haben, Tabak zu trinken oder damit zu handeln«. Käufern und Verkäufern drohte die Todesstrafe, wenn sie mit Tabak erwischt wurden. Ihre Häuser, Höfe und Geld wurden konfisziert. Der trinkfeste und lasterhafte Peter rauchte und schnupfte leidenschaftlich gern, hob das Rauchverbot, an das er sich sowieso nicht gehalten hatte, noch vor seiner Reise ins Ausland 1697 auf. Nur auf der Straße durfte weiter nicht geraucht werden.

In Westeuropa hatte dem Zaren vor allem gefallen, daß die Frauen auf den Straßen spazierten und mit Männern sprachen, daß sie leichter und freier gekleidet waren, daß sie in Gesellschaften und bei Bällen dabei waren und sich den Ehemann selbst aussuchen konnten. Obwohl der Zar das andere Geschlecht genauso barbarisch behandeln konnte wie das männliche, verschaffte er den Frauen Erleichterungen und mehr Anerkennung. Die Verachtung der russischen Frauen spiegelt sich auch in derben Sprichwörtern wider. »Eine Henne ist kein Vogel, ebensowenig ist ein Weib ein menschliches Wesen«, oder »Wer nicht Wein trinkt, ist nicht betrunken, und wer sein Weib nicht schlägt, kann nicht glücklich sein«.

Die Frauen mußten im Terem, einer Dachkammer, abgesondert von anderen leben und durften keinem Fremden begegnen. Nur Verwandten durften sie sich verhüllt zeigen, um mit ihnen zu sprechen. Wenn im Haus ein Fest gefeiert wurde und Freunde geladen waren, durften nur Männer daran teilnehmen. Selbst in die Kirche gingen die Frauen nur selten, weil sie dann von anderen Menschen, vor allem von fremden Männern, gesehen worden wären. Sie waren vor allem im Heim beschäftigt, mit Hausarbeit, Nähen und Kochen. Nur bei Hochzeiten, die oft tagelang gefeiert wurden, durften Frauen teilnehmen; danach aber, so hieß es, »müssen die Frauen und Jungfern eine jede wieder in ihre Kammer gehen, worin sie, nach Gewohnheit des Landes, wie vorher eingesperrt, und ohne einige Gemeinschaft mit Manns-Personen bleiben«.

Ein liberaler Diplomat, der aus Verärgerung über die Zustände in Rußland 1664 in Stockholm blieb, schrieb über die russischen Frauen: »Das weibliche Geschlecht im moskowitischen Reiche ist ungebildet, und das ist so Sitte; ihren angeborenen Verstand nach sind sie einfältig, im Reden nicht gewitzt und sehr schamhaft: sie leben nämlich von Kindheit auf bis zu ihrer Verheiratung bei ihren Eltern in geheimen Gemächern, und mit Ausnahme der nächsten Verwandten darf sie kein Fremder und dürfen auch sie niemand sehen, was auch erklärt, warum sie nicht allzu klug und mutig sind. Ebenso werden sie auch nach ihrer Verheiratung nur wenig von Leuten gesehen.«

Mit der Einführung der neuen Kleider aus Westeuropa schnitt Zar Peter gleichzeitig auch die alten Zöpfe ab. Die Frauen verließen ihre Dachkammern, durften auf Straßen

mit anderen Menschen – auch mit Männern – reden, konnten ihre Ehemänner selbst aussuchen und sogar auf öffentliche Bälle gehen, die Peter nach westlichem Vorbild eingeführt hatte. Dort konnten sie bald auch – wie ihre Männer – dem Wein und Schnaps frönen. Für die orthodoxe Kirche waren der Tanz und die Bälle eine Entweihung der Religion und ein erneuter Beweis dafür, daß der Zar bewußt gegen die geheiligten Riten des Glaubens verstoße. Viele strenggläubige Familien in Rußland sahen den Zaren in einem ähnlichen Licht und wollten sich nicht auf öffentlichen Bällen zur Schau stellen. Der Zar hatte befohlen, die anderen hatten zu gehorchen. Frauen, die aus den verschiedensten Gründen nicht an Tanz- und Ballnächten teilnehmen wollten, wurden einfach von der Polizei gewaltsam abgeholt und in die Vergnügungssäle gebracht.
Peter der Große, der mit unerschöpflicher Energie und Phantasie, aber auch mit Brutalität und Strenge Rußland aus der technischen, gesellschaftlichen und zivilisatorischen Finsternis gegen den Widerstand der russischen Menschen ins helle Licht des Fortschritts brachte, machte mit gewaltigen und unmenschlichen Anstrengungen das Unmögliche möglich. Daß dabei Menschen litten, daß sie gequält und unvorstellbar grausam behandelt wurden, nahm er bewußt in Kauf. Er quetschte aus den Russen den letzten Blutstropfen heraus. Kein Bereich des russischen Lebens blieb von den Reformen Peters unberührt. Er reformierte das Bildungswesen, die Kunst, die Kirche, das Handwerk, die Industrie und die Armee; ein mächtiges Heer, einschließlich einer starken Flotte, brauchte er, um erfolgreich Kriege führen und sein russisches Imperium ausdehnen zu können.
Sein Kriegsziel war vor allem die Eroberung der Ostseege-

biete, die zu Schweden gehörten. Zwanzig Jahre lang führte der Zar mit wechselndem Erfolg Krieg gegen Schweden, um dann 1721 den Nordischen Krieg mit dem Frieden von Nystad zu beenden. Peter der Große hatte gewonnen und sich den Zugang zum »warmen Meer«, zur Ostsee, erkämpft. Von den Schweden erhielt er Karelien, Livland, Estland mit den Städten Riga, Reval und Wyborg; im Süden entriß er den Persern Aserbaidschan mit Baku.

Während Peter der Große noch mit den Schweden Krieg führte, kam ihm 1703 eine aberwitzige Idee: die Hauptstadt des russischen Reiches von der Moskwa an die Ostsee, zu verlegen, dorthin wo die Newa ins Meer mündet. Mit dem geografischen Abschied von Moskau, dem Zentrum des alten Rußland, wollte sich der Zar auch geistig vom alten Reich absetzen. Mit der neuen Metropole im Norden, so hoffte er, würden sich auch seine neuen Ideen und Reformen schneller und grundsätzlicher durchsetzen lassen; Moskau sei dabei nur hinderlich und störend. Mit der Verlegung der Hauptstadt an die Ostsee wollte der leidenschaftliche Seefahrer sein Land westlichen Einflüssen noch stärker öffnen. Die verrückte Idee war weder politisch noch wirtschaftlich für Rußland sinnvoll oder einleuchtend, aber sie mußte mit allen Mitteln realisiert werden.

Am 15. Mai 1703 legte der Zar eigenhändig den Grundstein für das städtische Großprojekt. Auf einer der vielen Newa-Inseln, auf der sogenannten Haseninsel, wurde mit dem Bau der neuen Metropole begonnen. Zuerst wurde die Peter- und Pauls-Festung errichtet. Sie war als Bollwerk gegen die schwedischen Feinde im Norden und wohl auch gegen mögliche Feinde und Reformgegner im Inland gedacht. Unter dem Schutz der Festung sollte sich eine mächtige und prunkvolle neue Hauptstadt entfalten können. Peter der Große, der die Bauarbeiten von Anfang an persönlich beaufsichtigte und währenddessen in einem kleinen Holzhäuschen wohnte, trieb das gigantische Vorhaben mit einer unglaublichen Energie und Brutalität voran. Er schonte weder sich noch seine Untergebenen.

In den Jahren 1712 bis 1716 waren über 50000 Arbeiter, meistens Leibeigene, Sträflinge und gefangene Schweden, damit beschäftigt, an der Newa-Mündung Sümpfe trockenzulegen, Wald zu roden und Kanäle zu graben. Tausende von Menschen starben wie die Fliegen am Sumpffieber, an Überanstrengung, Nässe und Kälte. Der Zar ließ daraufhin alle zwei Jahre die Arbeiter auswechseln und übergab die Bauarbeiten an Unternehmer, die bezahlte Fachkräfte einsetzten. Zudem verpflichtete er die Maurer aus dem gesamten Rußland an die Newa; den übrigen Bauherrn im Lande untersagte er, Häuser aus Steinen zu bauen. Sie durften nur noch Holzhäuser errichten, damit genügend Steine für die neue Metropole zur Verfügung standen. Um die unwirtliche Gegend schnell zu bevölkern, verpflichtete der Zar 1712 seine reichen Untertanen, sich im Norden zu engagieren. Jeder Bojar, der mehr als 30 Bauernhöfe besaß, mußte an der Newa ein Haus bauen. Jedes Schiff, das an der Newa-Mündung vorbeifuhr, jedes Pferdefuhrwerk, das in die Stadt fuhr, mußte eine Ladung Bausteine mitbringen.

Der Zar, der in Holland als einfacher Arbeiter das Handwerk eines Schiffbauers erlernt hatte, nannte die Hauptstadt ursprünglich auf holländisch Piterburg; als Deutsche an den Zarenhof geholt wurden, taufte er sie in St. Petersburg um. Mit den deutschen Einwanderern erhielten auch die Städte und Ortschaften um St. Petersburg herum deutsche Namen – Schlüsselburg, Kronstadt, Oranienbaum,

Peterhof oder Katharinenhof. St. Petersburg an der Ostsee, nach der Revolution von 1917 in Leningrad umbenannt, sah Amsterdam ähnlicher als irgendeiner russischen Stadt. Äußerlich war St. Petersburg eine Stadt der Paläste, der bürgerlichen Häuser, der herrlichen Gärten und Parkanlagen, der linienförmig gezogenen Straßen und Alleen.
Die Peter- und Pauls-Festung, die vor allem als Schutz vor äußeren Feinden errichtet worden war, wurde sehr früh zu einem Gefängnis für innenpolitische Gegner des Zaren. Der Sohn Peters des Großen war der erste, der im Festungsgefängnis zu Tode gefoltert wurde. Auch bekannte russische Schriftsteller wie Dostojewskij und Gorki wurden später wegen ihrer Feindschaft zum Zarenreich in der Festung eingekerkert, ebenso der Bruder von Lenin, A. I. Uljanow. Heute ist die Festung einc Zweigstelle des Museums der Geschichte von St. Petersburg/Leningrad.
In der Mitte der Festung steht die Peter- und Pauls-Kathedrale. Dort liegen – mit einer Ausnahme – alle russischen Zaren und ihre nächsten Angehörigen seit Peter dem Großen begraben; die Toten aus der Romanow-Dynastie, die Rußland bis zur Revolution regiert haben, ruhen unter hellgrünen Sarkophagen aus Marmor. Am Geburtstag von Peter dem Großen, am 30. Mai 1714, wurde der Grundstein für die Kathedrale gelegt. Der Kuppelbau hat einen 128 Meter hohen Glockenturm, auf dem ein Engel steht, der ein sieben Meter hohes vergoldetes Kreuz in den Händen hält.
Gegenüber der Kathedrale, nur durch den Fluß Newa getrennt, steht der Zarenpalast, das Winterpalais. Das barocke Meisterwerk wurde von dem italienischen Architekten Rastrelli in den Jahren 1754 bis 1762 erbaut. Der Palast ist 137 Meter lang und 106 Meter breit. Er hat mehr als

1000 Räume und eine Gesamtfläche von 46000 Quadratmetern, über 100 Treppenaufgänge, fast 2000 Türen und ebenso viele Fenster.
Im Juli 1917 wurde das Winterpalais Sitz der provisorischen Regierung unter Lenin. Das Winterpalais und die Nebengebäude sind heute ein riesiges Museum: Die Staatliche Eremitage. Die Eremitage ist das größte Museum in der Sowjetunion, es gehört neben dem Louvre in Paris oder dem Britischen Museum in London zu den bedeutendsten der Welt. Das Museum besitzt über zwei Millionen Ausstellungsstücke, die abwechselnd in 340 Sälen gezeigt werden.
Die im 18. Jahrhundert erbaute Eremitage war ursprünglich ein Zarenmuseum und fürs Publikum nicht zugänglich; Katharina II., die Große, hatte damals spöttisch über die verschlossene »Einsiedelei« geurteilt: »Nur die Mäuse und ich ergötzen uns daran.« Heute wird sie von über einer Million Menschen jährlich besucht. Und zu sehen gibt es viel: Russische, chinesische, indische und auch westeuropäische Kunst. Die Sammlung »Geschichte der westeuropäischen Kunst« wird in 120 Sälen präsentiert; Leonardo da Vinci, Raffael, Tizian, Michelangelo, Velazquez, Rubens sind genau so zahlreich vertreten wie die französischen Impressionisten. Kein anderes Museum der Welt hat mehr Bilder von Rembrandt als die Eremitage.
Das Russische Museum, das in zwei Gebäuden untergebracht ist, zeigt ausschließlich russische und sowjetische Kunst von den Anfängen bis zur Gegenwart. Im ehemaligen Michailow-Palast, auf dem Platz der Künste, werden russische Kunstwerke aus allen Bereichen und Epochen gezeigt.
Das Alexander-Newskij-Kloster, benannt nach dem Natio-

nalheiligen und Feldherrn Newskij, der 1241 das schwedische Heer und die Ordensritter besiegt hat, errichtete Peter der Große 1713. Das Kloster wurde mit der Stadt durch eine fünf Kilometer lange und 35 Meter breite Prachtstraße, den Newskij-Prospekt, verbunden. An der St. Isaaks-Kathedrale, die Mitte des 19. Jahrhunderts fertiggestellt worden ist, haben über 400 000 Menschen gearbeitet. Die ehemalige Hauptkirche Leningrads bietet über 13 000 Menschen Platz. Der mächtige Kuppelbau ist heute ein Museum. Die berühmte Kasaner Kathedrale wurde zu Ehren der »wundertätigen« Gottesmutter-Ikone von Kasan errichtet. Die Ikone aus der tatarischen Hauptstadt Kasan habe, so wird berichtet, bereits 1612 geholfen, die polnischen Heere und 1812 das Heer von Napoleon zu besiegen. Die Kathedrale, in der sie hängt, ist nach der Revolution ebenfalls in ein Museum umgewandelt worden.

Die Namen, die Peter der Große seiner Hauptstadt, seinen Städten, Dörfern, Festungen und Schlössern an der Ostsee gab, waren nicht zufällig nach einer innigen Liebe für die Deutschen gewählt worden. Dahinter steckte ein ganzes Programm des reformeifrigen Zaren. Er war überzeugt, daß er sein ehrgeiziges Reformwerk am besten mit dem westlichen Nachbarn verwirklichen könne. Dafür brauchte er Deutsche aus allen gesellschaftlichen Schichten, die bald in Scharen aus den Ostseeprovinzen, aus dem ehemaligen Gebiet des Deutschen Ritterordens und aus dem ganzen Deutschen Reich nach Petersburg und in kleinere Städte und Dörfer in der Umgebung kamen. Handwerker und Kaufleute gründeten Betriebe, eröffneten Geschäfte und Handelskontore; Bauern erhielten großzügig Land, auf dem sie Höfe und große Güter errichteten. Beamte, Gelehrte und Militärs traten bereitwillig in Peters Dienste, um

Verwaltung, Wissenschaft und Armee nach deutschem Vorbild zu reorganisieren. Die schwedische Bevölkerung, die aus alten Besatzerzeiten geblieben war, wurde vom russischen Herrscher germanisiert; die schwedischen Grundschulen und Gymnasien wurden in deutsche umfunktioniert, die schwedischen Pfarrhäuser mit deutschen Priestern besetzt.

Auf Wunsch des Zaren hatten die Deutschen bald Petersburg und die Ostseeprovinzen kolonisiert. Sie waren dominierend in der Wirtschaft und im Handel, sie reformierten die Künste und die Wissenschaft. Der erste Ausländer, der Petersburg und die Umgebung von 1704 bis 1710 gründlich erforschte, war ein Deutscher, der Magister Wilhelm Tolle aus Göttingen. Auch die Gründung der Akademie der Wissenschaften in St. Petersburg legte der russische Zar in deutsche Hände. Mit dem deutschen Philosophen und Universalgelehrten Leibniz vereinbarte er in Torgau persönlich die Errichtung der Akademie, deren Leitung der Deutsche übernahm. Im Todesjahr des Zaren (1725) wurde die elitäre russische Akademie der Wissenschaften eröffnet; von den 15 Akademikern, die dem erlauchten Kreis angehörten, waren 11 Deutsche, die anderen vier kamen aus Frankreich und der Schweiz. Russen war nicht darunter.

Der Zar ließ sich 1721 für seine Leistungen und Erfolge den Kaisertitel (Imperator) und auch offiziell den Beinamen »der Große« verleihen. Aus dem russischen Reich wurde ein Kaiserreich.

Der russische Imperator wollte, als er seinen Tod nahen sah, die Thronfolge ändern und regeln: Der regierende Monarch sollte seinen Nachfolger nun selbst bestimmen, der älteste Sohn des Zaren sollte nicht mehr automatisch den Herrscherthron besteigen. Der Zar hatte dabei wohl an seine Frau Katharina gedacht, die er 1724 als Kaiserin krönen ließ; bis dahin waren in Rußland immer nur die Zaren selbst gekrönt worden.

Bei der Wahl seiner zweiten Frau Katharina hatte der Zar – wie auch in vielen anderen Fragen des Lebens – unkonventionell und gegen alle Bestimmungen des höfischen Protokolls und einer standesmäßigen Herkunft entschieden. Katharina war eine einfache Magd und die Tochter eines leibeigenen Bauern. Russische Soldaten hatten sie während des Krieges gegen Livland als Gefangene mit nach Rußland genommen. Die dralle, kräftige Schönheit vom Lande wurde die Geliebte eines russischen Offiziers aus der Zarenarmee. Sie hieß Marta, ließ sich taufen, trat zum russisch-orthodoxen Glauben über und erhielt den Namen Katharina.

Nach dem Offizier wurde sie von Soldat zu Soldat gereicht; sie verdingte sich als Dirne, bis ihr Körper und aufgewecktes Wesen dem Zarengünstling Menschikow auffielen. Als Zar Peter die üppig geformte Magd aus Livland bei seinem Freund sah, nahm er sie sofort mit in sein Haus. Sie wurde seine Geliebte und 1712 seine Ehefrau; sie lebten über zwanzig Jahre miteinander. Die bauernschlaue, mütterliche Katharina wußte ihren Mann, auch wenn sie ab und an heftig von ihm verprügelt wurde, zu trösten, zu beraten und zu lieben, wie es vor ihr keine Frau verstanden hatte. Der Zar ging häufig fremd, kehrte aber immer wieder zu seiner Katharina zurück.

Katharina wiederum, die erfahrene Geliebte und Bettgefährtin vieler Männer, die auch in der Ehe mit dem Zaren nicht zur treuen Tugendwächterin geworden war, wollte ihrem Mann bezüglich der Seitensprünge nicht nachstehen. Sie trieb es ebenso wild wie er. Nur meinte der Zar, daß er

fremdgehen dürfe und sie nicht. Außerdem stellte der Zar fest, daß seine Frau jahrelang hohe Rubelsummen dafür kassiert hatte, daß sie Häftlinge, die wegen Bestechung bestraft worden waren, begnadigt hatte. Den Geliebten seiner Frau läßt er köpfen.
Bevor der Imperator sich eine besondere Strafe für die Kaiserin ausdenken kann, ereilte ihn der Tod. Der Reformator Rußlands starb mit 52 Jahren. Einen Nachfolger hatte er noch nicht bestimmt. In der Minute des Sterbens schrieb er nur noch zwei Worte nieder: »Gebt alles...«
Nach dem Tod des Imperators begann – nach alter russischer Tradition – der Kampf um den Zarenthron, diesmal aber verlief er unblutig. Hoffnungen konnten sich die Frau des Zaren, Katharina, und der nach alter Sitte rechtmäßige Erbe, Peters Enkel, machen. Mit Hilfe von Menschikow, dem Freund des verstorbenen Zaren, konnte Katharina die unter ihrem Mann zu Adelsehren gekommenen Staatsdiener und Offiziere für sich gewinnen. Der Hochadel, der den rechtmäßigen Thronfolger in dem minderjährigen Enkel Peter sah und gegen die ehemalige Magd Front machte, verlor das Gerangel um die Macht. Die Tochter eines leibeigenen Bauern bestieg 1725 als Kaiserin Katharina I. den russischen Thron.
Sie setzte die losen Sitten und Gebräuche des Imperators fort. Zu jedem Fest – vor allem aber am Namens- und Geburtstag der Zarin – floß am Hofe der Alkohol in Strömen. Ein ausländischer Augenzeuge berichtet: »Das letzte Fest zum Namenstag der Zarin war großartig nach Landessitte: Die Damen tranken viel ... Die Herrscherin überläßt sich den Vergnügungen bis zur Zerstörung ihrer Gesundheit ... Die Zarin ist krank infolge einer Orgie am Andreastage.«
Die Trinkgelage am Zarenhof wurden unter Katharina I.

immer häufiger und heftiger. Ein dänischer Gesandter rechnete aus, daß der Zarenhof in den zwei Jahren unter Katharina über eine Million Rubel nur für ungarische Weine und »Danziger Schnapse« ausgegeben habe; das war der größte Posten im Zarenhaushalt.

Im Jahr 1727 stirbt Katharina an den Folgen ihrer alkoholischen Vergnügungssucht. Menschikow, der die Schnapsorgien mit dem Zaren und Katharina überlebt hat, tritt nach dem Tod der Zarin gleich wieder auf den Plan. Schon vorher hatte er die sterbenskranke Herrscherin überredet, Peter, den zwölfjährigen Enkel des Imperators und (mittlerweile) Verlobten seiner Tochter als Thronfolger vorzuschlagen. Der Junge wird 1727 als Peter II. Kaiser von Rußland. Menschikow übernimmt die Regierungsgeschäfte für den jungen Kaiser und damit die Macht im Staat. Der entmachtete und in seiner Ehre gekränkte Kaiser wehrt sich und schafft es, den Rivalen nach Sibirien in die Verbannung und den Tod zu schicken. Der glücklose Kaiser Peter II. stirbt nach nur drei Jahren Regentschaft 1730 an den Blattern; mit ihm endet die männliche Linie der Romanows.

Frauen regieren Rußland

Die Mitglieder des mächtigen Obersten Geheimen Rats, in dem nur Vertreter des Hochadels saßen, bestimmten, daß die Tochter des schwachsinnigen Halbbruders von Peter dem Großen, Anna Iwanowna, die Thronerbin sei. Die Töchter von Peter und Katharina, meinten sie, hätten kein Recht auf den Thron, weil sie vor der amtlichen Heirat der beiden geboren worden seien. Anna Iwanowna, die den Herzog von Kurland geheiratet hatte und bereits Witwe war, wurde 1730 als Anna I. gekrönt. Sie war nur unter der Voraussetzung und Zusage gewählt worden, daß sie den geheimen Rat, den Hochadel, an der Regierung beteilige. Dieses Privileg wiederum mißfiel dem niederen Adel, und Anna sah als einzigen Ausweg, den Hochadel wieder von der Regierung auszuschließen und allein zu herrschen. Gegenüber dem russischen Adel war sie nach diesen Erfahrungen mißtrauisch geworden; also holte sie sich als enge Berater vor allem Deutsche aus dem Baltikum und dem Reich an den Hof.

Mit den Deutschen, die nun untereinander um die Gunst der Kaiserin buhlten, verärgerte sie wiederum den russischen Adel, der im eigenen Land auf Fremde zu hören

hatte. Während Anna sich am Hofe vergnügte und verschwenderische Feste feierte, regierte im Grunde ein deutscher Adliger namens Ernst Johann Bühren aus Westfalen, der ins Kurland ausgewandert war und sich in Rußland Biron nannte. Der überhebliche Deutsche, der die Russen und Rußland verachtete, herrschte mit harter Hand. Aufmüpfige russische Adlige verbannte er nach Sibirien, wenn er sie nicht gleich umbringen ließ. Aber Biron, der inzwischen der Liebhaber der Kaiserin war, intrigierte ebensogut gegen seine deutschen Landsleute in russischen Diensten, den Feldmarschall Münnich aus Oldenburg und den Pfarrerssohn Ostermann aus Bochum, die loyal Rußland dienten.
Als Anna 1740 starb, hatte sie einen Urenkel Iwans V. als Thronfolger bestimmt. Für den Säugling, der zum Zaren als Iwan VI. und zum Kaiser als Iwan I. gekrönt wurde, regierte nominell seine Mutter, Anna Leopoldowna. Die Macht aber hatte weiterhin der Deutsche Biron in der Hand. Seine verhaßte Politik führte schließlich dazu, daß ihn seine eigenen Landsleute Münnich und Ostermann im Einverständnis mit der Regentin und mit Hilfe der Hofgarde stürzten und nach Sibirien verbannten. Nachdem sich auch Münnich und Ostermann zerstritten hatten und die Russen der »fremden Deutschen« überdrüssig waren, verhalfen der Adel und die Garde der Tochter von Peter dem Großen auf den Thron.
Die Prinzessin Elisabeth Petrowna wurde 1741 zur Kaiserin gekrönt, der kleine Iwan kam in strenge Haft, in der er nach 23 Jahren bei einem Befreiungsversuch getötet wurde. Der Haß auf die Deutschen war groß. Die Soldaten plünderten ihre Häuser und steckten sie an. Sie forderten die neue Kaiserin sogar auf, alle Deutschen aus dem Land zu jagen.
Kaiserin Elisabeth, die als schön und gütig galt, wurde von den Russen verehrt und geschätzt. Kaiserin Anna hatte die

petrinische Kirchenpolitik fortgeführt und erneut die Zahl der Geistlichen beschränkt: Mönche durften nur noch verwitwete Priester und Kriegsinvaliden werden, junge Mönche wurden in die Armee eingezogen. Elisabeth machte die im Volk unbeliebten Maßnahmen gegen die Kirche rückgängig. Sie wurde eine fromme Kaiserin, die die russischen Heiligenbilder liebte und verehrte und zu Wallfahrtsorten pilgerte. Unter ihrer Herrschaft wurde kein einziges Todesurteil vollstreckt; dafür aber ließ sie mißliebige Russen solange auspeitschen, bis sie an den Folgen starben.
Die gottgefällige Elisabeth war jedoch auch eine Frau, die ständig ihre Liebhaber wechselte und auf Pilgerfahrten zu »heiligen Orten« mitnahm. Ein Chronist berichtet: »Sie verbringt ihre Tage und Nächte in den Armen ihrer Liebhaber. Schon früh hat sie zu lieben begonnen. Ihr erster Geliebter ist ein robuster Soldat ... Alexej Rasumowskij: dieser ukrainische Bauernssohn ward seiner schönen Stimme wegen als Sänger in der Hofkapelle angestellt und sang sich in Elisabeths Herz und Bett hinein ..., der Bauernsohn avanciert zum Grafen und heimlichen Gemahl der Herrscherin. Rasumowskij bleibt jedoch nicht der letzte Liebhaber Elisabeths ... Da erscheint zuerst der Gardesoldat Buturlin. Dann kommt ein Kalmücke von abstoßender Häßlichkeit, aber gewaltiger Stärke ... Ein gewisser Karl Sievers hat lange Jahre an der Tür des Schlafgemaches Wache zu halten; einmal ist Mangel an geeigneten Männern, er tritt in die Bresche und macht sein Stück, bald wird er Graf und Ahnherr einer vornehmen Familie werden ... Der Posten vor der Tür wird beliebt: Eines Tages steht auf ihm ein gewisser Michail Woronzow; am Abend schon hat er den Dienst bei der Herrin, und er verläßt ihr Bett als Graf und Großkanzler.« Ihr Kutscher erhält nach Liebes-

diensten bei der Kaiserin den Grafentitel und Güter, ein Straßenkehrer wird von ihr großzügig mit Ländereien beschenkt.

Elisabeth regierte bis 1762. Ihr Nachfolger auf dem Thron von St. Petersburg wird Peter III., ein Sohn von Elisabeths Schwester Anna und dem Herzog von Holstein. Mit dem Enkel von Peter dem Großen tritt das deutsche Adelshaus der Holstein-Gottorps in die russische Geschichte ein; die russische Herrscherlinie der Romanows wird über die Frauen fortgeführt. Der deutsch-russische Zar besteigt im Januar 1762 den Thron. Der infantile Herrscher, ein Verehrer des Preußenkönigs Friedrich II., verordnete seinen russischen Soldaten preußische Uniformen und drillte sie unter ihrem Gelächter selbst. Der Zar, der noch als junger Ehemann mit Puppen und Bleisoldaten spielte, betrank sich vor aller Augen und stieß öffentlich auf das Wohl »seines Herrn, des Königs von Preußen« an. Peter schließt Frieden mit Friedrich II. und steigt aus dem Siebenjährigen Krieg aus. Er verzichtet auf alle Gebiete, die Preußen erobert hat. Dafür will er gegen Dänemark Krieg führen, um sich das von den Dänen besetzte Schleswig-Holstein einverleiben zu können; für die russischen Interessen ist dieses Vorhaben belanglos und schon aberwitzig.

Die Russen, vor allem diejenigen, die sich noch an »ihre« deutschen Birons und Münnichs unter Anna erinnern, begannen, an Peters Thronstuhl zu sägen. Auch mit der geistlichen Obrigkeit legte sich der ungeschickte, starrsinnige, wenig diplomatische Zar, der bei jeder Gelegenheit seine Verachtung für die Russen zum Ausdruck brachte, sofort an. Er wollte im Sinne seines Großvaters die Kirche weiter säkularisieren und hatte allen Ernstes vor, die russischen Priester in lutherische Talare zu stecken und die Ikonen,

die heiligen Bilder der Russen, aus allen Kirchen zu verbannen; im Winterpalais wollte er eine protestantische Kapelle errichten. Daß Peter die Geheimkanzlei und die Folter des Zaren abschaffte, daß er anderen Religionen mehr Freiheit gab und die Altgläubigen nicht mehr verfolgte, war nur der Tropfen, der das Faß zum überlaufen brachte. Sein Schicksal war längst besiegelt.
Nach nur sechsmonatiger Herrschaft wird Zar Peter III. im Juni 1762 von seiner Frau Katharina und einflußreichen Helfern in einer Palastrevolte gestürzt. Katharina wird in der Kasaner Kathedrale zu St. Petersburg zur Kaiserin von Rußland gekrönt. Peter muß abdanken, er wird auf dem kaiserlichen Landgut Ropscha interniert und einen Monat später von seinen Wächtern ermordet. Rußland regiert nun Kaiserin Katharina II., Katharina die Große.

Katharina die Große

Katharina die Große wurde als Prinzessin Sophie von Anhalt-Zerbst 1729 in Stettin (Pommern) geboren. Sie war die Tochter von Christian August von Anhalt-Zerbst, einem Fürsten ohne Fürstentum, der als General in der Armee des Königs von Preußen diente. Ihre Mutter, eine Prinzessin aus der verarmten Linie der Holstein-Gottorps und 27 Jahre jünger als ihr Mann, war ehrgeizig darauf bedacht, ihre Tochter über verwandtschaftliche Bindungen standesgemäß zu verheiraten. Als Sophie noch keine zehn Jahre alt war, wurden bereits die Weichen für ihr Leben gestellt. Eltern und Tochter wurden auf ein Fest nach Kiel eingeladen, das der Vetter der Mutter, Adolf Friedrich von Holstein-Gottorp, der spätere König von Schweden, gab. Dort wurde das junge Mädchen dem um ein Jahr älteren Prinzen Karl Peter Ulrich von Holstein vorgestellt, der Aussichten hatte, den schwedischen und russischen Thron zu beerben. Das kleine Mädchen schien sich mit zehn Jahren schon mehr für Könige und Königinnen als für Puppen zu interessieren, Katharina erinnerte sich später: »Der Königinnentitel klang mir, so klein ich war, sehr süß in den Ohren. Von dieser Zeit an neckte mich meine Umgebung mit ihm (dem

späteren Zaren Peter III.), und allmählich glaubte ich daran, daß ich für ihn bestimmt sei.«
Auch ihre Mutter hoffte auf eine Heirat mit dem deutschrussischen Prinzen, der so reich war und eine glorreiche Zukunft vor sich hatte. Nachdem Elisabeth, die Tochter des Prinzen in Rußland, Zarin und Peter ihr Thronfolger geworden war, ließ die Mutter Portraits ihrer mittlerweile dreizehnjährigen Sophie anfertigen und der Zarin zukommen, um sie als künftige Gemahlin des Thronfolgers Peter zu empfehlen; auch andere europäische Fürstenhäuser hatten aus dem gleichen Grunde Portraits ihrer jungen Damen nach Moskau geschickt. Die selbstbewußte Sophie, die sich schon immer »als seine Braut gesehen, weil er von allen Partien, die für mich in Frage kamen, die beste war«, gewann den Wettlauf um die Gunst der Zarin und ihres Erben.
Im Januar 1744 erhielten die Mutter und ihre Tochter eine Einladung nach Moskau. Der Vater, ein preußischer General und überzeugter Lutheraner, wollte ursprünglich seine Tochter nicht in ein so fremdes und »gefährliches« Land gehen lassen, dessen russisch-orthodoxe Religion sie im Falle einer Heirat annehmen mußte. Ein Brief des preußischen Königs an seine Frau, in dem er das Interesse Preußens an dieser Verbindung zum Ausdruck brachte, zerstreute jedoch alle Zweifel des gehorsamen Untertans. Der Vater willigte ein, Mutter und Tochter fuhren nach Rußland.
Schon bald wurde aus der deutschen Prinzessin Sophie die russische Großfürstin Katharina. Vor ihrer Verlobung mit dem Großfürsten und Thronfolger mußte Sophie vom protestantischen zum orthodoxen Glauben übertreten und sich von Sophie auf Katharina (russisch Jekatarina) umtaufen

lassen. Im August 1745, anderthalb Jahre nach Ankunft der Prinzessin, feierten Katharina und Peter auf Wunsch der russischen Kaiserin Elisabeth Hochzeit – sie war sechzehn, er siebzehn Jahre alt. Ganz Rußland wartete nun sehnlichst auf ein Kind des Thronfolgerpaares.
Nachdem bereits das achte Ehejahr angebrochen und immer noch kein Erbe geboren war – Großfürst Peter war wohl durch die vielen Krankheiten impotent geworden –, sannen Berater nach Auswegen. Katharina wurde vom kaiserlichen Hof förmlich aufgefordert, schwanger zu werden. An Männern, die um die Gunst und Zuneigung der schönen und klugen Katharina buhlten, fehlte es nicht. Sergej Saltykow, Sprößling einer alten russischen Aristokratenfamilie und als Herzensbrecher hofbekannt, wurde der Geliebte von Katharina. 1754, ein Jahr nach der Bekanntschaft mit Saltykow, brachte Katharina endlich einen Knaben zur Welt. In der Stadt und im gesamten Kaiserreich herrschte über dieses Ereignis große Freude, berichtet die Zarenchronik. Der Thronfolger wurde auf den Namen Paul Petrowitsch getauft. Katharina erinnerte sich: »Von Weihnachten bis zur Fastenzeit fanden am Hof und in der Stadt ununterbrochen Feste statt, es war noch immer die Geburt meines Sohnes, der sie galten.«
Die Mutter aber durfte an den Festen nicht teilnehmen, so hatte es die Kaiserin Elisabeth gewollt. Auch sonst mußte Katharina getrennt von ihrem kleinen Sohn leben. Vierzig Tage nach der Geburt sah sie ihn zum ersten Mal, dann wurde er ihr wieder für Wochen und Monate entzogen. Katharina ärgerte sich mehr über die rigorosen Entscheidungen der Kaiserin, die ihr Isolation und Einsamkeit verordnet hatte, als über das entgangene Mutterglück. Die ehrgeizige Deutsche nutzte die »freie« Zeit. Sie lernte wie eine

Besessene Russisch, las ein Buch nach dem anderen, machte sich mit der orthodoxen Religion, den russischen Sitten und Gebräuchen bekannt. Sie hatte vor allem erkannt, daß sie an der Seite ihres Mannes niemals oder nur für kurze Zeit die Frau eines russischen Kaisers sein werde. Ihr Mann Peter, den sie weder liebte noch achtete, bereitete sich auf die Thronfolge ungeschickt und politisch töricht vor. Er tat alles, um den russischen Hof und die Russen zu ärgern. Der in Holstein erzogene Großfürst sprach schlechter Russisch als Katharina und hatte im Gegensatz zu seiner Frau für die Russen nur Verachtung übrig. Aus Holstein hatte er sich eine »ganze Abordnung« von Staatsräten, Militärberatern und heimlich auch Truppen geholt. Die Russen waren über die »verdammten Deutschen«, denen sie gehorchen sollten, nicht nur verärgert und in ihrer Ehre gekränkt, sie fühlten sich auch an den preußischen König verraten. Katharina, die die Stimmung unter den Russen besser kannte als Peter, mißbilligte die Maßnahmen ihres Mannes. Durch ihr betont russisches Verhalten gewann sie die Sympathie der Russen und träumte bereits von einer eigenen Karriere in Rußland.

Während Katharina aktiv gegen ihren Mann intrigierte, der sich mehr dem Alkohol widmete als der Politik, erwartete sie ihr zweites Kind. Der schöne polnische Graf Stanislaus Poniatowski, der den Russen Saltykow in der Reihe der Liebhaber abgelöst hatte, war wohl der Vater der Tochter, die Katharina gebar. Der Pole schwärmte von seiner Geliebten: »Damals war sie von einer Schönheit, die für jede Frau, der Schönheit beschieden ist, den Höhepunkt bedeutet, ... ihr Haar war schwarz, ihr Teint von betörender Weiße, das Kolorit sehr lebhaft, sie hatte große sprechende Augen, einen Mund, der zum Küssen einzuladen schien, herrlich gemeißelte Arme und Hände, einen biegsamen Wuchs, eher groß als klein, einen Gang, der frei und dennoch von höchstem Adel war, und ein Lachen, das so heiter war wie ihre Stimmung.« Die zweite Schwangerschaft seiner Frau kommentierte der Großfürst vor Zeugen: »Ich ahne nicht, woher meine Frau die Schwangerschaft nimmt!« Die beleidigte Katharina verlangte daraufhin von Peter eine öffentliche und eidesstattliche Erklärung, daß er nicht mit seiner Frau geschlafen habe. Dieses Armutszeugnis jedoch wollte sich der Thronfolger nicht ausstellen; er bekannte sich zu »seiner« Tochter Anna, deren Namen die Kaiserin Elisabeth bestimmt hatte. Tochter Anna starb zwar bereits nach einem Jahr, die Thronfolge war gleichwohl mit dem Sohn Paul gesichert. Die Ehe der Eltern indes war eine Katastrophe. Katharina sagte: »Es war sonnenklar, daß er mich aus dem Wege räumen wollte, um, falls es ihm möglich wäre, seine derzeitige Mätresse an meine Stelle zu setzen.« Peter wiederum beschuldigte seine Frau, ihn beseitigen zu wollen.

Als Kaiserin Elisabeth, die »Mutter« der Russen, 1761 starb und der Großfürst als Peter III. den Kaiserthron in St. Petersburg bestieg, ahnten bereits viele am Hof, daß er nicht lange regieren würde. Mit seinem Verhalten, seinen Befehlen, Gesetzen und Bestimmungen, seinen Kriegsplänen gegen Dänemark im Namen von Holstein verspielte er bei den Russen alle Sympathien, obwohl er dem Land auch einige vernünftige, brauchbare und liberale Gesetze und Maßnahmen gebracht hatte. Aber des Kaisers Uhr war abgelaufen, ohne daß Katharina viel daran hätte drehen müssen. Nach nur sechsmonatiger Herrschaft wurde er in einem Staatsstreich, den Katharina und ihre ergebenen russischen Freunde organisiert hatten, seines Amtes entho-

ben. Katharina ließ sich 1762 zur Kaiserin von Rußland krönen, Thronerbe wurde ihr Sohn Paul Petrowitsch. Die Russen jubelten der neuen in ihrem Herzen russischen Kaiserin und dem jungen Zarewitsch zu. Den Sturz ihres verhaßten Mannes, des vom Volk verachteten Kaisers, hatte sie in einem Manifest begründet: »... Alle rechten Söhne des russischen Vaterlandes haben deutlich die Gefahr erkannt, welche dem russischen Reiche drohte; namentlich hat unsere griechische Kirche eine Erschütterung erfahren, so daß sie von der äußeren Gefahr bedroht war, das Gesetz eines anderen Bekenntnisses annehmen zu müssen. Zweitens ist das ruhmreiche Rußland, welches durch seine siegreichen Waffen auf eine hohe Stufe gehoben ist, durch den neuen Frieden mit seinem ärgsten Feinde (Preußen) in vollkommene Unterjochung gestellt ... Deshalb haben Wir uns genötigt gesehen, mit der Hilfe Gottes, besonders aber auf den deutlichen, ungeheuerlichen Wunsch Unserer getreuen Untertanen, den Thron als Selbstherrscherin aller Russen zu besteigen.« Peter III. wird gezwungen, förmlich abzudanken. Er wird auf das Landgut Ropscha verbannt und streng bewacht. Katharina gestattet ihrem Mann immerhin, seine Geige, seinen Lieblingshund und seine deutschen Diener mitzunehmen. Später wird er in der Festung Schlüsselburg interniert werden.
Nur eine Woche nach der Inthronisierung erhält die Kaiserin einen Brief, in dem ihr der Tod Peters mitgeteilt wird. Ein treu ergebener Offizier, der ihren Mann zu bewachen hatte, schreibt der Kaiserin: »Mütterchen, gnadenreiche Kaiserin! Wie soll ich aussprechen und beschreiben, was geschehen ist? Du wirst Deinem getreuen Sklaven nicht glauben, aber ich werde die Wahrheit sprechen vor Gottes Angesicht. Mütterchen, ich bin bereit zu sterben, aber ich

weiß selbst nicht, wie das Unglück geschehen ist. Wir sind verloren, wenn Du nicht Gnade schenkst! Mütterchen!... er ist nicht mehr. Aber niemand hat es gedacht; wie sollten wir es ausdenken, die Hand gegen den Kaiser zu erheben. Aber Kaiserin, das Unglück ist geschehen. Er kam bei Tisch in Streit mit dem Fürsten Fjodor, und ehe wir sie auseinander bringen konnten, war er nicht mehr...«

Als Katharina den Brief gelesen hatte, soll sie ohnmächtig geworden sein und gesagt haben: »Ich bin verloren, man wird niemals glauben, daß ich an diesem Verbrechen unschuldig bin.« Über die Reaktionen der Kaiserin auf den Tod ihres Mannes gibt es unterschiedliche Berichte und Auslegungen. Die einen wollen wissen, daß sie gutgelaunt und ausgelassen gewesen sei, andere behaupten, daß sie sich tagelang eingeschlossen, nichts gegessen und nicht geschlafen habe, von dem Gedanken gequält, daß die Russen und das Ausland glaubten, an ihr klebe das Blut einer Kaiser- und Gattenmörderin. Den Brief, in dem ihr die Todesnachricht mitgeteilt wurde, hat sie nie zu ihrer Entlastung benutzt, sondern 37 Jahre lang in der kaiserlichen Schatulle aufbewahrt.

Auch ihrem Volk teilte sie die Wahrheit über den Tod Peters III. nicht mit. Sie ließ schriftlich erklären: »Am 7. Tage, nachdem Wir den Thron Rußlands bestiegen, erhielten wir die Nachricht, daß der gewesene Kaiser Peter III. an seinen gewöhnlichen Hämorrhoidal-Anfällen erkrankt sei und an heftiger Kolik leide. Unserer Christenpflicht eingedenk, gaben Wir sogleich Befehl, ihm alles zu schicken, was an ärztlicher Hilfe erforderlich war. Aber zu Unserer Herzen Betrübnis erhielten Wir gestern abend die Nachricht, daß es Gottes Wille gewesen ist, seinem Leben ein Ende zu machen. Wir haben Befehl gegeben, seine sterbliche Hülle in das Newskijsche Kloster zu überführen, um da selbst beerdigt zu werden...« Das Volk soll dort von dem verstorbenen Kaiser Abschied nehmen und für die »Rettung seiner Seele andächtige Gebete zu Gott emporsenden.« Katharina bleibt auf »Bitten« des Senats der Beisetzung fern, »damit Ihre Kaiserliche Majestät aus Liebe zu dem russischen Vaterland und ihrer wahrhaft treuen Untertanen wegen ihre Gesundheit schone«.

Die Kaiserin Katharina, die vom russischen Volk geliebt und ehrfurchtsvoll »Mütterchen« genannt wird und keine Erinnerungen an die verhaßten Deutschen weckt, will nun sich und Rußland beweisen, daß sie eine kluge und große Regentin ist, die ihrer Heimat dient und sie stark und mächtig macht. Und sie schafft es. Katharina die Große bleibt bis zu ihrem Tod, 38 Jahre lang, die absolute Herrscherin des russischen Reiches. Schon vor ihrer Krönung hatte sie überlegt, was sie als Regentin zu tun gedenke: »Ich wünsche und erhoffe nur das Glück des Landes, in welches Gott mich gestellt hat. Er ist mein Zeuge. Der Ruhm des Landes ist der meine... Das Kaspische Meer mit dem Schwarzen Meer verbinden, und alle beide mit Ost- und Nordsee; den Handel Chinas und Ostindiens durch die Tatarei (Mongolei) lenken, das würde das (russische) Reich mächtiger machen als alle Reiche Asiens und Europas. Und wer kann der Macht eines unumschränkten Fürsten Widerstand leisten, der über ein kriegerisches Volk regiert?«

Die aufgeklärte Kaiserin war klug und gebildet, sie beherrschte mehrere Sprachen – u.a. Deutsch, Russisch, Französisch – in Wort und Schrift. Sie war belesen und interessierte sich vor allem für die Philosophie der französischen Aufklärer. Und sie war bestrebt, die Politik von Peter dem Großen fortzuführen. Der Deismus des Philosophen Voltaire, mit dem sie über Jahre auf Französisch korrespondierte, hatte sie tief beeinflußt. Der Glaube an Gott über die Vernunft, das Credo des französischen Denkers, entsprach auch dem Weltbild der Kaiserin. Sie war davon überzeugt, daß der himmlische Vater das Geschehen auf Erden und die geschichtliche Entwicklung nicht beeinflusse. Der Staat als Souverän und der souveräne Selbstherrscher brauchten folglich auch nicht den Segen der geistlichen (irdischen) Vertreter Gottes, sondern nur eine gesetzliche Ordnung, der sich auch die Kirche unterzuordnen habe.

Das waren ihre Ideen, mit denen auch die Schicht des Hochadels vertraut gemacht wurden. Für die anderen Menschen galt nach wie vor als oberstes Gebot die absolutistische Herrschaft, die letztendlich auch die aufgeklärte Kaiserin ausübte. Ansätze einer geistigen Liberalisierung wurden unter den Eindrücken der französischen Revolution schnell wieder abgeschafft. Die Kaiserin nahm schnell davon Abstand, ihre angeblichen Vorstellungen in die Praxis umzusetzen. »Es ist gegen die christliche Religion und Gerechtigkeit,« schrieb sie, »aus Menschen, die frei geboren sind, Sklaven zu machen... Freiheit, die Seele aller Dinge, ohne sie ist alles tot... Ich will, daß man den Gesetzen gehorcht, aber nicht als Sklave... Macht ohne Vertrauen der Nation ist nichts.«

Die Unfreiheit sei ein Schaden für den Staat, dozierte die Kaiserin, denn sie lähme Wettbewerb, Handwerk, Kunst, Wissenschaft, Ehre und Wohlstand. Aber gegen die Unfreiheit der Bauern, die Leibeigenschaft, unternahm sie nichts. Statt dessen wurden den Bauern weitere Fesseln angelegt. Sie nahm ihnen das Recht – das ohnehin nur auf

dem Papier existierte – sich beim Zaren unmittelbar über ungerechte und brutale Behandlung der Leibherren beschweren und sie vor Gericht verklagen zu dürfen.
In einem weiteren Ukas wurde bestimmt, daß leibeigene Bauern, die wegen Mißhandlung Beschwerde einlegten, mit der Peitsche bestraft werden sollten. Die Kaiserin änderte am Elend der leibeigenen Bauern deshalb nichts, weil sie sonst die Stützen des Staates, die Adligen, die Nutznießer der bäuerlichen Unterdrückung, gegen sich aufgebracht hätte. Auf die peinliche Frage eines Ausländers, wieso die russischen Bauern so verkommen und schmutzig aussähen, antwortete Katharina: »Wozu sollten sie sich um einen Körper kümmern, der ihnen nicht gehört?«
Wenn der Kaiserin das Schicksal der Menschen am Herzen liegt, dann eher im Interesse des Staates: »... die Bauern haben oft zehn, sehr oft zwanzig Kinder. Am Leben bleiben eins, zwei, vier. Man muß die Sterblichkeit herabsetzen, Ärzte zu Rate ziehen... Was am Leben bleibt, ist kräftig, aber neunzehn oder zwanzig sterben, und welcher Verlust für den Staat.«
Katharina, die wie Peter der Große Rußland nach westeuropäischem Vorbild zivilisieren und technisieren will, ist eine Realpolitikerin und keine Philanthropin. Sie kommt zu der Erkenntnis, daß von Rußland eroberte Völker besser arbeiten, wenn ihnen gewisse Freiheiten gelassen und sie nicht erbarmungslos unterjocht werden. Um das Riesenreich besiedeln zu können, sagt sie, brauche Rußland den Frieden, es brauche Bevölkerung, keine Verheerung: »Ich halte es für unzweckmäßig, unsere nichtchristlichen Völker zu zwingen, unsere Religion anzunehmen...« Wenn es dem Staat nützt, können auch strenge orthodoxe Glaubensregeln verletzt werden. Vielweiberei sei für die

Bevölkerungszunahme äußerst nützlich, äußert die Herrscherin.
Die Kaiserin aus deutschem Haus weiß, daß sie die begehrte Herrschaft letztlich nur dank ihres unfähigen Mannes, den sie vom Thron stieß und der dann auf mysteriöse Weise ums Leben kam, erreicht hat. Nicht alle Russen sind davon überzeugt, daß Katharina die richtige Frau auf dem russischen Thron ist. Zuviel mißfällt ihnen an der Regentin. Ihre vielen Geliebten, ihre Kinder, deren Väter nicht genannt oder verleugnet werden, vor allem aber ihre Herkunft passen nicht in das Bild, das sich einige Russen von einer absoluten Herrscherin machen. Um von den wunden Punkten ihres Lebens abzulenken, um ihre Macht zu festigen, das Ansehen im In- und Ausland zu erhöhen und ihre große Liebe zu Rußland zu bekunden, beschließt die Kaiserin, sich in Moskau, der alten Hauptstadt des russischen Reiches, feierlich krönen zu lassen. Sie weiß genau, welche mystische Bedeutung eine Krönung für das Volk hat.
Im Uspenskij Sobor, der Mariä-Entschlafens-Kathedrale, in der seit Iwan dem Schrecklichen alle russischen Zaren gekrönt worden waren, läßt sich die Herrscherin mit nie dagewesenem Prunk und Pomp im September 1762 zur Kaiserin und zur »Gesalbten Gottes« weihen. Für das Krönungsfest in der Kremlkirche hatte sich Katharina einen Mantel aus 4000 kleinen Hermelin-Fellen fertigen lassen. Für die schwere Kaiserkrone waren ein Pfund Gold, 10 Kilo Silber und unzählige Edelsteine verwendet worden. Das Krönungsfest, das alle bisherigen übertraf, hatten Tausende von Handwerkern aus St. Petersburg und Moskau vorbereitet. An die Moskowiter verteilte Katharina 120 Fässer mit sechshunderttausend Silberrubeln.
Nach der Krönungsfeier in Moskau, die neun Tage gedau-

ert hatte, fuhr die zufriedene Kaiserin nach St. Petersburg zurück. Da sie üppig und verschwenderisch lebte und das Geld mit vollen Händen ausgab, sah sie ihr vorrangigstes Problem in den Staatsfinanzen. Die Kassen, so berichteten ihr die Senatoren, waren leer. Sie hatte gelernt, daß ein Staat nicht dadurch reicher wurde, daß er unentwegt spart, sondern indem er dafür sorgt, daß mehr in die Kasse kam. Sie schaffte sogleich die Monopole ab. Alle Zweige des russischen Handels waren als Monopole russischen Adelsfamilien übergeben worden, und diese sollten nun Opfer bringen. Sie selbst wollte mit einem guten Beispiel vorangehen und schenkte dem Staat die kaiserlichen »Kammergelder«, die für die persönlichen Bedürfnisse und Ausgaben der Kaiserin und ihres Hofes bestimmt waren und ein Dreizehntel des gesamten Staatsetats ausmachten.
Die Verwaltung des Staates lag im Argen und existierte – wenn überhaupt – oft nur auf dem Papier. Das wollte sie besser organisieren. Als die Kaiserin ihre Senatoren, die höchsten Verwaltungsbeamten, fragte, wie viele Städte Rußland habe, wollten diese die entsprechenden Unterlagen holen – aber es gab keine. Vielleicht könne man die Städte schnell auf einer Landkarte zählen, schlug die Kaiserin vor. Doch auch eine Landkarte konnten die Senatoren nicht finden. Daraufhin gab die Kaiserin einem Beamten fünf Rubel und schickte ihn nach nebenan in die Akademie der Wissenschaften um eine Karte von Rußland zu kaufen.
Die Kaiserin arbeitet konzentriert und lange, sie besitzt die Fähigkeit, das Wichtige vom Unwichtigen zu unterscheiden, sie erkennt Gefahren für sich und Rußland, die sie dann leidenschaftlich und rücksichtslos bekämpft, sie hat alle Fäden Rußlands in der Hand; sie degradiert alle neben

ihr zu Gehilfen. Die Minister, Senatoren und hohen Beamten haben ihre Befehle auszuführen und dürfen sie bestenfalls dann und wann beraten. Sie unterschreibt keinen Brief, kein Schriftstück, das sie nicht selber gelesen hat. Sie formuliert selber Gesetzestexte und schreibt ausländischen Monarchen Briefe. Sie baut wie besessen in St. Petersburg, in Moskau und in der Umgebung dieser beiden Metropolen großzügige Häuser, Palais, Schlösser mit aufwendigen Parks. Sie sammelt leidenschaftlich Kunst. Bilder, Skulpturen, Münzen, Möbel läßt sie von vertrauten und kunstsinnigen Freunden in Italien, Deutschland, Frankreich und England für hohe Summen kaufen. Sie betätigt sich als Wohltäterin, stiftet Krankenhäuser, Schulen und Museen. Sie betätigt sich als Schriftstellerin; mehr schlecht als recht, wie Kritiker behaupten. Sie schreibt Kinderbücher, satirische Komödien und moralisierende Prosa; sie leitet eine literarische Zeitschrift und kümmert sich um Theateraufführungen. Sie gibt in ihren Palästen Feste, die prächtiger und glanzvoller sind als die der französischen Könige in Versailles. Sie schlägt Aufstände nieder, führt Kriege gegen Türken und Schweden, sie hat Liebhaber und bringt Kinder zur Welt. Eine Frau mit unerschöpflicher Energie, die nie müde zu werden scheint.

Mit Gregor Orlow, der zu der Familie gehörte, die Katharina bedingungslos und mutig beim Putsch gegen Peter III. unterstützt hatte, lebte sie zehn Jahre in eheähnlichem Verhältnis zusammen. Danach verliebte sie sich in Gregor Potjomkin, einen klugen, begehrten und leidenschaftlichen Mann. Potjomkin sprach mehrere Sprachen, schrieb Gedichte, war Musiker und Kunstkenner. Er war als Diplomat genauso fähig wie als Soldat, Städte- oder Wirtschaftsplaner. In dem jüngeren Mann hatte die Kaiserin vor allem auch einen geistigen Partner gefunden, der ihr teilweise sogar überlegen war. Trotzdem nutzte sie jede Gelegenheit – selbst als sie schon Großmutter war – Potjomkin mit noch jüngeren Männern zu betrügen, obwohl sie ihm viel zu verdanken hatte. Mit ihm wurde sie wirklich Katharina die Große. Er beriet sie, und gemeinsam entschieden sie. Rußland wurde unter ihrer Herrschaft so groß und mächtig, wie es vorher noch nie gewesen war.

Die alte Feindschaft der Russen gegen die Türken erhielt unter Katharina neue Nahrung. Wie Peter der Große wollte sie die Türken aus Europa vertreiben; sie verfolgte den Plan, den kleinen orthodoxen Völkern ein Kaiserreich mit der Hauptstadt Konstantinopel auf Kosten der Türken zu gründen. Ihr Enkel, dem sie den Namen Konstantin gegeben hatte, sollte dort der erste Herrscher sein. Dazu kam es nicht, aber die Türken mußte dennoch Federn lassen. Am Schwarzen Meer, an der Donau und an der griechischen Küste unterlagen sie dem russischen Heer. Die Tataren auf der Krim, am Bug und am Kuban, Nachfahren der Goldenen Horde, die unter türkischer Herrschaft standen, wurden von Katharinas Armee »befreit«, ihre Gebiete Rußland einverleibt.

»Sie gab ihrer südlichen Provinz den Namen Taurien und ernannte ihren Liebhaber Potjomkin zum Statthalter. Mit unermüdlicher Kraft und Phantasie entwickelte er den (neuen) russischen Süden, wohl auch, um der Kaiserin seine Fähigkeiten unter Beweis zu stellen. In kürzester Zeit hatte der kluge Organisator eine Flotte am Schwarzen Meer aufgebaut, neue Dörfer und Städte förmlich aus dem Boden gestampft – auch Sewastopol und Jekaterinoslaw (Katharinas Ruhm) gehörten dazu.

Der Ehrgeiz, der verehrten Kaiserin ein Paradies auf Er-

den zu zeigen, brachte Potjomkin auf eine Idee, aus der dann das mittlerweile weltbekannte »Potjomkinsche Dorf« wurde. Bevor die Kaiserin seine Provinz besuchte, setzte Potjomkin Tausende von Leibeigenen ein, die überall dort, wo sich die Kaiserin aufhalten sollte, die unfertigen Häuser behelfsmäßig instandsetzten, schmutzige Wände und verfallene Fassaden mit Girlanden verzierten und Attrappen errichteten. Die Kaiserin war von der Leistung ihres Günstlings überwältigt. Die Potjomkinschen Dörfer, hinter deren glänzender und aufgeputzer Fassade sich Armut und Elend versteckte, waren geboren. Katharinas Zeit und das ganze 18. Jahrhundert waren von diesem Potjomkinschen Geist geblendet. Neben unermeßlichem Reichtum, großen und pompösen Schlössern, Palästen und Festen standen Armut, Elend und erbarmungslose Ausbeutung, die durch den augenscheinlichen Glanz teilweise überdeckt wurden.
Mit geschickten politischen Schachzügen und einer starken Armee eroberte Katharina die Große für Rußland einen Landstrich nach dem anderen. Im Westen war sie besonders erfolgreich. Im Königreich Polen, das durch den ständigen Hader und die Uneinigkeit des Adels, der die Bauern und städtische Bevölkerung unterdrückte, innenpolitisch geschwächt war, fand die russische Kaiserin eine leichte Beute. Sie hatte es geschafft, einen ehemaligen Geliebten, den polnischen Grafen Stanislaus Poniatowski, zum polnischen König wählen zu lassen. Mit ihrem willfährigen Partner schloß sie einen Vertrag ab, der den orthodoxen Christen und den Protestanten, die ihren Glauben bislang nicht ausüben durften, die Religionsfreiheit bringen sollte. Dagegen aber wehrten sich Teile des polnischen Adels, die den alten Zustand erhalten wollten.

Katharina bot sich darauf ein rechtlicher Vorwand, ihre Armee in Polen einzusetzen und Gebietsansprüche zu stellen; sie nahm sich Teile Weißrußlands. Österreich und Preußen schlossen sich den Russen an und teilten Polen 1772 untereinander auf. Das war die erste Teilung Polens. 1793 wurde Polen wiederum geteilt. Rußland nahm sich weitere Gebiete in Weißrußland, um Minsk herum, und die westliche Ukraine. Nach der dritten Teilung Polens von 1795 erhielt Rußland das schließlich unter polnischer Hoheit stehende Kurland, litauische Gebiete mit Wilna und Kosowo und im Süden Podlesien und Wolynien.

Katharina die Große führte also erfolgreich Kriege, sie entwickelte den Handel, sie baute Industrie auf und beschnitt selbst der allmächtigen Kirche Rechte. Sie besaß den Mut und die Kraft, der Kirche »unantastbares und Gott gehörendes Eigentum« abzunehmen; weder Iwan der Schrecklich noch Peter der Große hatten diesen Schritt gewagt. Katharina aber konfiszierte Ländereien, ganze Dörfer und die leibeigenen Bauern der Klöster und der Kirche; einen Teil der späteren Einnahmen bekam die Kirche dann wieder zugesprochen. Allein das Dreifaltigkeits-Sergij-Kloster in Sagorsk hatte über 200 000 leibeigene Bauern. Mit dieser Maßnahme wollte die Kaiserin gleichzeitig auch der weiteren (unverhältnismäßig großen) Verkirchlichung des russischen Lebens Einhalt gebieten.

Die russischen Dörfer und Städte waren mit Kirchen, Klöstern, Mönchen, Nonnen und Priestern überhäuft. Durchschnittlich gab es in einer russischen Stadt, die etwa 10 000 Einwohner hatte, 34 Kirchen und zwei Bethäuser, die von 700 Geistlichen betreut wurden. In zwei Männerklöstern lebten über 100 Mönche, in zwei Frauenklöstern über 600 Nonnen. Die Kirche, die durch die Konfiszierung der gro-

ßen Ländereien in ihrer materiellen Existenz eingeschränkt wurde, murrte und protestierte zwar gegen die Kaiserin, aber ohne Erfolg.
Die Leibeigenschaft der Bauern, von der vor allem ihre staatlichen Stützen, die Adligen, lebten und profitierten, konnte und wollte Katharina jedoch nicht abschaffen, obwohl ihr das zum Himmel schreiende Unrecht nur zu sehr bewußt war. Über dieses grausame System schrieb sie: »... Die Veranlagung zur Gewalttätigkeit ... ist stärker entwikkelt als in irgendeinem anderen Gebiet der bewohnten Erde; sie entsteht schon im zarten Alter, wenn die Kinder beobachten, wie grausam ihre Eltern mit den Dienstboten umgehen, denn es gibt kein Haus ohne Peitschen oder Halseisen und ähnliche Marterinstrumente, um damit bei geringsten Vergehen diejenigen zu quälen, die das Unglück haben, zu jener Klasse zu gehören, die, ohne sich strafbar zu machen, ihre Ketten nicht sprengen kann. Kaum wagt man, sie als Menschen wie wir zu bezeichnen, und wenn ich sie so bezeichne, so tue ich es auf die Gefahr hin, gesteinigt zu werden...«
Als Katharina an die Macht kam, war die Leibeigenschaft schon fast 200 Jahre alt. Der von »Gott gesegnete Herrscher« und russische Zar hatte 1593 beschlossen, daß Bauern ohne Grundbesitz »für ewige Zeiten« seßhaft und Eigentum des Gutsherren werden müssen.
Der Leibeigene gehörte dem Gutsherrn und konnte an einen anderen nur zusammen mit der Scholle verkauft werden. Eheleute und ihre Kinder, Geschwister, die keine Eltern mehr hatten, durften beim Verkauf nicht getrennt werden. Der Edelmann durfte die Leibeigenen hart strafen, züchtigen und mißhandeln. Untersagt war ihm, seine Leibeigenen zu verstümmeln oder lebensgefährlich zu ver-

letzen; dieses Verbot wurde jedoch nicht immer befolgt und selten kontrolliert.
Der Leibeigene konnte auch, bei besonderen tatsächlich oder nur vermeintlich begangenen Straftaten, vom Eigentümer dem Staat zur Verschickung nach Sibirien oder zum Dienst in die Armee übergeben werden. Ein Leibeigener, der von einem zivilen Gericht zu Zwangsarbeit verurteilt worden war, wurde aus der Leibeigenschaft entlassen; auch seine Frau und seine Kinder erhielten dann einen freien Status und »konnten« mit ihm in den Deportationsort gehen. Auch wenn ein Edelmann gegen den Zaren intrigierte oder hochverräterisch tätig war und der Leibeigene seinen Herrn ob dieser Delikte anzeigte, wurden er und seine Familie aus der Leibeigenschaft entlassen. Wurde ein Gut an einen Bojaren verschenkt, verkauft oder vererbt, der nicht zum russisch-orthodoxen Glauben gehörte, dann wurden alle zu dem Hof gehörenden Leibeigenen gegen Zahlung einer Ablösesumme frei und mußten sich innerhalb einer bestimmten Zeit eine gewerbliche Beschäftigung gesucht haben. Wenn sie keine wollten oder fanden, dann wurden sie als sogenannte Kolonisten in unfruchtbare Gegenden geschickt oder zu den Soldaten geholt.
Außer seiner Kleidung besaß der Leibeigene im rechtlichen Sinne nichts. Selbst die Hauseinrichtung, das Ackergerät und Vieh, mit dem er sich sowie seine Familie ernährte und für seinen Herrn die Abgaben erwirtschaftete, konnten ihm zu jeder Zeit abgenommen werden. Mit Genehmigung des Edelmanns durfte der Leibeigene auch in eine Stadt ziehen, dort ein Gewerbe betreiben oder ein Geschäft eröffnen; zu jeder Zeit aber konnte ihn sein Eigentümer wieder aufs Gut holen. Obwohl viele Leibeigene kaufmännisches Geschick besaßen und in den Städten zu Mil-

lionären wurden und oft reicher als ihre Herrn waren, blieben sie Leibeigene, die nur mehr als die anderen zu zahlen hatten; je größer ihr Vermögen wurde, desto höher schraubte der Gutsherr die Abgaben.
Von den 60 Millionen Einwohnern in Rußland waren knapp 45 Millionen Leibeigene; davon gehörten etwa 22 Millionen dem Zaren und über 23 Millionen den Gutsherren. In der Regel wurden die Sklaven des Staates etwas besser behandelt als die der Edelleute. Jeder Bauer des Zaren bekam ein Stück Land zugeteilt und mußte dafür eine jährliche Kopfsteuer zahlen; außerdem war er verpflichtet, beim Bau von Straßen, Krankenhäusern oder Schulen zu helfen. Aber auch der Bauer der Krone durfte seine Scholle nicht verlassen. Verglichen mit dem Los und Schicksal der Leibeigenen, die Gutsherren gehörten und ihrer direkten Aufsicht unterstanden, lebten die Sklaven des Zaren ruhig und unbehelligt.
Auch unter den Gutsbesitzern waren Männer und Frauen, die ihre Leibeigenen menschlich behandelten. Augenzeugen aus dem Westen berichteten, daß Besitzer ihre Untergebenen wie eigene Eltern oder Kinder ansahen, sie bei Krankheit pflegten und im Alter versorgten. Andere Leibeigene wiederum, die in der Stadt fleißig arbeiteten, zu einem stolzen Vermögen gekommen und sogar mehrfache Millionäre geworden waren, brauchten ihrem Edelmann nicht mehr Abgaben zu leisten als früher auch.
In der Regel aber wurden die Leibeigenen von den Edelleuten wie Erbgut behandelt und bekamen häufiger die Knute als ein Stück Brot. Schon für die geringsten Vorwürfe wurden sie gezüchtigt. Wenn die Temperatur im Zimmer, die der Gutsbesitzer verlangt hatte, nicht ganz stimmte, wenn der Frack eine Falte oder einen kaum sicht-

baren Flecken hatte, wenn eine Tasse oder ein Teller fallen gelassen worden war, wurden die Entrechteten grausam geschlagen. Beim Finden von Strafmethoden waren die Zaren den Gutsbesitzern stets behilflich. Die Zarin Elisabeth verfügte, daß Leibeigene, die mit noch mehr als unendlich vielen Peitschenhieben bestraft werden müßten, nach Sibirien zu verbannen seien. Katharina die Große ergänzte den Ukas ihrer Vorgängerin. Leibeigene konnten nach Sibirien verbannt und zusätzlich zu Zwangsarbeit verurteilt werden. Viele Edelleute, denen die staatlichen Vorschriften zu unvollständig und lasch waren, verfaßten ihr eigenes Strafregister für Leibeigene. Besonders hervorgetan hat sie dabei das bekannte Adelsgeschlecht der Rumjanzews. Graf Rumjanzew formulierte sein eigenes Gesetzbuch und fand unter seinesgleichen viele Nachahmer: Für den »Diebstahl« von Holz im Wald wurde dem Leibeigenen beispielsweise sein spärliches Eigentum abgenommen, zusätzlich wurde er mit Peitschenhieben bestraft; es solle solange geschlagen werden, bis der Bestohlene zufrieden sei.
Eine Dienerin, die ungewollt die Herrschaften in ihrer Ruhe störte, wurde mit Rutenschlägen – die Zahl durfte der Peiniger selbst bestimmen – und dem Verlust ihres Namens bestraft; sie durfte nur noch mit einem Schimpfwort gerufen und angesprochen werden. Leibeigene, die sie versehentlich oder vorsätzlich beim Namen nannten, bekamen »5000 Stockschläge ohne Erbarmen«. Ein Leibeigener, der mit 7000 Stockschlägen bestraft worden war, durfte danach nur eine Woche lang im Bett verbringen; wenn er sich in dieser Zeit nicht erholt hatte und wieder seiner Arbeit nachgehen konnte, bekam er keine Nahrung und verhungerte.
Edelleute wetteiferten förmlich untereinander, wie ihre

leibeigenen Bauern am phantasievollsten und grausamsten zu quälen seien. Sie gaben ihnen gesalzene Heringe zu essen und nichts zu trinken. Leibeigene mußten ihre eigenen Leidensbrüder schlagen. Wurde ein Familienvater mit wuchtigen Peitschenhieben gezüchtigt, dann mußten die Ehefrau und die Kinder dabei zusehen. Wenn das Blut aus allen Poren quoll und die Kinder oder die Frau sichtbares Mitleid hatten, in Ohnmacht fielen oder irgendeine Regung zeigten, dann wurden auch sie hart bestraft. Die Mutter, die Kinder mußten anstelle des Peinigers ihren Vater, die Schwester ihren Bruder, der Bruder seine Mutter, der Vater sein Kind peitschen, bis das »Blut den Körper hinabläuft«. Die geschlagenen Frauen wurden nackt ausgezogen und von Männern begafft und verspottet; solche sadistischen Quälereien von Leibeigenen wurden bei einigen Gutsherren vor allem zur Belustigung von Gästen veranstaltet.
Gutsbesitzer, die ihre Höfe heruntergewirtschaftet oder durch Trunksucht ruiniert hatten, versuchten, mit dem Verkauf von Leibeigenen Geld zu verdienen. Sie boten kräftige, gesunde Männer und hübsche Frauen auf Menschenmärkten in Städten an. Andere wiederum schickten ihre Sklaven zum Betteln in die Städte und auf Märkte. Den Ertrag mußten sie ihrem Herrn abliefern, war er zu gering, wurden sie mit Peitschenhieben bestraft.
Eine einträgliche Erwerbsquelle war für viele Edelleute der Verleih von hübschen (leibeigenen) Frauen, die in Bordellen in Petersburg oder Moskau für ihren Herrn Geld heranschaffen mußten. Ein adliger Leutnant hatte sich darauf spezialisiert, Mädchen im Alter von 19 und 20 Jahren zu kaufen und sie dann gegen Geld an Offiziere für einige Nächte auszuleihen. Die Witwe eines Landadligen ließ jedes Jahr die hübschesten Mädchen von ihren Gütern nach Petersburg in

ihr Haus bringen. Dort wurden sie ausgebildet, erzogen und dann gegen teures Geld an wohlhabende Männer verkauft.

Der Phantasie waren keine Grenzen gesetzt. Als ein Offizier von Katharinas Hof im Kartenspiel seine Besitztümer verloren hatte und ihm nur noch ein kleines Dorf mit Leibeigenen geblieben war, verkaufte er alle Männer. Die zurückgebliebenen Frauen und Mädchen mußten Männerarbeiten verrichten und dem adligen Offizier Kinder zur Welt bringen; dann machte er seine eigenen Nachfahren zu Leibeigenen.

Da auch die Höhe der Kredite, die die Gutsherren für ihre Güter von den Banken bekamen, von der Zahl der Leibeigenen abhing, lebten in den Karteien auch die Verstorbenen weiter. Mit den »toten Seelen«, die Gogol in seinem Roman so schillernd beschrieben hat, machten Adlige, die sie sich gegenseitig verkauften, gute Geschäfte. Doch nicht mehr alle Leigeigenen waren bereit, ihr Schicksal und ihre Qualen willenlos zu ertragen. Die bäuerlichen Sklaven, zum Teil aufgeklärt durch die städtische Intelligenzia, wehrten sich. Sie rebellierten gegen die Gutsherren, die sie so unmenschlich behandelten. Grausamkeiten der Unterdrücker wurden mit Grausamkeiten der Unterdrückten beantwortet. Das leibeigene Vieh ließ sich nicht mehr so ergeben zum Schlächter führen.

Neben mehr oder weniger massenhaften Erhebungen der Leibeigenen gab es auf den Landgütern unzählige Auseinandersetzungen der Herren mit den Knechten; jährlich wurden in Rußland knapp 100 Adlige von ihren leibeigenen Bauern umgebracht. Und die Folterungen waren auf beiden Seiten grausam. Die Leibeigenen hatten bei ihren Herren gelernt und kopierten die barbarischen Methoden.

Ein Gutsherr, der aus seinen Leibeigenen mit wiederholten Peitschenschlägen Musikanten machen wollte, wurde selbst ein Opfer seiner grausamen Handlungen. Nachdem die Gepeinigten die Qualen der Mißhandlungen nicht mehr ertragen konnten, überwältigten sie den barbarischen Peiniger. Sie schnitten ihm den Bauch auf, holten die Gedärme heraus, trockneten sie und fertigten aus ihnen Saiten für ein Instrument. Bauern, die sich während der größten Kälte nackt ausziehen mußten und dann auf Geheiß des Edelmanns von Knechten langsam zu blutunterlaufenden Eis- und Schneemännern geschlagen wurden, holten nachts den herrschaftlichen Barbaren aus dem Bett, schleppten ihn nackt in die klirrende Kälte und schlugen so lange auf ihn ein, bis er tot war.
Ein junger Adliger, der ein Gut mit 2000 Leibeigenen geerbt hatte, wollte mit seinen Freunden dieses Ereignis gebührend feiern und eine Orgie mit zwölf Mädchen von seinem Gut veranstalten. Eins dieser Mädchen weigerte sich, mitzumachen, und entkam. Ihrem Bräutigam und Bruder wurde befohlen, das entlaufene Mädchen zurückzuholen. Die eifersüchtige Verlobte des jungen Gutsherrn, die mittlerweile auf dem Schloß eingetroffen war, veranlaßte den in seiner Ehre verletzten Bräutigam, sich an dem Lüstling zu rächen. Sie holten den wodkaseligen Edelmann aus dem Bett und verbrannten ihn auf einem Scheiterhaufen.
Die leibeigenen Bauern wurden in ihrem Kampf von der städtischen Intelligenz, auch von liberalen Adligen, Geistlichen und Schriftstellern unterstützt. Die Bauernaufstände häuften sich. Hinter jedem Menschen, der den Bauern die Freiheit und ein menschenwürdigeres Leben versprach, liefen die Leibeigenen in ihrer Verzweiflung her, immer in der Hoffnung, daß jemand sie führen und mit ihnen siegen

werde. Und es kam tatsächlich ein begabter Führer, der Katharina der Großen mit den leibeigenen Bauern und freien Kosaken Angst einflößen und einen sozialen Aufstand der Massen auslösen sollte.
Ein rebellischer Kosak aus dem Ural namens Jemeljan Pugatschow, der sich als Kaiser Peter III., der frühere Ehemann von Katharina, ausgab, zog die Massen in Scharen an. Seine Geschichte war nicht neu. Er behauptete, was schon viele behauptet hatten: er, Peter III., sei nicht ermordet worden und nach zehnjähriger Abwesenheit nach Rußland zurückgekehrt, um das Volk von der Geißel der Leibeigenschaft zu befreien. Er ließ ein Manifest, in dem er seine Gedanken, die Anklage gegen die Herrschenden formuliert hatte, unter den Bauern, Arbeitern und Kosaken verteilen: »Unser Herr Jesus Christus hat den Wunsch und die Gnade, durch seine heilige Vorsehung Rußland vom Joch des Frondienstes zu befreien, der, sage ich Euch, in der ganzen Welt bekannt ist ... Wie sehr und durch wen Rußland ausgebeutet ist, wißt Ihr selbst: der Adel besitzt die Bauern ... betrachtet sie nicht nur als seine Sklaven, sondern wertet sie noch geringer als die Hunde, die er für seine Hasenjagd einsetzt ... Die Industriellen haben eine Masse von Fabriken geschaffen und lassen dort ihre Leibeigenen auf eine Weise arbeiten, wie sie nicht einmal im Zuchthaus ihresgleichen hat... Aber, wie die Juden, sollt auch Ihr aus der Knechtschaft erlöst werden.«
Nach kurzer Zeit hatten sich Tausende, dann Hunderttausende dem »zurückgekehrten Kaiser« angeschlossen. Bauern, Arbeiter und Kosaken aus dem Ural und dem Südwesten Rußlands zogen mit Sensen, Gabeln und Keulen bewaffnet mit ihrem Kaiser in Richtung Moskau, um für ihn den Thron und für sich die Freiheit zu erkämpfen. Am An-

fang nahmen die zaristischen Beamten und die Kaiserin, deren Soldaten noch gegen die Türken kämpften, die Aufständischen unter dem Kosakenführer alias Kaiser Peter nicht sonderlich ernst. Wiederholt hatten sich die unabhängigen Kosaken, deren Freiheiten Katharina immer mehr beschnitt, vergeblich gegen das kaiserliche Joch erhoben. Diesmal aber hatte der wilde Haufen aus Leibeigenen und Kosaken einen Führer an der Spitze, der ein erfahrener Soldat, guter Organisator, entschlossener Kämpfer und ein Volkstribun war. Geschickt spielte er die Rolle des wiedergekehrten Zaren, des Nationalhelden und Märtyrers, der die größte Ungerechtigkeit in Rußland, die Leibeigenschaft, abschaffen wollte.

Jemeljan Pugatschow, der mit einer blühenden Phantasie, mit Glaubens- und Überzeugungskraft ausgestattet war und einen hellen Verstand besaß, steigerte sich in die Rolle des Zaren derart hinein, daß er bald selber daran glaubte, der auferstandene Herrscher und Erlöser Rußlands zu sein. Aus der Rebellion wurde ein sozialer Aufschrei, ein Aufstand des Volkes gegen die Ausbeutung der Besitzenden; es war der größte bis zur Revolution von 1917. Pugatschow begeisterte die Massen, er redete und handelte im Sinne der geschundenen Menschen, die nur eine Sehnsucht und Hoffnung hatten, nämlich als freie Menschen zu leben. »Euch alle, wieviel Ihr auch sein mögt, befreien wir und geben Euren Kindern und Kindeskindern die ewige Freiheit ... Ihr werdet nicht mehr für den Fronherrn arbeiten ... Alle, die bisher Bauern und Leibeigene der Gutsbesitzer waren, werden nur noch treue Diener unserer Krone sein. Wir schenken ihnen das Kreuz und ihre Gebete wieder, ihre Haartracht und den Bart ... Wenn wir unsere Feinde, die adligen

Verbrecher, vernichtet haben, wird jeder ein stilles und geruhsames Leben genießen.«
Dem Donkosaken mit dem glühenden Herz, der sich als Zar ausgab, schlossen sich ganze Dörfer, Kreise und Bezirke an. Die Leibeigenen, die Altgläubigen – für die die Deutsche Katharina eine Antichristin war – die Kosaken, die mongolischen Moslems, die Kirgisen, Baschkiren, die Völkerstämme am Kaspischen Meer, sie alle begrüßten ihn als ihren Befreier und schlossen sich ihm an. Die Anhänger Pugatschows, die gegen Norden in Richtung der alten Hauptstadt Moskau zogen, vernichteten alles, was sich ihnen entgegenstellte. Sie waren so grausam wie ihre grausamen Herren und Ausbeuter.
Die adligen Gutsbesitzer und ihre Familien wurden gefoltert, bei lebendigem Leib zerstückelt, erschlagen, geköpft, verbrannt oder verbannt. Des Volkes Zorn kannte keine Grenzen. Sie vernichteten alle und alles, und sie marschierten weiter. Pugatschow stand nur noch 200 Kilometer vor Moskau. Die Kaiserin und mehr noch ihre Berater wurden unruhig. Der »Straßenräuber« (Katharina über Pugatschow) sägte bereits am Thron. Am Hofe wurde über Reformen nachgedacht, ja sogar – ohne die Kaiserin einzuweihen – in Erwägung gezogen, ob Katharina, um Pugatschows Heer zu stoppen, nicht zugusten ihres Sohnes und Thronfolgers abdanken sollte.
Dazu kam es jedoch nicht. Katharinas erfahrener Heerführer Suworow, der schon die Türken geschlagen hatte, zog gegen die mit Sensen, Keulen, Gabeln ausgerüsteten Bauern, die mittlerweile müde und disziplinlos geworden waren, und schlug sie entscheidend. Pugatschow wurde durch Verrat seiner eigenen Offiziere an den Gegner ausgeliefert und in Moskau heimlich geköpft. An Voltaire schrieb Ka-

tharina 1774, nicht ohne Achtung vor dem Gegner, der sie beinahe gestürzt hätte: »... Er kann weder lesen noch schreiben, aber er ist ein außerordentlich kühner und entschlossener Mensch ... Es ist anzunehmen, daß Pugatschow ein Spitzenbandit ist und keiner Menschenseele untertan. Seit Tamerlan (Mongolen-Khan) hat niemand so viel Schaden angerichtet ...« Der Jaik-Fluß, an dem der Aufstand seinen Anfang nahm, wurde in Ural umbenannt. Die Jaik-Kosaken verloren ihre Autonomie und wurden als Ural-Kosaken in die zentrale Verwaltung eingegliedert. Der Name Pugatschow durfte nicht mehr genannt werden. Die Altgläubigen, Anhänger von Pugatschow, hielten ihren falschen Kaiser allerdings weiter in Ehren; eine Gruppe gab sich den Namen Peter III.

Den Aufstand von Pugatschow und die vielen anderen gewaltsamen Unruhen der Bauern hatte die Kaiserin niedergeschlagen, geblieben indes waren die Leibeigenschaft, die Herrschaft der Adligen über die übrigen Russen und der Wille des Volkes, sich eines Tages aus den Ketten der Unterdrückung zu befreien. Katharina, die gerne und ausführlich vor allem mit französischen Philosophen und Schriftstellern korrespondierte, hatte in einem Schreiben an den Franzosen Diderot, dem die Knechtschaft der russischen Bauern schlaflose Nächte bereitete, die Verursacher des Elends gefunden: Nicht sie und der Adel seien schuld, sondern der Bauer selbst. »Das Brot, das es ernährt, die Religion, die es tröstet, sind die einzigen Ideen, die das Volk kennt. Sie werden stets so einfach sein wie seine Natur ... Sein Elend verschließt ihm den Blick für ein höheres Interesse.«

Währenddessen baute die Kaiserin unentwegt neue Städte; in achtzehn Jahren ihrer Herrschaft waren es schon knapp

150. Viele von ihnen – wie Jekaterinburg (Katharinas Stadt) oder Jekaterinodar (Katharinas Geschenk) – tragen ihren Namen. Ihrem geistigen Vater, Peter dem Großen, läßt sie in St. Petersburg ein Bronzedenkmal errichten, ganz nach ihrer Vorstellung, ihrer Identifizierung mit den Großen der russischen Geschichte. Auf einem Sockel aus Granit, der schräg nach oben aufsteigt, sitzt Peter in römischer Tracht, mit Lorbeer gekrönt, auf einem Pferd, dessen Hufe eine Schlange zertreten; die linke Hand zügelt das Pferd, der rechte Arm zeigt stolz und mutig nach vorn. Auf den Sockel ließ Katharina die Worte einmeißeln: Petro Primo Catharina Secunda (Peter dem Ersten von Katharina der Zweiten). Die Zweite setzt das Werk des Ersten fort. Peter hatte den russischen Acker gepflügt, sie machte ihn fruchtbar. Die Deutsche, die der russischen Sprache nicht vollkommen mächtig war, die ehemalige Protestantin, die den russischen Glauben, die Sitten und Gebräuche nicht tief nachempfinden konnte, wurde trotzdem russischer als die Russen. Und ihr Russentum, ihre Liebe zu Rußland, war echt und ehrlich. Den Russen verdankte sie allerdings auch ihren Aufstieg von der kleinen Prinzessin zur mächtigen und unvergessenen Kaiserin.
Mit schwärmerischem, oft übertriebenem Lob, überhäufte sie denn auch ihr Land: »Es gibt keine Nation, die der russischen an Mut, Kraft und Klugheit gleicht und die eine so vernünftige Verwaltung besitzt... Es gibt auf der Welt kein so männliches, besonnenes, offenes, menschliches, wohltätiges, edelmütiges und gutwilliges Wesen wie den Skythen (Russen). Kein anderer besitzt so ebenmäßige Züge, ein so schönes Gesicht, einen so herrlichen Teint, eine so breite Statur... Die Geschichte kennt keine größeren Männer als die unsrigen...« Ihre unzähligen Liebhaber, die sich die

Türklinke ihres Schlafgemachs förmlich in die Hand gaben, waren mit wenigen Ausnahmen alle Russen. Vielleicht kommt daher ihr Urteil über die russische Männlichkeit?
Die Deutsche, die Russin geworden war, hatte Tausende und Hunderttausende ihrer ehemaligen Landsleute nach Rußland geholt. Gelehrte, Techniker, Juristen, Militär, Verwaltungsbeamte, Handwerker und einfache Bauern waren aus allen Teilen Deutschlands nach Rußland gekommen. Sie ließen sich in Städten, vor allem in St. Petersburg, und in Dörfern nieder, aber auch in den vielen völlig unbesiedelten Gegenden. Ihre Städte und Dörfer erhielten deutsche Namen, sie sprachen nur deutsch und bauten sich ihre katholischen und evangelischen Kirchen.
Katharina, die in ihrem riesigen unbewohnten Land, das immer größer wurde, Menschen brauchte, hatte die deutschen Einwanderer, die ihr wenig Sorgen bereiteten und fleißig arbeiteten, mit Vergünstigungen ins Land gelockt. Sie brauchten in den ersten Jahren keine Steuern zu zahlen und nicht beim Militär zu dienen. Sie durften im Land der strengen Orthodoxie frei ihre Religion – neben Protestanten, Katholiken waren Mennoniten und Pfingstler gekommen – und ihre Kultur ausüben, ihre Sitten und Gebräuche pflegen. Sie blieben Deutsche bis zum heutigen Tage.
Während sich die deutsche Sprache in der Technik, der Wissenschaft, der Verwaltung durchsetzte und behauptete, wurde am Hof, beim hohen Adel, die französische Sprache und Erziehung bevorzugt. Das höfische Theater, das höfische Getue, das höfische Protokoll lief nach französischem Muster ab. Die Kaiserin tauschte ihre Gedanken mit liberalen Geistern Frankreichs wie Voltaire oder Diderot aus. Als die französische Revolution ausbricht, die sie nicht versteht, die sie ablehnt und empört, will sie wissen, ob ihr

verstorbener Freund und philosophischer Partner Voltaire zu den geistigen Urhebern der Revolution gehört habe. Wenn dieser »Gott der Anmut« an dieser Greueltat beteiligt sei, schrieb sie, dann müsse sie sich vorwerfen, eine Schlange an ihrer Brust genährt zu haben. Dann sei sie für die »Exzesse dieser Irren« mitverantwortlich.
Liberale Gedanken, die sie gegenüber Voltaire geäußert hatte, waren für sie nur ein geistiges Spiel, ein Dialog mit wohlklingenden Worten gewesen. In Wahrheit war sie eine überzeugte, unbeugsame Anhängerin der absoluten Monarchie, einer in ihren Augen von Gott gewollten Herrschaftsform. »Ich bin Aristokratin, das ist mein Beruf«, sagte sie. Von Menschenrechten wollte sie nichts hören. Die seien nur dazu da, die göttliche Ordnung, das Naturgesetz zu zerstören.
Der ansteckende Bazillus der französischen Revolution, die ihr Angst und Schrecken eingejagt hat, darf auf keinen Fall die russische Grenze passieren. Katharina die Große verfolgt alle und jeden, der liberale Gedanken niederschreibt oder äußert. Die Anhänger der Aufklärung, die Verkünder von Menschenrechten und Gegner der absoluten Monarchie werden in Gefängnisse gesteckt oder nach Sibirien verbannt. Russische und ausländische Literatur mit entsprechendem Inhalt wird verboten und konfisziert. Katharina die Große herrscht strenger als je zuvor. Sieben Jahre nach der französischen Revolution, 1796, stirbt die Kaiserin von Rußland, nachdem sie das Land vierunddreißig Jahre regiert hat, mit siebenundsechzig Jahren an einem Schlaganfall. Ihr Sohn Paul, mittlerweile zweiundvierzig Jahre alt, wird ihr Nachfolger auf dem Thron in St. Petersburg.
Paul I., der nur bis 1801 herrschte, war auf das Zarenamt

von seiner Mutter Katharina nicht vorbereitet worden. Sie hatte immer Angst, daß der Sohn, der mehr Rechte darauf hatte, ihr den Thron eines Tages streitig machen könnte. Deshalb wurde er von der Macht und St. Petersburg ferngehalten. Er lebte einsam auf einem entlegenen Gut. Auch das Rätsel um seinen leiblichen Vater wurde nie gelöst. Katharina ließ bewußt aus taktischen Erwägungen heraus durchblicken, daß Paul von Katharinas Liebhaber Saltykow und nicht von Kaiser Peter III. gezeugt worden sei und er damit die Kaiserin nur nach ihrem Ableben auf dem Thron ablösen könne. Paul war rechtlich der Sohn des Kaisers Peter, aber er kannte das Getuschel über seine Herkunft und die Intrigen seiner Mutter bei der Absetzung und Ermordung des Herrschers. Er verurteilte, ja er haßte seine Mutter, die ihn politisch und menschlich unmündig hielt, die ihre Liebhaber mehr als ihn liebte. Paul las heimlich Berichte über die unwürdige Ermordung seines Vaters, die ausschließlich seiner Mutter zugeschrieben wurde. Er wandte sich von seiner Mutter mit Ekel ab und suchte immer mehr im toten Vater sein Vorbild, bis er ihn schließlich verherrlichte.

Pauls Vater verehrte die Preußen, er liebte den militärischen Drill und die Ordnung der Deutschen. Als eitler Selbstherrscher, der in der französischen Revolution das große Unglück der Epoche sah, lehnte er jedoch im Gegensatz zu seiner Mutter alles ab, das irgendwie mit Frankreich zu tun hatte. Er verbot französische Bücher, die seiner Meinung nach nur Unheil nach Rußland brachten. Selbst der Frack und der runde Hut, für ihn die Mode der Revolution, durften in Rußland nicht mehr getragen werden. Das Land der Revolution, meinte der russische Herrscher, hatte für diese Sünden eine militärische harte Strafe ver-

dient. Paul verbündete sich mit England und Österreich und zog gegen Frankreich ins Feld.
Kaiser Paul, der anders regieren und entscheiden wollte als seine Mutter, änderte zunächst die Regelung der Thronfolge zugunsten der männlichen Erben und schaffte damit die ihm verhaßte Frauenherrschaft in Rußland ab. Den leibeigenen Bauern gab er das Recht zurück, gegen ihre Herren bei groben Mißhandlungen vor Gericht klagen zu dürfen; auch sonst bemühte er sich, das Elend der Leibeigenen zu verbessern. Dem Adel aber, der verhätschelten Kaste seiner Mutter, sagte er den Kampf an. Mit preußischer Zucht mußten die Adligen nun tatsächlich in der Armee dienen und nicht nur Posten bekleiden. Der Armee verordnete er, wie sein Vater, die verhaßte preußische Uniform. Die Verwaltung, die schon Katharina reformiert und organisiert hatte, in der aber immer noch der russische Schlendrian lebte, sollte unter Paul wie ein Schweizer Uhrwerk laufen. Die Russen aber waren eher die Unordnung gewöhnt, und des Kaisers preußischer Drill, seine Launen und Willkür bewirkten ein noch größeres Chaos. Seine Eitelkeit als Selbstherrscher kannte keine Grenzen. Er schikanierte alle, vor allem seine engsten Berater und Vertrauten. Auch Vertreter des hohen Adels mußten, wenn sie dem Kaiser begegneten, aus dem Wagen steigen und so lange im Morast, auf Eis oder im Kot knien, bis der Herrscher vorbei war. Der von ihm mißachtete und erniedrigte Adel sollte es ihm bitter heimzahlen.
Der Kaiser hatte wie sein rechtlicher Vater wenig Menschenkenntnis, kein Gefühl für Machtverhältnisse und entscheidende Intrigen am Hof. Selbstherrlich führte er sein schnelles Ende herbei. Als er aus einer Laune heraus seinem ältesten Sohn Alexander die Thronfolge entziehen

wollte, schlugen die Intriganten und Verschwörer am Hof zu. Sie überredeten den verstoßenen Sohn, mit ihnen gemeinsam den Vater und Kaiser zu stürzen. Er stellte nur die Bedingung, daß der Vater dabei nicht umgebracht werden dürfe. Die Verschwörer gingen scheinheilig darauf ein; ehe sich der Anführer der Verschwörung, Graf Pahlen, zynisch darüber hinwegsetzte: »Wer einen Pfannkuchen backt, muß Eier zerschlagen.« Kaiser Paul I. wurde auf seiner Festung mit einem Seidentuch erwürgt. Sein Nachfolger wurde 1801 unter dem Jubel der Menschen Alexander, obwohl ihn das Gewissen über die niederträchtige Tat ein Leben lang quälte.

Alexander I., der Lieblingsenkel von Katharina, wollte wie seine Großmutter regieren. Der junge Kaiser, im Sinne der Aufklärung von einem liberalen Schweizer erzogen, glaubte an ein gerechtes Rußland mit Pressefreiheit, freien Bauern und einem Ständeparlament. Es blieb beim Vorsatz; seine freiheitlichen Grundsätze, an die er ehrlich glaubte, konnte er in Rußland, das sich notorisch gegen jede Neuerung wehrte, und gegen den Widerstand des mächtigen Adels nicht durchsetzen.

Kaiser Alexander, der im Gegensatz zu seinem Vater kein Soldat und Feldherr war, stand bald einem militärischen Gegner gegenüber, der ganz Europa unter sein Joch bringen wollte, dem französischen Kaiser Napoleon. Die Österreicher, Preußen und Russen mußten nacheinander, 1805 und 1806, gegen den kleinen Korsen herbe Niederlagen einstecken. Als Napoleon und Alexander sich auf einem Floß auf der Memel trafen, schmeichelten sie einander und sprachen darüber, wie sie sich die Weltherrschaft teilen könnten. 1807 schlossen sie Frieden, der allerdings nur fünf Jahre dauern sollte. Der ehrgeizige Napoleon, der keinen Partner bei der Weltherrschaft dulden wollte, marschierte 1812 mit seiner Armee in Rußland ein, um den Koloß zu besiegen. Alexanders fähiger Heerführer, der deutschstämmige Barelay de Tolly, ließ die französischen Truppen – ohne sich ihnen in einer Schlacht zu stellen – weit ins russische Land einmarschieren. Vor der entscheidenden Schlacht jedoch wurde der »Fremde« mit dem französischen Namen, dem die Russen nicht so recht trauten, von dem russischen Haudegen Kutusow abgelöst.

Vor Moskau, auf dem Feld von Borodino, trafen die beiden Heere aufeinander: 60 000 Franzosen kämpften gegen 40 000 Russen. Beide Seiten hatten hohe Verluste, aber keiner errang einen eindeutigen Sieg. Die ausgemergelten und ausgehungerten Soldaten Napoleons marschierten in ein brennendes Moskau ein. Die patriotischen Moskowiter hatten ihre alte Stadt angezündet und waren geflohen. Napoleon begriff, daß er zwar in Moskau war, den Krieg aber dennoch verlieren würde. Seine Friedensangebote nahm der russische Kaiser nicht einmal zur Kenntnis. Sein Feldherr Kutusow hatte die französische Armee eingekesselt und sie vom Proviantlager abgeschnitten. Nach 35 Tagen verließ Napoleon entmutigt und verzweifelt die Geisterstadt. Ende 1812 schlug Kutusow die Franzosen entscheidend an der Beresina. Damit wurden die Befreiungskriege gegen Napoleon in Europa eingeleitet. 1814 zogen alliierte Truppen in Paris ein, Napoleon wurde gestürzt. Auf dem Wiener Kongreß 1815 wurde Europa neu aufgeteilt und auf Anregung des russischen Kaisers eine Heilige Allianz gegründet, in der sich die Herrscher Europas verpflichteten, ihre Völker nach den Grundsätzen des Christentums zu führen. Es blieb mehr Wunsch als Wirklichkeit.

Doch der russische Kaiser, der den gewaltsamen Tod seines Vaters nicht überwunden hatte, lebte weiter in einem ständigem Zwiespalt und Gewissenskonflikt. Die gepeinigte Seele und der Krieg gegen Napoleon, durch den er Rußland von dem drohenden Joch der Franzosen befreit hatte, machten aus dem aufgeklärten und liberal erzogenen Herrscher einen tief religiösen Menschen. Sein zum Teil schwärmerischer Glaube an Gott, seine christliche Weltanschauung, die kirchlichen Ordnungsgesetze ließen ihn den Traum von einem Rußland mit einer Verfassung, mit Gesetzen, die für alle Schichten und Kasten bindend sein sollten, und mit freien Bauern wieder vergessen. Das Land ging unter Alexander schließlich auch wieder den Weg, den es schon unter seinem Vater und anderen Zaren gegangen war. Der hohe Adel und Alexanders Berater hatten sich durchgesetzt.

Menschen, die liberale Gedanken äußerten oder niederschrieben und sich auch für die Befreiung der Bauern einsetzten, wurden eingesperrt oder nach Sibirien verbannt. Russische Offiziere, die nach dem Sieg über Napoleon und der Teilnahme an den Freiheitskriegen nach Europa gekommen waren, sahen die erheblichen politischen und sozialen Unterschiede zwischen ihrer Heimat und dem aufgeklärten Westen. Nach ihrer Heimkehr wollten sie die liberalen Ideen auch in Rußland verwirklichen und gründeten einen Geheimbund, in dem der Kaiser die freiheitlichen Ziele wiederfand, die er einstmals zu seinen eigenen erklärt hatte. Die Geheimbündler ließ der Herrscher, obwohl er über ihre Aktivitäten und Putschpläne durch seine geheime Staatspolizei informiert war, nicht mit letzter Konsequenz verfolgen.

Als Alexander I. plötzlich 1825 starb und das kaiserliche Erbe nicht ganz geklärt schien, weil der kinderlose Kaiser seinen jungen Bruder Nikolaus und nicht den älteren Konstantin zum Nachfolger bestimmt hatte, wagten die Geheimbündler, die unter dem Namen Dekabristen (»vom Monat Dezember«) in die Geschichte eingingen, im Dezember 1825 einen Aufstand gegen den Kaiser. Der Putsch, an dem auch Hunderte von jungen Adligen beteiligt waren, wurde niedergeschlagen, die Teilnehmer wurden zum Tode verurteilt, eingesperrt oder nach Sibirien verbannt. Doch war der Geist der Freiheit nicht mehr zu unterdrücken. Überall deckten Geheimpolizisten tatsächliche oder angebliche Verschwörungen auf, deren Drahtzieher zum Tode verurteilt oder verbannt wurden; dazu gehörte auch der Schriftsteller Fjodor Dostojewskij, der drei Minuten vor Vollstreckung des Todesurteils begnadigt und nach Sibirien ins Zuchthaus geschickt wurde.

Obwohl Zar Nikolaus Reisen russischer Studenten und Intellektueller in den »verseuchten« Westen einschränkte, die Katholiken und Protestanten zu Hause unterdrückte, die russische Orthodoxie als staatstragend förderte und beschützte und die Polizeigewalt über seine Landsleute ausweitete, konnte er nicht verhindern, daß sich die liberalen Ideen aus dem Westen im Lande festsetzten und immer breitere Volksschichten erfaßten. Trotz seiner reaktionären Haltung und gegen den Willen seiner Beamten, förderte er die Literatur, vor allem die Schriftsteller Gogol und Puschkin.

Zar Nikolaus starb 1855, sein Nachfolger wurde Alexander II. Er ging als der »Befreier-Zar« in die Geschichte ein, weil er mit einem Manifest, das am 19. Februar 1861 feierlich verkündet wurde, die Bauern aus der Leibeigenschaft entließ. Den freien Bauern wurden von der zaristischen Regierung jedoch gleich wieder Fesseln angelegt. Mit

einem sogenannten Paßregime wurden die Bauern von den Dorfschulzen, die entsprechende Anweisungen aus der Hauptstadt erhalten hatten, gezwungen, im Dorf zu bleiben. Wollte ein Bauer für längere Zeit seinen Heimatort verlassen, mußte er beim Dorfältesten einen Paß beantragen und die Gründe seiner Reise erläutern; in der Regel wurde der Paß dann verweigert. Gestraft wurde wie früher, nur die Täter waren andere. Geringfügige Vergehen der Bauern wurden vom Dorfschulzen geahndet, schwerere hingegen vom Kreisgericht bestraft, das sogar das Recht hatte, Bauern prügeln zu lassen – eine Strafe, die für alle anderen Berufsstände in Rußland abgeschafft worden war. Die Bauern, die während der Leibeigenschaft den Gutsherren gehörten, waren nach ihrer Befreiung praktisch an das Dorf und die Administration gebunden. Der einzelne Landwirt hatte in der Gemeinde für die Gemeinschaft der Bauern einzustehen. Alle mußten dafür sorgen, daß jeder Bauer pünktlich und vollständig die Abgabe an den Staat und die Ablösesummen an die Gutsbesitzer entrichtete, die an die Bauern Land abgegeben hatten. Diese Verordnung, bei der der fleißige Bauer für den trägen letztendlich aufzukommen hatte, hemmte die Initiative und den Einsatz der fähigen und arbeitsamen Dorfbewohner. An der Spitze der dörflichen Verwaltung stand der Starosta (Dorfälteste), der von den Bewohnern gewählt wurde. Der Starosta war gegenüber der Kreisverwaltung verantwortlich, diese erhielt ihre Anweisungen aus St. Petersburg; allen war nur daran gelegen, daß der Bauer Abgaben in die Staatskasse zahlte. Sein schweres Schicksal bewegte nur wenige.
Deshalb auch war die Freude über die Entlassung aus der Leibeigenschaft nur von kurzer Dauer. Die Bauern mußten enttäuscht feststellen, daß ihnen die persönliche und beruf-

liche Freiheit mehr Lasten als Vorteile beschert hatte; viele hatten als Leibeigene weniger Sorge gehabt denn als »freie« Bauern. Die Steuern an den Staat, die Ablösesummen an die Gutsbesitzer, die die Dorfbewohner jährlich zu zahlen hatten, standen in keinem Verhältnis zu den Ernteerträgen. Die Bauern, die aus Mangel an Geld kein zusätzliches Land, kein Vieh, kein technisches Gerät kaufen konnten, gerieten in der zweiten Hälfte des 19. Jahrhunderts immer mehr an den Rand des Ruins und der Verelendung; der zaristische Staat indes stellte sich gegenüber dem Bauernproblem taub und blind.

Den Bauern, die meistens nicht lesen und schreiben konnten, eingeschüchtert und rechtlos waren, kamen aber engagierte Studenten, aufgeschlossene Gutsbesitzer und vor allem Vertreter der sich mehr und mehr formierenden russischen Intelligenzia zu Hilfe. In Artikeln, Büchern und wissenschaftlichen Abhandlungen machten sie auf die katastrophale Lage der Bauern aufmerksam. Bei den »Narodniki« (Volkstümler) hatten Studenten und junge Akademiker eine politische Heimat gefunden. Studenten, die wegen sozialistischer Ideen von den Hochschulen relegiert worden waren, wollten nicht nur theoretisch auf der Seite der Bauern stehen, sondern auch praktisch helfen.

Sie gingen auf die Dörfer, um mit den Bauern zu arbeiten, um mit ihnen das schwere Los zu teilen. Sie hatten allerdings auch erwartet, daß sich die geknechteten Bauern gemeinsam mit den Aufklärern gegen die Unterdrücker, den Staat und die Großgrundbesitzer, erheben werden. Die zaristische Geheimpolizei, die überall ihre Spitzel sitzen hatte, erfuhr von den Absichten der »Narodniki«, nahm ihre Vertreter fest und verbot diese politische Gruppierung, ehe sie sich noch hatte richtig etablieren können.

Doch eine politische Unterstützung seitens der Bauern konnte die Intelligenzia, die eine geheime Partei »Semlja i Wolja« (Land und Wille), gegründet hatte, noch nicht erwarten. Die Bauern, die fest zum verehrten Zaren, ihrem weltlichen und geistlichen Gebieter, standen, der Intelligenzia aber weiter mißtrauten, machten vor allem die Administration des Zaren und die blutsaugenden Gutsbesitzer für ihre elende Lage verantwortlich; nur der gütige Zar, das war ihre Meinung, könne ihnen helfen. Aber die Majestät aus St. Petersburg half nicht. Die politische Lage spitzte sich zu. Die sozialistisch geprägte studentische Jugend und die Intelligenzia mußten erkennen, daß mit friedlichen Mitteln gegen die Gewaltherrschaft des Zaren nichts auszurichten sei.
Die Friedlichen von einst wurden radikaler. Im Jahr 1879 organisierten sie sich in der Partei der »Narodnaja Wolja« (Der nationale Wille) und propagierten offen Terror und politische Anschläge. Auch viele Bauern und vor allem Arbeiter hatten mittlerweile eingesehen, daß ohne Gewalt und Kampf der Zar und seine Bürokratie keine Zugeständnisse machen würde. Gegen die sozialen und politischen Unruhen, die überall in Rußland aufflammten, ging die Polizei hart vor, ohne sie jedoch ausschalten und unterdrücken zu können.
Mittlerweile hatten auch Ministeriale in der Hauptstadt erkannt, daß ohne einen Dialog mit oppositionellen Kräften, ohne politische und soziale Reformen eine landesweite Revolution nicht zu verhindern sei. Abgesandte der Regierung, die Gespräche mit der Opposition zu führen und gleichzeitig die revolutionäre Gärung im Lande zu kontrollieren hatten, waren über zaghafte Ansätze nicht hinaus gekommen, als in St. Petersburg eine Bombe explodierte und

ein mögliches Reformwerk stoppte. Zar Alexander II. war am 1. März 1881 durch eine Bombe getötet worden.
Sein Nachfolger, Alexander III., wollte von Reformen nichts mehr wissen und meinte, daß die Ordnung im Staat besser mit militärischen und polizeilichen Maßnahmen als mit politischen Kompromissen und Reformen zu sichern sei. Die Bauern, die für Politik wenig Verständnis hatten, waren in erster Linie an der Verbesserung ihrer wirtschaftlichen Misere interessiert. Und diese entschärfte der Zar geringfügig. Die Kopfsteuer, auch Seelensteuer genannt, wurde abgeschafft, die von den Bauern an die Gutsherren zu zahlende Ablösesumme wurde vermindert. Das Paßregime und die Verpflichtung des einzelnen Bauern, für die Steuerschuld der anderen im Dorf aufzukommen, wurden erst 1904, auf dem Höhepunkt revolutionärer Unruhen, abgeschafft.
Nicht anders als den Bauern erging es der Arbeiterklasse. Auch sie, die nach der Aufhebung der Leibeigenschaft entstanden war, wurde von den Unternehmern und Fabrikanten erbarmungslos unterdrückt. In Rußland, das später als der Westen seine feudalen Strukturen aufgab, entwickelte sich der Prozeß der Industrialisierung schnell und ohne Rücksicht auf die Arbeiterschaft. Große Konzerne, die im Westen allmählich aus kleinen Betrieben gewachsen waren, entstanden im Zarenreich in wenigen Jahren. Das hohe Tempo der Industrialisierung überforderte alle Russen, die den Rhythmus der ländlich-feudalen Gesellschaft noch nicht abgelegt hatten.
Gutsbesitzer, die mit Fabriken mehr Geld zu verdienen hofften, steckten die Ablösegelder, die sie von den Bauern für ihr an sie abgegebenes Land erhielten, in industrielle Projekte. Viele Bauern im Dorf, die entweder bei der Bo-

denverteilung nicht berücksichtigt worden waren oder die Ablösesummen an die Gutsherren nicht zahlen konnten, gingen als Lohnarbeiter in die Fabriken, die in den Dörfern und um sie herum entstanden.

Der junge russische Arbeiter, der aus dem Bauernstand hervorging, konnte in der Regel weder lesen noch schreiben und war dem robusten Unternehmer vorerst hilflos ausgeliefert. In der Baumwollindustrie und Tuchfabrikation, die besonders schnell gewachsen waren und die entsprechenden Industriezweige in dem hochentwickelten England Ende des 19. Jahrhunderts bereits eingeholt oder sogar überflügelt hatten, arbeiteten Millionen von Menschen, die mit ihrem Kopf und ihrer Seele noch im 18. Jahrhundert waren. Die Fabrikbesitzer nutzten die Rückständigkeit der Menschen schamlos aus. Die russischen Arbeiter erhielten für gleiche Tätigkeiten viel weniger als ihre englischen oder amerikanischen Kollegen und mußten zudem noch länger arbeiten. Der russische Arbeiter, so wurde errechnet, verdiente damals pro Stunde fünf Kopeken, der englische zwanzig und der amerikanische Arbeiter sogar sechsundzwanzig Kopeken. Mit diesem Hungerlohn konnten die Arbeiter in Rußland kaum ihre Familien unterhalten, die sich hauptsächlich von Brot, Speck und Öl ernährten.

Die russischen Unternehmer, die unentwegt auf Kosten der Arbeiter expandierten und Kapital anhäuften, litten an einer ungehemmten Profitsucht. An allem und jedem wollten sie verdienen. Für die Arbeiter errichteten sie in ihren Fabriken Geschäfte und zwangen sie indirekt, dort auch zu kaufen. Weil die Löhne oft unregelmäßig und später als vereinbart ausgezahlt wurden, mußten die Arbeiter auf Kredit kaufen, den ihnen nur die Fabrikläden gaben. In

Geschäften im Dorf oder der Stadt, die preiswertere und bessere Waren anboten, konnten die Arbeiter nur in bar bezahlen.
Die Wohnkasernen, die die Fabrikbesitzer unmittelbar neben den Fabriken bauten, waren notdürftige Bauten mit Elendsquartieren. In kleinen Zimmern mußten oft mehrere Familien leben, in großen Sälen waren mitunter Hunderte von Menschen untergebracht, denen die einfachsten hygienischen Einrichtungen fehlten. Viele Arbeiter, die keinen Platz in den Behausungen der Wohnsilos gefunden hatten, lebten Tag und Nacht neben ihren schmutzigen Maschinen in den Werkshallen.
Die Arbeiter bekamen Hungerlöhne, lebten wie Tiere und wurden für jedes tatsächliche oder vermeintliche Vergehen bei der Arbeit oder zu Hause auch noch bestraft. Wenn ein Arbeiter die Plannorm nicht schaffte, ein fehlerhaftes Werkstück ablieferte, die Ruhe in der Fabrik oder in der Wohnkaserne störte, wenn er einen Vorgesetzten beschimpft, gelogen oder gestohlen hatte oder außerhalb des Betriebes betrunken gewesen war, mußte er eine Geldstrafe in die Betriebskasse zahlen. Diese Gelder sollten, so bestimmte es das Finanzministerium, nur an jene Arbeiter gezahlt werden, die durch Krankheit oder einen Unfall in Not geraten und arbeitsunfähig geworden waren. Selbst diese Mittel wurden von gewissenlosen Fabrikanten oft einbehalten oder teilweise als Prämie an Spitzel bezahlt, die dem Arbeitgeber Unruhestifter, Diebstähle oder soziale und politische Aktivitäten von Werktätigen zu melden hatten.
Der Willkür der Arbeitgeber waren keine gesetzlichen Grenzen gesetzt. Mit der Auszahlungsweise der Löhne hatten die Fabrikbesitzer ein weiteres Mittel in der Hand, die

Arbeiter an der kurzen Leine zu halten. Mal zahlten sie wöchentlich, mal monatlich, mal erhielten die Arbeiter gar kein Geld, nur Deputat oder Gutscheine, mit denen sie gezwungen waren, in den fabrikeigenen Läden einzukaufen. Kleinbauern, die im Sommer ihre Felder bestellten, aber von der Landwirtschaft allein nicht leben konnten, arbeiteten im Winter in den Fabriken und erhielten erst nach einem halben Jahr Arbeit ihren Lohn.

Während der englische oder amerikanische Arbeiter Ende des 19. Jahrhunderts zehn Stunden und weniger in der Fabrik zu arbeiten hatte, mußte der russische noch 12 bis 14 Stunden schaffen. Selbst ein Gesetz, das 1897 erlassen wurde und den 11,5 Stunden-Tag vorschrieb, änderte an der tatsächlichen Arbeitszeit wenig. Gleichzeitig setzte das Finanzministerium mit einem Ukas, der unbegrenzte Überstunden zuließ, das Gesetz praktisch wieder außer Kraft. In der Regel wurden Arbeiter, die sich weigerten, Überstunden zu leisten, fristlos entlassen.

Die Aufhebung der Leibeigenschaft, die auf politischen Druck hin und nicht durch die Einsicht des Zaren und der Regierung zustande gekommen war, und die übereilte Industrialisierung Rußlands waren die Geburtsstunde der politischen Unruhen und Arbeiterstreiks in den Fabriken. Die russischen Arbeiter, aus denen der letzte Blutstropfen gesaugt wurde, konnten ihre Arbeitsverhältnisse immer nur durch Massenproteste verbessern. Ein größerer Streik brach erstmals 1870 aus. Der Zar, die Regierung, die Aristokratie und der bürgerliche Geldadel waren überrascht, daß die Arbeiter nicht länger bereit waren, die Knechtschaft geduldig zu ertragen, und ihnen dämmerte, daß sie ihr Schicksal in die eigenen Hände nehmen müßten. Entsetzt schrieb die Zeitung »Nowoje Wremja« damals: »Auch bei uns ist der Arbeiterstreik ausgebrochen, auch uns hat Gott nicht verschont.«

Und das blinde Vertrauen der zaristischen Regierung und der Unternehmer darauf, daß Gott die ausgebeuteten Arbeiter schon zufriedenstellen und beruhigen werde, war ein Trugschluß. Die Arbeiter, die ihr Schicksal bis dahin gottergeben und geduldig ertragen hatten, merkten, daß sie mit dem Glauben und dem Gebet allein ihre Familien nicht ernähren konnten.

Sie wollten sich nicht mehr damit abfinden, daß ihre Unterdrückung vorherbestimmt sein sollte; es waren andere Menschen, die Regierung und die Unternehmer vor allem, die sie ins Elend gestürzt hätten. Mit ihrer einzigen Waffe, dem von der Regierung verbotenen Streik, hofften sie, ihr Recht auf ein etwas besseres Leben erkämpfen zu können. In der Hauptstadt St. Petersburg und in großen Teilen Rußlands brach 1878 eine regelrechte Streikwelle aus. Der Anlaß war ein Ereignis im Spinnereibetrieb in der Metropole, wo die geringen Löhne noch einmal gesenkt worden waren. Die Streiks, die anfänglich friedlich verliefen, aber wenig Erfolg hatten, wurden daraufhin immer radikaler und gewalttätiger. In der Nikolsker Manufaktur von Sawwa Morosow stürmten 1885 8000 Arbeiter das Fabrikgelände, demolierten Anlagen und Maschinen. Sie forderten mehr Geld, bessere Arbeitsbedingungen und die Abschaffung von mißbräuchlichen Geldstrafen. Erst der Einsatz von Soldaten beendete nach einer Woche den Aufstand. Die Streikführer wurden verhaftet, vor ein Gericht gestellt und überraschenderweise freigesprochen. Es war damals ein soziales und politisches Signal an die Arbeiter, das sie moralisch in ihrem Recht bestärkte, gegen ihre Unterdrücker und Peiniger kämpfen zu dürfen.

Die Regierung, durch die massiven Streiks unsicher geworden, erfüllte die Forderungen der Arbeiter. Die willkürlich verhängten Geldstrafen wurden abgeschafft, Strafen und ihre Höhe mußten von einem staatlich bestimmten Fabrikinspektor bestimmt werden, der Lohn mußte mindestens zweimal im Monat mit Geld und durfte nicht mehr mit Ware ausgezahlt werden. Die Arbeiter hatten einen kleinen Sieg errungen, aber immer noch lag vieles im Argen, vor allem die Hartnäckigkeit der Unternehmer, die die gesetzlichen Bestimmungen konsequent weiter unterliefen und ignorierten. Die Arbeiter antworteten wiederum mit Streiks.

Während in den 80er Jahren stürmische und gewaltige Unruhen die Streikszene geprägt hatten, waren die Streiks in den 90er Jahren stiller und besonnener. Mehr Arbeiter beteiligten sich auch mit der Erkenntnis, daß die Maschinen und Gebäude, die sie früher noch demoliert hatten, am wenigstens an ihrem armseligen Leben schuld waren. Die Arbeiter streikten gegen die Regierung und die Unternehmer.

Der letzte Zar – Nikolaus II.

Nach Alexander III. übernahm sein Sohn Nikolaus II. von 1894 bis 1917 die Herrschaft in St. Petersburg. Er war der letzte russische Zar vor der Revolution von 1917. Kaiser Alexander hatte seinem Sohn ein trauriges Erbe hinterlassen. Überall im Lande gärte es. Der politische und soziale Aufruhr konnte oft nur mit brutalem Einsatz von Polizei und Militär niedergeschlagen werden. Der junge Zar Nikolaus, der, einer festgefügten Tradition der Romanow-Dynastie entsprechend, ganz anders war als sein Vater, hatte nicht die Persönlichkeit, Rußland mit fester Hand durch die hohen Wellen der politischen Unruhen zu leiten. Nikolaus war bescheiden, fast schüchtern, er hatte wenig Willenskraft und kein herrschaftliches Regierungsformat, und er ließ sich leicht von anderen Menschen beeinflussen. Für ihn war die Verantwortung der Krone eine Last, die er im Gegensatz zu seinen Vorfahren, die intrigierten und töteten, um an die Macht zu kommen, lieber anderen überlassen hätte. Der Zar war kein Tyrann, sondern gutwillig und schwach und deshalb unfähig, Rußland aus der für die Monarchie entscheidenden Krise zu führen.

Der Zar liebte abgöttisch seine Kinder und seine Frau

Alice, eine Deutsche aus dem Hause Hessen-Darmstadt, die nach der Annahme des russischen Glaubens Alexandra Fjodorowna hieß. Die Liebe zu seiner Frau sollte für die Zarenfamilie und Rußland verheerende Folgen haben. Die Deutsche aus Hessen war durch ihren Religionswechsel ganz Russin geworden und der Orthodoxie tief verbunden; sie betete stundenlang und versäumte keinen Gottesdienst. Dennoch blieb sie den Russen fremd. Sie lehnten sie ab. Ihr Einfluß auf den Zaren aber wurde immer größer und verhängnisvoller. Ihr Glaube nahm schwärmerische Züge an und schlug in einen obskuren Mystizismus um, bis sie 1905 unter den Einfluß eines dubiosen Wunderheilers, Hellsehers und Scharlatans geriet, der gemeinsam mit der Herrscherin dem Zaren neue Minister oder offensichtlich falsche politische Maßnahmen einredete: Grigorij Rasputin war an den Zarenhof geholt worden.

Der sibirische Bauernsohn, der die Zarenfamilie so verhängnisvoll beeinflussen sollte, war um 1872 in einem Dorf bei Tobolsk geboren worden. Er erhielt den Namen Rasputin (zu deutsch: der Liederliche, Ausschweifende, Unzüchtige) wegen seiner ungezügelten Lebensweise. Rasputin, der weder lesen noch schreiben konnte, zog als Prediger und selbsternannter Prophet durch Rußland. Seine äußere Erscheinung, seine suggestiven und hypnotischen Kräfte zogen die Menschen an. Die Kunde von den ihm zugeschriebenen Heilskräften drangen bis zur Zarin vor, deren einziger Sohn, der Thronfolger, an einer unheilbaren Bluterkrankheit litt.

Rasputin soll mit seinen heilenden Kräften dem Zarewitsch geholfen haben, und die Mutter glaubte, daß die Zukunft ihres Sohnes diesem »heiligen Starez« (ein besonders kluger, mit überirdischen Kräften gesegneter Mönch) anzuvertrauen sei. Die Gunst der Zarin und – dadurch beeinflußt – auch des Zaren öffnete Rasputin Tür und Tor am Zarenhof. Der Glaube vieler Russen und der Zarin an den »heiligen Schwachsinn« des »Narren in Christo« gaben ihm unbegrenzten Einfluß. Der religiöse Schwärmer, der ausschweifend und leidenschaftlich lebte, sich lustvoll betrank, Frauen verführte und Orgien feierte, konnte unbeschadet am Hof wirken, obwohl der Zar selbst von der Kirche vor Rasputins verhängnisvoller Rolle gewarnt und auf sein »sündhaftes und unchristliches« Treiben aufmerksam gemacht worden war.

Wenn der Druck auf den Zaren zwischenzeitlich zu groß wurde, verschwand Rasputin immer wieder mal nach Sibirien. In seinem Heimatdorf verletzte ihn eine Frau lebensgefährlich mit einem Messerstich in den Unterleib. Doch der robuste Mönch erholte sich wieder und kehrte an den Zarenhof zurück, wo er wie eh und je weiterwirkte.

Erst 1916, als es schon zu spät war, wurde das Monster Rasputin, das Rußlands Monarchie mitbegraben half, vom Fürsten Jusupow ermordet.

Unter dem Zaren Nikolaus, der 1896 in Rußland die für die weitere wirtschaftliche Erschließung des Landes notwendige Goldwährung einführte, erfuhr Rußland einen weiteren industriellen Aufschwung, der gleichzeitig aber die sozialen Unterschiede verstärkte. Das Land wurde von einer Streikwelle, von Arbeiterunruhen und Aufständen erfaßt. In Rußland wurden die ersten Parteien gegründet, die sich des Elends der Arbeiter annahmen und sie ideologisch und organisatorisch unterstützten.

Als 1896 der Metropole Petersburg ein Generalstreik drohte, war die Regierung machtlos. In einer Kabinettsitzung fragte der Finanzminister Witte den für die öffentliche

Ruhe und Ordnung zuständigen General Kleigels, ob er denn die Arbeiter zur Arbeit zwingen könne. »Wenn die Arbeiter sich auf der Straße zusammenrotten und die Ruhe und Ordnung stören«, antwortete der General, »dann könnte ich schon mit ihnen fertig werden. Aber wenn sie zu Hause sitzen, dann kann ich mit ihnen gar nichts anfangen.« Der Streik dauerte eine Woche und wurde erst, nachdem die Regierung den Streikenden Konzessionen gemacht hatte, beendet. Die Regierung versprach, die gesetzliche Arbeitszeit zu verkürzen; sie legte sie später auf 11,5 Stunden pro Arbeitstag fest.

Durch Streiks wurden viele Betriebe noch vor der Verabschiedung des Gesetzes gezwungen, 10,5 oder sogar 9,5 Stunden (ohne Überstunden) zu akzeptieren. Unternehmer und Regierung mußten erlauben, daß die Arbeitszeit verkürzt, die Löhne angehoben und ein Betriebsgesetz erlassen wurden. Die zaristische Regierung ging auf die Forderungen der Arbeiter ein, weil sie die Zahl der Streiks verringern und die öffentliche Ruhe und Ordnung gewährleisten wollte; außerdem sollte die Industrialisierung Rußlands weiter vorangetrieben werden, und die Arbeitgeber durften nicht durch ständige Arbeiterunruhen verärgert und in ihrer Investitionspolitik entmutigt werden.

Das Fabrikgesetz schrieb unter anderem vor, den Arbeitern als Entgelt kein Brot, keine Waren oder Coupons mehr zu geben und sie nur noch mit Geld zu entlohnen. Ärztliche Behandlung, Licht in den Betrieben, die Benutzung von Werkzeugen brauchten nicht mehr von den Arbeitern bezahlt zu werden. Kinder unter 12 Jahren durften nicht mehr in Betrieben eingestellt werden, 12- und 15-jährige Mädchen und Jungen hatten täglich nicht länger als acht Stunden und an hohen Feiertagen gar nicht zu arbeiten. Minderjährigen, die nicht wenigstens das Zeugnis eines einjährigen Schulabschlusses hatten, mußte der Betrieb täglich drei Stunden Schulbesuch gestatten. Ein Verbot von Nachtarbeit für Frauen und Kinder konnte nicht in allen Industriebereichen durchgesetzt werden. Eine Regelung für schwangere Frauen – so wie sie im Westen in Betrieben schon üblich war – konnten die Arbeitnehmer nicht durchsetzen.

Die Forderung der Arbeiter, Bauern und Intelligenzia, die Versammlungs- und Vereinsfreiheit im Staat zu gestatten, ignorierte die Regierung jedoch konsequent. Sie beharrte weiterhin auf dem bürokratisch-polizeilichen Bewilligungssystem. Auch die Gründung eines noch so unverdächtigen und harmlosen Vereins mußte von den Gouverneuren und Ministern genehmigt werden. Politische Parteien gar hatten keine Chance, anerkannt zu werden, und organisierten sich im Untergrund sowie heimlich in den Betrieben, deren Arbeiter sie dann gegen die Fabrikanten und Regierung agitierten. Die schweren Arbeiterstreiks Ende des 19. und Anfang des 20. Jahrhunderts waren vor allem politisch motiviert und weniger sozial und wirtschaftlich. Die Arbeiter erhoben sich gegen die kapitalistische Ausbeutung und gegen das absolutistische, undemokratische zaristische Regime, das von den sozialistischen Organisationen im Untergrund bekämpft wurde.

Die russischen Arbeiter wehrten sich immer heftiger gegen die politische und wirtschaftliche Unterdrückung. 1901 wurde in St. Petersburg ein Generalstreik ausgerufen, an dem sich knapp 300 000 Menschen beteiligten. Im aserbaidschanischen Baku, 3000 Kilometer von der Hauptstadt entfernt, gingen 100 000 Ölarbeiter auf die Straße. In fast allen Industriezentren des Landes war ein förmliches Streikfie-

ber ausgebrochen. Die Streiks wurden initiiert und koordiniert von den verbotenen sozialistischen Parteien.
Charakteristisch für die damaligen Streiks war jener, in der mittelgroßen Stadt Dwinsk. Die ganze Stadt streikte. Die Fabrikarbeiter, die Handwerker, die Verkäufer in Geschäften legten die Arbeit solidarisch nieder. Die Bäcker buken kein Brot, die Hausmädchen kochten ihren Arbeitgebern kein Essen, Postboten trugen keine Post mehr aus, Bibliotheken, Büros waren geschlossen, und die Zeitungen erschienen nicht. Schüler streikten mit Genehmigung der Schulleiter. Die Streikenden trugen Transparente und Plakate mit Aufschriften wie »Auf zum Kampf« oder »Auf die Straße« durch die Stadt.
Die Regierung schlug zurück. Sie setzte gegen die Arbeiter und Bewohner der Stadt berittene Polizei und bewaffnetes Militär ein. Sie töteten Menschen, die ihre Rechte einklagten. An der Beerdigung der Erschossenen nahmen Tausende teil. Arbeiter, Schüler und Intellektuelle hielten vor den Gräbern revolutionäre Reden und sangen freiheitliche Lieder. Die sozialistischen Organisationen verteilten heimlich Flugblätter, in denen die Arbeiter und Bewohner der Stadt aufgefordert wurden, den Kampf gegen die »ausbeuterischen Kapitalisten« und die »blutsaugende Zarenmacht« weiterzuführen.
Mit Zugeständnissen an die Arbeiter hatte die Regierung, wie schon früher, noch einmal ihren Kopf aus der Schlinge ziehen können. Die Ölarbeiter von Baku erhielten mehr Lohn und brauchten nur noch neun Stunden am Tag zu arbeiten. In der Hauptstadt Petersburg wurde in manchen Betrieben sogar der Achtstundentag eingeführt, dem Beispiel folgten andere Betriebe in ganz Rußland. Die Löhne für die Arbeiter wurden fast überall angehoben und die

Strafgelder gegen die Arbeiter drastisch gesenkt. Die Arbeiter und ihre sozialistischen Verbündeten in den verbotenen Parteien wollten nicht einsehen, daß sie für Hungerlöhne arbeiten mußten, während die Industrie übermäßige Gewinne, wie Ökonomen berechneten, viel höhere als im Westen, kassierte. Die russischen Arbeiter waren nicht mehr bereit, sich bedingungslos ausbeuten zu lassen.
»Somit hängt die ökonomische und politische Zukunft Rußlands von der russischen Arbeiterbewegung ab, der sich auch das Bauerntum anschließen wird, das für die sozialistischen Ideen nicht minder empfänglich ist wie das italienische oder ungarische. Leider gibt es in Rußland noch keine vereinigte große sozialdemokratische Partei, die ihrem Arbeitsprogramm nicht nur die Experimente der deutschen Sozialisten, sondern auch der belgischen und italienischen zugrunde legen würde«, schrieb der Petersburger Politökonom Dr. Totomianz 1902.
Die politischen Unruhen, Streiks und Revolten der Arbeiter, Studenten und auch Bauern um die Jahrhundertwende herum unterdrückte die zaristische Regierung vorrangig mit polizeilicher Gewalt. Sie war nicht bereit, den Bürgern mehr Rechte, demokratische Institutionen oder Freiheit zu geben. Mit einem perfekten und mächtigen Polizeistaat seien die Probleme der Menschen zu lösen, meinten die Regierenden.
Die russische Polizei unterstand dem Innenminister, der eigentlich ein Polizeiminister war, weil er sonst kaum andere Aufgaben zu erfüllen hatte. Sein Arm reichte in jede Stadt und in jedes kleinste Dorf. In größeren Städten wurde die Polizei durch Hausknechte unterstützt, die jeder Hauseigentümer zu stellen hatte.
Rußland war ein Polizeistaat. Eine allgemeine Polizei, eine

politische und eine geheime überwachten die Menschen und sollten die zunehmenden Unruhen im Volk unterdrücken oder schon im Keim ersticken. Dabei gingen die Polizisten – auf Anordnung des Ministers – willkürlich und ohne rechtliche Grundlage gegen ihre Landsleute vor. Ein konstruierter Verdacht gegen einen Bürger, der die absolutistische Zarenmacht ablehnte, ein Anhänger von Reformen war, reichte schon aus, um sein Haus durchsuchen, ihn in Haft nehmen oder gar auf behördliche Anweisung nach Sibirien verschikken zu können. Selbst richterliche Freisprüche wurden oft auf administrativem Weg wieder annulliert und der Unschuldige ins Gefängnis gesteckt oder nach Sibirien zu Zwangsarbeit deportiert. Der Polizeiminister in Petersburg und die einzelnen Gouverneure hatten die Vollmacht, unliebsame Russen gleich vor ein Kriegsgericht zu stellen und sie zum Tode oder zu jahrzehntelanger Haft verurteilen zu lassen. Streiks, friedliche Demonstrationen oder Versammlungen wurden von der Polizei verboten oder gewaltsam aufgelöst. Bei solchen Anlässen festgenommene Demonstranten konnten aufgrund eines Scheinerlasses der Regierung von der Polizei geprügelt und gefoltert werden.
Große Streiks und Demonstrationen, die die Polizei allein nicht auflösen konnte, wurden mit Hilfe der Armee niedergeschlagen. Sie hatte den Befehl, »zur Waffe zu greifen, ohne jede Rücksicht auf die Folgen dieses Vorgehens«, wenn die demonstrierenden Menschen sich »ungehorsam« zeigten; ob die streikende Menge »völlig vernichtet« wurde, lag im Ermessen des militärischen Befehlshabers.
Die politische und geheime Polizei kümmerte sich vor allem um das wachsende politische Bewußtsein der Russen, die Informationen und aufklärerischen Artikel in den Zeitungen. Die russische Intelligenzia war eine besondere Ziel-

scheibe von Spitzeln und Agenten der geheimen Polizei, die deren Gedanken und Aktivitäten auszuforschen hatte. Die russische Presse und die Verlage wurden streng kontrolliert. Zeitungen und Zeitschriften durften erst dann erscheinen, wenn sie von der staatlichen Zensur gelesen und freigegeben worden waren. Nur einige große Tageszeitungen in Moskau und Petersburg, die schon morgens an den Kiosken verkauft wurden und bei den Abonnenten rechtzeitig zu sein hatten, durften formell ohne staatliche Zensur erscheinen. Ihre Zensoren waren die Chefredakteure und Journalisten. Sie wußten genau, welche Artikel und Meinungen nicht veröffentlicht werden durften. Der Innenminister konnte zudem jedes beliebige Thema, jede beliebige Nachricht von »staatsrechtlicher Bedeutung« verbieten lassen. Zeitungen, die wegen tatsächlicher oder angeblicher Mißachtung der Zensurbestimmungen drei ministerielle Verwarnungen erhalten hatten, konnten verboten werden, eine »schädliche Haltung« führte zum sofortigen Verbot. Ein ganzer Katalog von Verboten reglementierte das russische Pressewesen.
Ebenso zensiert wurden die russischen Buchverleger. Sie mußten oft, weil die Zensoren langsam und teilweise unwissend waren, hohe ideelle und wirtschaftliche Verluste hinnehmen. Schon geschriebene Manuskripte oder halbfertige Bücher wurden auf Anordnung der Behörden zum Teil eingestampft oder verbrannt. »Das Zeitalter Friedrichs des Großen«, Zolas Übersetzungen von »La Cureé« und »La Vérité«, die »Geschichte der Sittlichkeit«, »Die Entwicklung der Moral«, »Die Philosphie Schopenhauers«, die »Geschichte der sozialen Bewegung in Frankreich seit 1789« . . . durften in Rußland nicht erscheinen.
Die russische Polizei war allmächtig und überall. In einem

Geheimpapier waren die Richtlinien festgelegt: »Unsere besondere Aufmerksamkeit muß der Aufdeckung und Verfolgung aller Versuche der Verbreitung schädlicher Lehren zugewandt werden, die eine Erschütterung der wichtigsten Grundlagen des Staates, der Gesellschaft und des Familienlebens zum Zwecke haben. Eine jede derartige Erscheinung muß aufs genauste beobachtet und sofort zur Kenntnis der Behörde gebracht werden, selbst da, wo durch sie noch keine positiven Aufschlüsse zu gewinnen sind. Aus diesem Grunde sind Gegenstände einer beständigen polizeilichen Beaufsichtigung: 1. Die Schulen, die öffentlichen Volksvorlesungen, um ihre Richtung genau kennenzulernen und jederzeit von den schädlichen Personen auf diesem Gebiet Kenntnis zu haben; 2. der Buchhandel, besonders der Einzelhandel, die Lesehallen und alle derartigen Einrichtungen, die der Verbreitung verbrecherischer und schädlicher Bücher Vorschub leisten können; 3. Personen, die herumreisen, um allerlei Beobachtungen zu sammeln, um Reisen für wissenschaftliche Zwecke zu machen, die zuweilen nur andere verbrecherische Absichten bemänteln sollen. Es ist überhaupt notwendig, genau auf den Geist der Bevölkerung sowie auf die Richtung der politischen Ideen in der Gesellschaft zu achten, um die Ursachen der regierungsfeindlichen Stimmen zu erforschen.«

Alle russischen Bürger, die verdächtigt wurden, Streiks zu organisieren, Versammlungen abzuhalten oder Kollegen zu indoktrinieren, wurden von der Polizei einzeln überwacht und auf Schritt und Tritt verfolgt. Wenn Äußerungen oder Taten dieser Personen bekannt wurden und damit deren »politische Unzuverlässigkeit« nachgewiesen oder konstruiert werden konnte, wurde eine Untersuchung eingeleitet, an der die Polizei und ein Staatsanwalt beteiligt

waren. Dann wurde das Strafmaß nicht von einem Gericht, sondern im Justizministerium festgelegt. Der Minister unterschrieb im Namen des Zaren das Urteil. Die bloße willkürlich definierte »politische Unzuverlässigkeit« eines Menschen konnte mit Gefängnis, einer Deportation nach Sibirien oder der Umsiedlung in andere europäische oder aisatische Teile Rußlands bestraft werden. Politisch verdächtigte Angeklagte, denen das Gericht keine Schuld nachweisen konnte, wurden trotzdem auf Geheiß des Innenministers widerrechtlich eingesperrt.
Das Zarenreich wehrte sich mit allen Kräften gegen liberale, sozialistische und revolutionäre Ideen, die alle, nach dem Urteil der russischen Polizei, aus dem Westen nach Rußland transportiert wurden. Deshalb auch müsse streng darauf geachtet werden, daß der westliche Bazillus vor der russischen Grenze gestoppt werde und Russen, die im Westen lebten, sich von diesem Gedankengut infizieren ließen, kontrolliert würden.
Auch im Ausland wurde die russische Geheimpolizei aktiv. Sie zog ein enges Netz von Agenten über Westeuropa, die russische Studenten, Intellektuelle und Ausländer, die sich mit Rußland beschäftigten und nach Rußland reisten, auszuforschen hatten. Dabei war ihr jedes Mittel recht. Für Spitzeldienste zahlten sie Geld an westliche Wohnungsinhaber, bei denen sich Russen einquartiert hatten. Die Vermieter hatten den russischen Agenten dann mitzuteilen, welche Zeitungen ihre Mitbewohner lasen, mit wem sie menschlichen Kontakt pflegten, wer ihnen Post schickte und an wen sie schrieben. Einige Hausbesitzer waren gegen ein entsprechendes Honorar sogar bereit, von den Spitzeln des Zaren die Wohnungen ihrer Mieter bei Abwesenheit durchsuchen zu lassen. In Rußland wiederum wurden von

der geheimen Polizei Briefe und Pakete geöffnet, die aus dem Westen geschickt wurden. Die Post verdächtiger Personen – und fast alle Russen, die im Ausland lebten, wurden als politisch unzuverlässig eingestuft – wurde grundsätzlich durchsucht. Damit nicht zu viele Russen ins Ausland reisen konnten, wurde von Jahr zu Jahr die Steuer für Auslandspässe erhöht.

Gegen die aufmüpfigen Bauern, Arbeiter oder Intellektuellen, die Reformen und eine liberalere Politik erzwingen wollten, ging die Polizei mit wachsender Brutalität zu Werke. Auf Demonstranten wurde ohne Vorwarnung geschossen, Verhaftete wurden einzeln und in Gruppen geprügelt und gefoltert. Unschuldige Menschen, die einfach nur verdächtigt wurden, steckte die Polizei ins Gefängnis, deportierte sie nach Sibirien. Andere wurden unter polizeiliche Aufsicht gestellt, aus Städten ausgewiesen, vor ein Kriegsgericht gestellt und zum Tode verurteilt. Die Polizei wütete willkürlich, die unterdrückten Menschen reagierten mit Angst, aber auch mit todesverachtendem Mut. Rußland war um die Jahrhundertwende zu einem politischen Pulverfaß geworden, das jederzeit explodieren konnte.

Um noch mehr Blutvergießen zu verhindern und die Regierung und den Zaren, die gegen das Volk nur mit Gewalt vorgingen, auf die bedrohliche Lage aufmerksam zu machen, schrieb der in ganz Rußland bekannte und von allen Gesellschaftsschichten geschätzte Schriftsteller Lew Tolstoj an den Imperator in Petersburg: »Ein Drittel von ganz Rußland steht unter verstärktem Schutz, das heißt außer dem Gesetz. Die Armee der offenen und geheimen Polizisten wächst fortwährend. Die Gefängnisse, die Strafkolonien sind überfüllt mit Tausenden von Sträflingen und politischen Verbrechern, zu denen jetzt auch die Arbeiter gerechnet werden. Die Zensur erläßt sinnlose Verbote, wie sie in den schlimmsten Zeiten der vierziger Jahre nicht einmal vorkamen. Niemals waren die religiösen Verfolgungen so häufig und so grausam wie heute, und sie werden noch immer häufiger und grausamer. In allen Städten und Fabrikzentren sind Soldaten zusammengezogen, die mit Patronen bewaffnet gegen das Volk ausgesandt werden. An vielen Orten schon hat es brudermörderisches Blutvergießen gegeben (Tolstoj schrieb diese Sätze im Jahr 1902!) und überall und unaufhaltsam bereiten sich neue und noch grausamere Begebenheiten vor. Der Erfolg dieser angestrengten und furchtbaren Tätigkeit der Regierung ist nur der, daß die Landbevölkerung, jene hundert Millionen, auf die die Macht Rußlands sich gründet, trotz des wachsenden Budgets oder gerade infolge dieses Wachstums mit jedem Jahre ärmer wird, so daß die Hungersnot schon zu einer normalen Erscheinung geworden ist. Eine ebenso normale Erscheinung ist die allgemeine Unzufriedenheit aller Stände mit der Regierung und die offene Feindschaft gegen Sie.«

Selbst hohe einsichtige Polizeioffiziere warnten die Regierung davor, nur mit brutaler Unterdrückung auf den Volkswillen zu reagieren. Ein Polizeidirektor schrieb an seine vorgesetzte Behörde: »Die administrative Deportation erstreckte sich in den letzten Jahren auch auf die Jugend, im Falle einer Beteiligung an Studentenunruhen, die gar keinen politischen Charakter trugen, und auf Arbeiter wegen Streiks, die ganz friedlich verliefen und nur aus ökonomischen Motiven entsprangen, sowie auf Bauern, die ihr Land nach langen Streitigkeiten mit den Gutsherren auf eigene Verantwortung hin bebaut hatten. ... Die administrative Deportation verbittert die Bevölkerung und streut

so die Saat der Revolution über das ganze russische Land aus. Heute sind schon Fälle bekannt, wo eine regierungsfeindliche Propaganda selbst in den Gegenden von Jakutsk und in der kirgisischen Steppe von Erfolg begleitet war.«
Außer den Ketten der Unterdrückung hatten die Menschen nichts zu verlieren. Mutig schleuderten Verurteilte den Richtern ihr politisches Credo und ihren Freiheitswillen ins Gesicht: »... Sie werden unseren Tod nicht geheimhalten können, und das, was für mich, für den einzelnen das Totengeläut ist, wird für das Werk der Freiheit zur Sturmglocke.«
Die freiheitliche Stimmung im Volk und die nahende Revolution begeisterte den russischen Poeten Alexander Herzen, der »das junge Rußland, das an den Sargdeckel pocht«, dazu auserkoren hatte, den Menschen die politische Freiheit und soziale Gerechtigkeit zu bringen.
Der russische Philosoph Nikolaj Berdjajew, der 1874 in Kiew geboren wurde und 1948 in der westlichen Emigration starb, hat wie kaum ein anderer die gesellschaftliche Entwicklung Rußlands Ende des 19. und Anfang des 20. Jahrhunderts analysiert und beschrieben: »Im russischen Bewußtsein des 19. Jahrhunderts nahm die soziale Frage einen vorrangigen Platz ein. Man kann sogar sagen, daß das russische Denken des 19. Jahrhunderts in erheblichem Maße sozialistisch gefärbt war. Wenn Sozialismus nicht doktrinär aufgefaßt wird, kann man sagen, daß der Sozialismus tief in der russischen Natur wurzelt. Das zeigte sich schon darin, daß dem russischen Volk die römischen Eigentumsbegriffe fremd waren. Vom Moskauer Rußland wurde gesagt, daß es die Sünde des Grundeigentums nicht kannte, der Zar einziger Eigentümer gewesen sei, keine Freiheit, aber mehr Gerechtigkeit geherrscht habe. Für die Entstehung des Kommunismus ist diese Erklärung wichtig.

Den westlich-bürgerlichen Begriff des Privateigentums lehnten die revolutionären Sozialisten genauso ab wie die Slawophilen. Fast alle glaubten, das russische Volk sei berufen, soziale Gerechtigkeit, Brüderlichkeit der Menschen zu verwirklichen. Alle hofften, Rußland werde der Ungerechtigkeit und dem Übel des Kapitalismus entgehen, es könne zu einer besseren sozialen Struktur übergehen, die kapitalistische Periode in der ökonomischen Entwicklung aber vermeiden. Alle glaubten auch, Rußlands Rückständigkeit sei ein Vorteil ... Das russische Volk ist das gemeinschaftlichste Volk der Welt. Das entspricht russischer Lebensweise, russischen Sitten. Die russische Gastfreundschaft ist ein Merkmal des Gemeinschaftssinnes ...«

Die erste russische Revolution brach 1905 aus, nachdem ein Versuch, die russischen Arbeiter und Bauern von ihrem Elend abzulenken und dem Zarentum durch einen siegreichen Krieg zu neuem Glanz und Ansehen zu verhelfen, elend gescheitert war. Das riesige Rußland ließ sich 1904 im fernen Osten wegen der Mandschurei in einen Krieg mit Japan ein. Kaiser Nikolaus war dazu überredet worden. Rußland verlor den Krieg und mußte auf die Mandschurei und Korea verzichten. Das Elend der Massen war nach dem verlorenen Krieg noch größer geworden. Sie erhoben sich und zogen im Januar 1905 vor das Winterpalais in St. Petersburg, um dem Kaiser ihre Forderungen zu überbringen.

Sie wurden von dem Priester Jurij Gapon angeführt, der die »Vereinigung der russischen Fabrikarbeiter Petersburgs« leitete, gleichzeitig aber der Ochrana (russische Geheimpolizei) unterstand. Gapon war überzeugt, daß er helfen könne, ein anderes, gerechteres Rußland aufzubauen. Deshalb zog er mit Tausenden Arbeitern, die Kirchenlieder sangen, Heiligenbilder und Bilder des Zaren trugen, friedlich durch Petersburg. Als die Demonstranten immer näher an das Palais des Zaren heranrückten, um ihm eine Petition zu überreichen, eröffneten die Soldaten das Feuer. Hunderte starben, das Blut der Arbeiter floß in Strömen durch die Straßen der Hauptstadt.

Dieser »blutige Sonntag« empörte die russischen Arbeiter und Bauern, die Nachricht von der Bluttat ging durchs ganze Land. Der Zar hatte auf friedliche Arbeiter schießen lassen. Der Zar und seine Herrschaft waren bislang nicht angetastet worden, die Missetäter und Ausbeuter waren in den Augen der Massen immer nur die Adligen, die Fabrik- und Großgrundbesitzer gewesen. Jetzt aber richtete sich der Haß gegen den Zaren selbst. Es tauchten Losungen auf wie: »Nieder mit der Zarenherrschaft«, Bilder des Zaren wurden zerstört, Soldaten verweigerten der Krone ihren Gehorsam. Ein Generalstreik mündete in einen bewaffneten Aufstand, der allerdings ungenügend organisiert war und von der Armee niedergeschlagen werden konnte.

Doch der Kaiser und seine Berater hatten erkannt, daß es fünf vor zwölf war und sie sich nur halten könnten, wenn sie das Elend der Massen linderten und den Menschen mehr politische Freiheiten einräumten. Der Herrscher ließ ein Gesetz über die Gründung eines Reichsrates, einer Art Parlament, verabschieden, das den alten russischen Namen Duma erhielt. Das Parlament sollte nur beratende Funktion haben, die Herrschaft des Zaren wurde nicht angetastet. Wieder aber zwangen Aufruhr und Streiks den Herrscher zu Konzessionen. Sein Minister Graf Witte proklamierte in einem Manifest erstmals die »Unantastbarkeit der Person, Freiheit des Gewissens, des Wortes, der Versammlungen und der Vereinigungen«. Zu den Wahlen in die Duma sollten auch Russen aus den unteren Volksschichten zugelassen, »welche jetzt des Wahlrechts noch gar nicht teilhaftig sind«. Kein Gesetz dürfe künftig ohne die Zustimmung der gewählten Parlamentarier verabschiedet werden, hieß es weiter.

In der Duma waren verschiedene Parteien und Gruppierungen – von der äußersten Rechten bis zur äußersten Linken – vertreten: Konstitutionelle Demokraten, Sozialrevolutionäre und auch Vertreter der Sozialdemokratischen Partei, die 1898 gegründet worden war.

Die russischen Sozialdemokraten hatten sich 1903 gespalten. Der Vorstand der Partei mußte sich in London versammeln, weil er in Rußland nicht tagen durfte. Die Vorstandssitzung beherrschte ein Mann, der 1917 die Welt verändern sollte: Wladimir Iljitsch Uljanow, der sich Lenin nannte. Der Sohn einer verarmten russisch-tatarischen Adelsfamilie hatte bereits die »Diktatur des Proletariats« im Auge, er dachte an Sozialisierung und an eine sozialistische Regentschaft, die von einer durchorganisierten Minderheit geführt und regiert werden müsse; seine Gegner befürworteten einen demokratischen Sozialismus und eine demokratische Staatsform nach westlichem Vorbild. Lenin und seine Anhänger setzten sich im Vorstand mit einer knappen Mehrheit von zwei Stimmen (19 zu 17) durch. Mehr heißt auf russisch »bolsche«; die Sieger der Abstimmung wurden später also »Bolschewiki« genannt, weniger heißt dagegen »mensche«; und so wurden auch in London die »Menschewiki« geboren, die von den Bolschewiki in der Revolution von 1917 engültig besiegt wurden.

Ein zweiter Mann, der die Geschichte der späteren Sowjetunion, unrühmlich und verbrecherisch bestimmen sollte, war Josef Wissarionowitsch Dschugaschwili, der sich den

Namen Stalin (der Stählerne) gab. Der Georgier, dessen Vater Handwerker gewesen war, wollte ursprünglich Geistlicher werden und besuchte ein Priesterseminar in der georgischen Metropole Tiflis, das der sozialistisch orientierte Student jedoch wegen der Verbreitung revolutionären Gedankenguts und wegen aufrührerischer Aktionen verlassen mußte. Der Sozialdemokrat Stalin, der nicht nach London reisen konnte, weil er im zaristischen Kerker saß, schloß sich nach seiner Flucht aus Sibirien Lenin und seiner Fraktion an. Lenin und Stalin waren in der Duma (Parlament) nicht vertreten, weil sie mehr im Untergrund oder in der Verbannung als in Freiheit lebten.

Die Duma mit ihren begrenzten Möglichkeiten hatte keinen Einfluß auf die Regierung, die weiterhin nur dem Kaiser verantwortlich war. Weil in der ersten Duma überwiegend Oppositionelle saßen, wurde sie aufgrund eines kaiserlichen Dekrets nach drei Monaten wieder aufgelöst; das gleiche Schicksal ereilte die sehr linkslastige zweite Duma. Erst ein neues Ständewahlsystem, das konservativen Kräften die Mehrheit sicherte, garantierte den Fortbestand der dritten und vierten Duma, die, solange der Kaiser herrschte, jedoch keine politischen Akzente setzen konnte. Der Zar blieb der Alleinherrscher in Rußland.

Der Zar beharrte auf seinem Status und seinen Rechten; die Opposition, vor allem die radikalen linken Kräfte, wollten sie ihm streitig machen. Links und Rechts standen sich immer unversöhnlicher gegenüber. Die Mittel der Auseinandersetzung wurden immer härter und brutaler. Bomben explodierten, Attentate waren an der Tagesordnung, die Polizei verhaftete linke Politiker, radikale Anführer, vor allem Bolschewiki, ließ sie zu Hunderten zum Tode verurteilen, in Gefängnisse stecken und nach Sibirien deportieren. Peter Stolypin, seit 1906 Ministerpräsident des Zaren, wußte um die Schwachstellen des russischen Staates. Er kannte die Ursachen der harten politischen Auseinandersetzung und wußte, daß sie nur mit gesellschaftlichen Reformen zu beseitigen waren, in einem Rechtsstaat, den er schaffen wollte. Das Heil für Rußland sah er in einer aufgeklärten konstitutionellen Monarchie, nicht aber in einer Staatsform, die von sozialistischem Gedankengut geprägt war, für das sich die Linken so vehement einsetzten. Die Sozialisten, vor allem die Bolschewiki unter Führung von Lenin, wollten den Umsturz, eine radikale Veränderung in Rußland. Stolypin kämpfte mit allen Mitteln für die Erhaltung einer reformierten Monarchie.

Die politischen und sozialen Gegensätze schienen unüberbrückbar. Stolypin, dessen Leben ständig durch Anschläge gefährdet war, dessen Tochter vor seinen Augen getötet wurde, arbeitete an Reformen, die in Rußland, wollte es als Monarchie überleben, unverzüglich durchgeführt werden mußten. Den Arbeitern in den Fabriken und den Bauern, der Mehrheit der russischen Bevölkerung, sollten die geplanten Reformen und Hilfen vor allem zugute kommen.

Die Bauern waren zwar 1861 aus der Leibeigenschaft befreit worden, hatten aber andere Fesseln angelegt bekommen. Das Ackerland, das sie bearbeiteten, gehörte nicht ihnen, sondern der Gemeinde, der Gemeinschaft. Stolypin gab es ihnen und ihren Kindeskindern. Die Bauern durften außerdem Land von Gutsherren und vom Staat erwerben. Millionen Bauern siedelte Stolypin in den riesigen Ländern des russischen Ostens und in Südasien an. Er half ihnen, Ackergerät zu erwerben und mit neuen Methoden die Erträge zu erhöhen. Die Mehrheit der Bauern

war mit den Reformen zufrieden und stand zu ihrem Zaren und seiner Regierung.
Doch Stolypin war mit seinen Reformen zwischen zwei Stühle geraten. Den einflußreichen rechten konservativen Kräften gingen die Reformen zu weit, den linken sozialistischen nicht weit genug. Nikolaus II. wollte auf Empfehlung seiner reaktionären Berater den Reformer Stolypin entlassen. Es blieb ihm erspart: Der Regierungschef wurde nach unzähligen Anläufen 1911 von einem Sozialrevolutionär getötet. Mit dem Reformer waren auch seine Reformen gestorben. Die letzten Stunden der russischen Monarchie wurden eingeläutet.
Der Zar grub sich nach dem Tod des klugen Ministerpräsidenten sein eigenes Grab. Er machte nur noch politische Fehler. Er verzögerte die Bauernreformen und stoppte sie schließlich ganz. Dann ließ er sich von seiner Umgebung 1914 gegen Deutschland und Österreich in den Ersten Weltkrieg drängen, von dem das zerrüttete Rußland nur Nachteile zu erwarten hatte. Die russischen Soldaten, die den Sinn und Zweck dieses Krieges nicht begreifen konnten und wollten, verloren eine Schlacht nach der anderen. Das Volk und die Armee bluteten aus, sie hungerten und litten und erhoben sich schließlich gegen die Unvernunft des Zaren und seiner Regierung. Wie schon 1905, gingen die Massen auf die Straßen, angeführt von den sozialistischen Parteien. Aufstände überzogen das Land. Die unzufriedenen, geknechteten Menschen forderten den Sturz des Zaren.
Das Petersburger Komitee der Bolschewiki bereitete sich darauf vor, eine provisorische Regierung als »demokratische Diktatur des Proletariats und der Bauern« zu bilden. Teile der in einen sinnlosen Krieg verwickelten und ausge-

bluteten Armee fühlten sich nicht länger dem Zaren verpflichtet. Einflußreiche Verteter des Hochadels sahen nur noch im Sturz des Zaren eine Rettungsmöglichkeit für Rußland und die Monarchie; vorsorglich hatten sie im Dezember 1916 den »Wunderheiler« und verhängnisvollen Hofberater Georgij Rasputin ermordet, wie Historiker meinen, »viel zu spät«. Der bedrängte Zar verhängte auf Empfehlung seines Staatsrats den Ausnahmezustand über Rußland, zudem wurden alle liberalen Presseorgane verboten. Der Zar, so wollten es hohe Generäle und regierende Vertreter des Adels, sollte abdanken und seinem Sohn Alexej den Thron überlassen.

Dazu kommt es nicht mehr. Die Ereignisse in Rußland überschlagen sich. Im Februar 1917 droht eine revolutionäre Explosion auszubrechen. Knapp 130000 Arbeiter streiken in der Metropole, die nach Ausbruch des Krieges gegen Deutschland von St. Petersburg in Petrograd umbenannt worden ist, und protestieren gegen den Krieg, gegen hohe Preise und die wirtschaftliche Misere. Aus dem Streik der Arbeiter entwickelt sich ein politischer Aufstand, gegen den Truppen eingesetzt werden. Nach harten Straßenkämpfen mit unzähligen Toten stellen sich die Petrograder Garnison und andere Teile der Armee auf die Seite der Arbeiter; die Soldaten halten – anders als 1905 – dem Zaren nicht die Treue. Am 27. Februar 1917 ist die Hauptstadt in den Händen der Armee und der Arbeiter, die Brücken, Bahnhöfe, Postämter und Regierungsämter besetzt halten und politische Häftlinge aus den Gefängnissen befreien. Sie erobern die Peter- und Paulsfestung, das Winterpalais, verhaften Minister und sperren sie in der Festung ein.

Die Bolschewiki, die aktivsten und radikalsten der Linken,

veröffentlichten sogleich ein Manifest. Sie forderten, eine provisorische Regierung zu bilden, eine demokratische Republik zu proklamieren, den Acht-Stunden-Tag einzuführen, den Krieg zu beenden, die Großgrundbesitzer zu enteignen. Die Bolschewiki versuchten, sich an die Spitze des Aufstands zu setzen. Ihr Ziel, die Macht zu übernehmen, hatten sie noch nicht ganz erreicht.
Der Zar und Herrscher aller Russen, Nikolaus II., mußte am 15. März 1917 abdanken, sein Bruder Michail besteigt für einen Tag den Thron, danach gibt es keine russische Monarchie mehr. Ein halbes Jahr lang darf Rußland demokratische Frühlingsluft atmen. Ein Komitee der Duma bildet eine provisorische Regierung unter der Führung des Fürsten Lwow. Alle Minister in diesem Kabinett sind Vertreter der bürgerlichen Fraktion, bis auf den Justizminister Kerenskij, der zu den Sozialrevolutionären gehört. Die provisorische Regierung sichert den Russen bürgerliche Freiheiten, sie amnestiert politische Häftlinge, eine Volksmiliz ersetzt die Polizei, spezielle Polizeitrupps und die Ochrana (Geheimpolizei) werden abgeschafft, Nikolaus II. und seine Familie werden verhaftet und in Zarskoje Selo interniert. Die Regierung schafft weiter die Todesstrafe ab, die nach Sibirien verbannten Führer der Bolschewiki und Kamenjew dürfen nach Petrograd zurückkehren, die nationalen, konfessionellen und ständischen Einschränkungen werden aufgehoben, die Gleichheit der Bürger vor dem Gesetz wird garantiert.
Rußland befand sich noch im Krieg, die wirtschaftliche Not der Bürger war groß, aber die Russen waren zum ersten Mal in ihrer Geschichte freie Menschen. Der Führer der Bolschewiki, Wladimir Lenin, nutzte die Gunst der liberalen Stunde und kehrte aus dem Exil im schweizerischen Zü-

rich nach Petrograd zurück. Bei seiner Heimkehr half ihm das deutsche Kaiserreich. Lenin durfte in einem plombierten Eisenbahnwagen durch Deutschland nach Rußland fahren. Die Deutschen, im Krieg schwer angeschlagen, hofften auf einen Sonderfrieden mit Rußland. Lenin, der die Kriegsmüdigkeit der Russen kannte und einen revolutionären Umsturz in seiner Heimat plante, wollte für den Fall, daß er an die Macht kam, sofort den Krieg beenden. Gleich nach ihm war auch Leo Trotzki aus dem kanadischen Exil heimgekehrt. Lenin schlug vor, daß sich seine Bolschewiken, die sich noch immer zur sozialdemokratischen Partei bekannten, ab sofort Kommunisten nannten, um sich radikal von den anderen abzugrenzen.
Im taurischen Palais von Petrograd unterbreitet Lenin den versammelten Kommunisten sein Programm für ein proletarisches Rußland. Er fordert: die Beendigung des Krieges, die Nationalisierung des gesamten Bodens, die Kontrolle über die Wirtschaftsproduktion und ihre Verteilung, ein Rußland der Arbeiterräte.
Auf Lenins Initiative hin gründen Arbeiter von Petrograd, Moskau und anderen russischen Orten die »Roten Garden«; die bewaffneten proletarischen Einheiten sollen mit Gewalt die bolschewistische Politik realisieren helfen. Beim Petrograder Räte-Kongreß der Arbeiter und Soldatendeputierten hingegen, in dem alle sozialistischen Fraktionen vereinigt sind, muß Lenin mit seinen Bolschewiki eine Niederlage einstecken. In das von Sozialrevolutionären und Menschewiki beherrschte exekutive Zentralkomitee werden nur 35 (von insgesamt 256 Mitgliedern) Bolschewiki gewählt; diese demokratische Niederlage entmutigt die Bolschewiki allerdings nicht. Sie wissen, daß sie nicht mit demokratischen Mitteln, sondern nur durch einen

Umsturz, durch eine Revolution an die Macht kommen können. Sie schüren das Feuer der Revolution.
Mit Hilfe der Bolschewiki demonstrieren Arbeiter und Soldaten im Juli 1917 in Petrograd. Die Regierung verhängt den Kriegszustand über Petrograd und beschließt, die bolschewistischen Führer zu verhaften, ihre Zeitungen zu verbieten und die Roten Garden zu entwaffnen. Lenin entwischt in den Untergrund und flieht nach Finnland. Kamenjew und Trotzki werden verhaftet. Die provisorische Regierung unter Fürst Lwow tritt zurück, der Sozialrevolutionär Kerenskij wird sein Nachfolger; seine Regierung soll eine »Regierung zur Rettung der Revolution« sein. Kerenskij verkündet die gesetzliche Unantastbarkeit der Person, die Unverletzlichkeit der Wohnung, den Schutz des Postgeheimnisses, die Glaubensfreiheit, die Aufhebung der Privilegien der russisch-orthodoxen Kirche. Rußland wird zur Republik erklärt.
Die provisorische Regierung unter Kerenskij gerät von zwei Seiten unter massiven Druck. Der deutsche Kriegsgegner, den der Premier bis zum bitteren Ende bekämpfen will, rückt mit der Besetzung von Riga näher an Petrograd heran, das evakuiert werden soll. Lenin und seine bolschewistische Partei, die im Moskauer und Petrograder Sowjet (Rat) die Mehrheit bekommen haben, beschließen auf einer geheimen Sitzung des Zentralkomitees (ZK) den bewaffneten Aufstand gegen die Regierung von Kerenskij. Lenin wartet auf einen günstigen Augenblick. Als der Regierungschef am 24. Oktober 1917 die bolschwistischen Zeitungsredaktionen »Weg der Arbeit« und »Soldat« besetzen läßt, gibt Lenin den Befehl zum militärischen Gegenschlag. Die »Große Sozialistische Oktober-Revolution« ist ausgebrochen.

Lenin und die Oktoberrevolution

Unter der Leitung des »Militärrevolutionären Komitees« beginnt in Petrograd der bewaffnete Kampf gegen die provisorische Regierung, die über die Hauptstadt den Ausnahmezustand verhängt. Kerenskij zieht Truppen von der Front ab, die den Aufstand niederschlagen sollen. Aber viele der Soldaten, auch aus anderen Teilen der Armee, laufen zu den Anhängern Lenins über. Rotgardisten, Soldaten und Matrosen besetzen am 24. und 25. Oktober 1917 die wichtigsten strategischen Punkte in Petrograd, die provisorische Regierung zieht sich ins Winterpalais zurück. In der Nacht darauf erstürmen die bolschewistischen Einheiten das Winterpalais und verhaften dreizehn Minister. Der Premier Kerenskij hat noch rechtzeitig aus Petrograd fliehen können. Der Sturm auf das Winterpalais leitet in Rußland den Sieg der Bolschewiki ein. Auch in Moskau übernehmen die Bolschewiki nach kurzen Kämpfen (vom 26. Oktober bis 3. November) die Macht.
Die neue Sowjetmacht erläßt zwei Dekrete »über den Frieden« und »über den Grund und Boden«. Alle Kriegshandlungen sollen sofort eingestellt und Friedensverhandlungen aufgenommen werden, es soll keine »Annexionen und

Kontributionen« geben. Der Großgrundbesitz soll entschädigungslos enteignet werden. Der alte Julianische Kalender wird durch den westlichen Gregorianischen ersetzt. Zwischen dem alten und neuen Kalender besteht eine Differenz von 13 Tagen. Der 25. Oktober im Julianischen Kalender entspricht dem 7. November im Gregorianischen; die Oktoberrevolution hat nach der neuen Zeitrechnung also im November stattgefunden.

Die rote Regierung unter Führung von Wladimir Iljitsch Lenin verlegte die Hauptstadt von Petrograd wieder ins russische Zentrum, nach Moskau. Nach harten Kämpfen, nach großen Opfern und unermeßlichem Leid auf beiden Seiten, hatten sich die Bolschewiki im ganzen Land etabliert, aber ihre Macht war noch nicht gefestigt. Der Ministerpräsident Lenin, der sich Vorsitzender des Rats der Volksbeauftragten nannte, veränderte die gesellschaftlichen Strukturen in Rußland nach den Lehren seines geistigen Vaters Marx; noch nie hatte ein Land eine derartige fundamentale Umgestaltung erlebt. Lenin machte aus Rußland einen großen Staatsbetrieb. Alle und alles wurden enteignet und verstaatlicht. Der realexistierende Sozialismus nahm seinen Lauf.

Auf die Sowjetmacht lauerten viele versteckte und offene Feinde im In- und Ausland. Das bolschewistische Regime stand oft nahe am Abgrund, konnte sich aber immer wieder vor dem Absturz retten. Das Land stand vor einer wirtschaftlichen Katastrophe. Die zaristische Armee war aufgelöst, die neuformierte Rote Armee stand noch auf wackligen Füßen. Der Krieg mit Deutschland aber ging noch weiter. Die russischen Soldaten, denen Lenin Frieden versprochen hatte, waren ausgelaugt, demoralisiert und kriegsmüde. Die Front gegen die Deutschen, die immer weiter ins Land rückten, war brüchig geworden. Lenin brauchte Frieden, die Ruhe vor dem ausländischen Gegner. Das deutsche Kaiserreich aber forderte für den Frieden einen hohen Tribut. In Brest-Litowsk verlangten die deutschen Unterhändler, daß Rußland auf seinen Vielvölkerstaat verzichtete. Es sollte im Westen die Litauer, Polen, Letten, Esten und Finnen aus dem russischen Staatsbereich ausgliedern, auch die Ukraine und Weißrußland sollten eigenständige Staaten werden. In Wirklichkeit aber wollte sich Deutschland diese Völker und Länder einverleiben. Der Friedensvertrag mit Deutschland sollte jedoch, so hatte Lenin es seinen Unterhändlern befohlen, auf alle Fälle zustandekommen. Außenminister Trotzki, der sich gegen das deutsche Diktat wehrte, mußte im März 1918 den von den Deutschen bestimmten Vertrag unterzeichnen.

Im Frieden von Brest-Litowsk zwischen Deutschland, Österreich-Ungarn, Bulgarien, der Türkei und der RSFSR (Russische Sozialistische Föderative Sowjet-Republik) wird vereinbart, daß sich die Deutschen und ihre Verbündeten verpflichten, die besetzten Gebiete zu räumen – bis auf Estland und Lettland –, auf Reparationen verzichten und die Russen die RSFSR demobilisieren. Rußland verzichtet auf territoriale Ansprüche gegenüber Polen, Litauen und dem Kurland. Die Ukraine und Finnland werden als eigenständige Staaten anerkannt, Weißrußland bleibt im russischen Staatsverband. Rußland verliert damit 26 Prozent seiner Bevölkerung, 27 Prozent seiner nutzbaren Landflächen und 75 Prozent seiner Kohlenbergwerke.
Lenin gewinnt durch den Friedensvertrag nur eine kurze Atempause. Die Anhänger der Monarchie und die Befürworter einer Demokratie, die von der »Diktatur des Prole-

tariats« erbarmungslos verfolgt oder nach Sibirien verschickt werden, wollen sich nicht kampflos dem Henker ausliefern. Die Monarchisten, zarentreue Offiziere, deren Herrscher, Nikolaus II., von den Bolschewiki samt seiner Familie im Juli 1918 in Jekaterinburg erschossen worden war, kämpften mit ihrer weißen Armee verbissen gegen die Rote Armee. Nachdem die Westmächte Deutschland besiegt hatten und damit wieder über freie militärische Kräfte verfügen konnten, unterstützten Frankreich, England und die Japaner die russischen Gegner der proletarischen Revolution. Sie lieferten Waffen, gaben Geld und schickten ihre Soldaten nach Rußland. In der Ukraine marschierten die Franzosen ein, auf der Krim waren die Engländer, und Wladiwostok wurde von den Japanern bedroht.

Das Feuer des Bürgerkrieges brannte lichterloh. Die sozialdemokratischen Bolschewiki, die sich offiziell in »Kommunistische Partei Rußlands« umbenannt hatten, mußten während der harten Kämpfe mit ihren konterrevolutionären Feinden im Land oft täglich um ihre Macht im Moskauer Kreml zittern. Zum Lager der Monarchisten und Demokraten gehörte auch die stärkste moralische Kraft im Lande: die Kirche mit ihrer russisch-orthodoxen Religion. Der Glaube hatte Rußland fast 1000 Jahre lang geprägt. Für den Glauben hatten die Russen gelebt, im Namen des Glaubens waren sie gestorben. Russisch sein hieß orthodox sein, und orthodox hieß russisch sein. Die atheistischen Kommunisten wollten den Russen den alten religiösen Zopf abschneiden, sie wollten den Glauben notfalls auch mit brutaler Gewalt aus ihren Herzen vertreiben. Gemäß ihres ideologischen Vordenkers aus Deutschland war auch für die russischen Marxisten die Religion nur Opium fürs Volk. Die Gläubigen waren ideologische Gegner und

Feinde der Kommunisten. Das Volk war inbrünstig orthodox gläubig, jetzt sollte es ebenso kommunistisch – atheistisch gläubig werden.
Die zaristischen Herrschaftsstrukturen waren zerschlagen, jetzt mußten die kirchlichen beseitigt werden. Die Revolutionäre nahmen der Kirche Grund und Boden weg, sie schlossen Kirchen, Klöster und theologische Lehranstalten, schafften die kirchliche Ehe und die kirchlichen Feiertage ab und verstaatlichten das Kircheneigentum. Weltliche Priester, Mönche und Nonnen wurden in sibirische Lager verbracht oder gleich umgebracht. Auch vor herausragenden Heiligtümern der russischen Religion, der russischen Geschichte und der russischen Nation zeigten die fanatisierten Revolutionäre keinen Respekt.
Selbst das von allen Russen geachtete und geehrte Dreifaltigkeits-Sergij-Kloster, das Rußland mehrfach vor der Eroberung durch fremde Heere bewahrt hatte, so steht es in den Geschichtsbüchern, war für die Bolschewiki nur noch ein historisches Relikt. Die Mönche wurden verjagt oder ermordet, die Reliquien des Heiligen Sergij, des Klostergründers, zu denen alle Russen aus allen Teilen des Landes im Laufe der Jahrhunderte ehrfurchtsvoll gepilgert waren, verschleppten die Kommunisten ins antireligiöse Museum nach Moskau, um an ihnen den seelischen Betrug des Glaubens zu dokumentieren.
Der Oberhirte der russisch-orthodoxen Kirche, Patriarch Tichon, dessen Amt erst 1917 wieder eingeführt worden war, nachdem Peter der Große es abgeschafft hatte, verteidigte mutig die Gläubigen und ihre Kirche: »... Herr, die Söhne Rußlands haben deinen Bund verlassen, deine Altäre zerstört, die Heiligtümer des Kreml beschossen, Priester ermordet, und wir hören deine Worte: ›Noch gibt

es siebentausend Männer, die ihre Knie nicht vor dem modernen Baal (Götzen) gebeugt haben‹.« Tichon mußte als Patriarch erleben, wie seine Kirche Stück für Stück zerschlagen wurde, wie seine Priester verschleppt, eingesperrt und ermordet wurden. Über das ganze Land ergoß sich eine Welle des Blutes. Er prangerte die Kommunisten Lenins an, er nannte sie einen »Auswurf des Menschengeschlechts« und beschimpfte sie als »Wahnsinnige«.

Der Metropolit von Petrograd warnte die Regierung, daß das ganze russische Volk wie eine Mauer zur Verteidigung seiner Heiligtümer zusammenstehen würde, wenn die Vernichtung derselben nicht aufhörte. Wiederholt hatten rote Brigaden versucht, das Newskij-Kloster in Petrograd zu stürmen, das von gläubigen Männern und Frauen erst einmal erfolgreich verteidigt werden konnte. Das Heiligtum der alten Rus, das Höhlenkloster in Kiew, wurde gestürmt und geplündert, der mutige Kiewer Metropolit ermordet.

Im russischen Bürgerkrieg von 1918 bis 1920, in dem die Kirche auf der Seite der »Konterrevolutionäre« stand, wechselten die Erfolge der Weißen und Roten Armee ständig. Wenn die Roten ein Dorf eroberten, schlossen sie Kirchen, vertrieben die Geistlichen oder brachten sie um, wenn die Weißen das Dorf den Roten wieder entrissen hatten, wurden die Kirchen wieder eröffnet und die alten Strukturen hergestellt. Dann kamen wieder die Roten, dann die Weißen, bis sich die Roten endgültig festgesetzt hatten. Nach zwei Jahren härtester Kämpfe und Verfolgungen hatten die Bolschewiki ihre Macht im Land mehr oder weniger stabilisiert. Die Monarchisten, Demokraten, Großgrundbesitzer, Fabrikinhaber, die ausländischen Mächte, die ihnen im Kampf gegen die Revolution helfen wollten, hatten die Auseinandersetzung mit den brutal, verbissen und gut organisiert kämpfenden Kommunisten verloren.

Der Bürgerkrieg, die Abwehr der ausländischen Interventionsmächte und eine Dürreperiode im Süden Rußlands schwächten das Land 1921 derart, daß über 20 Millionen Menschen vom Hungertod bedroht waren. Auch in anderen Gegenden Rußlands wurde durch die Verwüstungen der Revolution, durch die Verstaatlichung der Bauernhöfe, den Protest und die Abwesenheit von Bauern, die in den Reihen der Weißen oder Roten kämpften, nur so viel geerntet, daß die Einheimischen gerade noch ernährt werden konnten. Für die Hungergebiete des Südens blieben indes keine Lebensmittel übrig. Dort starben die Menschen zu Tausenden. Die Not und Verzweiflung unter ihnen war so groß und aussichtslos, daß sogar Fälle von Kannibalismus vorkamen.

Die drückende Not dieser Menschen hatte sich im ganzen Land herumgesprochen. Aber ihre Landsleute konnten kaum helfen, weil sie selber nichts besaßen. Die Kassen des Staates waren leer. Der russische Patriarch bat alle christlichen Kirchen der Welt, den Hungernden zu helfen. Daraufhin wurden aus allen Teilen der Welt Hilfsgüter nach Rußland geschickt. Das Ausmaß der Hungerkatastrophe war indes so gewaltig, daß die Hilfe der Landsleute und Ausländer nicht mehr als ein Tropfen auf den heißen Stein war.

Die russische Kirche, die im ganzen Land für die Hungernden sammelte und sogar bereit war, wertvollen Kirchenschmuck, der nicht zum Gottesdienst gebraucht wurde, zu spenden, sollte nun alle wertvollen kirchlichen »Kultgegenstände« an die Regierung übergeben; diese wollte sie dann im westlichen Ausland gegen harte Valuta verkaufen; vom

Erlös sollten Getreide und Lebensmittel gekauft werden. Gegen die Abgabe von Kreuzen, Kelchen oder Ikonen, die zur heiligen Liturgie gehörten, geweihte Gegenstände waren und somit nicht zweckentfremdet eingesetzt und verkauft werden durften, wehrte sich die Kirche jedoch.
Der Ukas der Regierung stieß vor allem beim gläubigen Volk auf Widerstand. Den »Gottesraub« der Atheisten wollte es auf keinen Fall hinnehmen. Der Staat ging daraufhin mit Gewalt vor, er schickte bewaffnete Rotarmisten in die Kirchen, die die von allen Gläubigen versteckten und geschützten heiligen Gegenstände zu beschlagnahmen hatten. Überall, in Städten und Dörfern, im fernen Sibirien und nahen Moskau, kam es zu blutigen Zusammenstößen, bei denen Soldaten und Milizionäre (Polizisten) auf Gläubige einschlugen und schossen. Die Angegriffenen wehrten sich mit Knüppeln, Stangen und anderen Waffen.
Damit war für die regierenden Kommunisten der Beweis erbracht, daß die Kirche eine »konterrevolutionäre Organisation« war und sich gegen den Staat verschworen hatte. Die Regierungszeitung »Iswestija« schüttete weiter Öl ins Feuer: »Was sollen die Arbeiter und Bauern machen, wenn sie nicht bereit sind, Millionen an Hunger sterben zu lassen? Sie sollen dieser ganzen Bande von überheblichen und hochgestellten Pfaffen eine Abfuhr erteilen. Man soll die ›heiligste Gegenrevolution‹ mit glühenden Eisen ausbrennen.« Tausende Priester und Gläubige wurden sogleich zu strenger Lagerhaft verurteilt oder erschossen.
In heiliger Wut räumten die wildgewordenen und haßerfüllten Anhänger des »großen Schöpfers und Führers« Lenin alle aus dem Weg, die den Aufbau des ersten sozialistischen »Arbeiter- und Bauernstaates« störten. Seine proletarischen Untertanen hatte Lenin während der Revolu-

tion immer wieder aufgefordert, nach dem Sieg »plebejische Rache« an den Ausbeutern zu nehmen. Und dieser Plan der Rache wurde mehr als erfüllt. Obwohl die Revolutionäre und ihre Revolution ständig von vielen in- und ausländischen Mächten bedroht waren, fanden sie dennoch Zeit, mit dem Klassenfeind gründlich und für ewige Zeiten abzurechnen. Wladimir Lenin, dem jedes Mittel zur Verteidigung seiner Macht recht war, erweckte Institutionen zu neuem Leben, die er im zaristischen Rußland noch als Menschenfolter, Tötungsmaschinen verurteilt und bekämpft hatte. Lenins Vernichtungsmaschinerie sollte die der letzten Zaren an Konsequenz, Perfektion und Brutalität übertreffen.

Gleich nach Erlangung der Macht hatte Lenin seine Geheimpolizei, die Tscheka, gegründet. Ihr erster Leiter wurde der feinsinnige, literarisch begabte und zugleich kaltblütige Felix Dscherschinski, der die »plebejische Rache« an den einstmals Herrschenden in einen blutigen Vernichtungswahn trieb. Das von einem Sozialrevolutionär verübte Attentat auf Lenin war für seine Untertanen und die Geheimpolizei das Startzeichen für einen bedingungslosen Vernichtungskampf. Millionen Menschen mußten sterben.

Adlige, Industrielle, Großgrundbesitzer und Geistliche, die klassischen ideologischen Gegner der proletarischen Herrschaft, wurden getötet oder nach Sibirien verschickt, weil es für sie keinen Platz im sozialistischen Rußland mehr geben durfte. Aber auch Bauern, Arbeiter und »geistige Arbeiter«, die nicht bereit waren, die Diktatur des Proletariats anzuerkennen und ohne Einschränkung zu unterstützen, wurden trotz ihrer Herkunft aus dem Wege geschafft. Die proletarische Rechtfertigung hatte Lenin den bolschewistischen Barbaren geliefert. Der rote Zar war der Meinung, daß ganze Gesellschaftsklassen in Rußland ausgerottet werden sollten und mußten, um die helle Zukunft des gerechten Kommunismus zu sichern. Mit einer beispiellosen Härte und Grausamkeit hatten die Bolschewiki im Bürgerkrieg gesiegt. Sie hatten ihr Imperium auf einem Berg von Millionen Toten errichtet, ganze Bevölkerungsschichten vernichtet, das Land mit Terror und Angst überzogen, aber die Armut, das Chaos und den Hunger im Land hatten sie nicht besiegen können.

Die Revolution, der Krieg und vor allem die übereilte Sozialisierung im Lande hatten Rußland in eine wirtschaftliche Katastrophe geführt. Die Bauern, denen das Land der enteigneten Großgrundbesitzer übergeben worden war, wurden verpflichtet, ihre Erzeugnisse dem Staat abzuliefern; der private Handel war verboten worden. Viele Bauern, die als Knechte bei Gutsherren gearbeitet hatten, waren überfordert, das Land in eigener Verantwortung und unter chaotischen Bedingungen zu bearbeiten und die kläglichen Erträge, die sie erwirtschafteten, dann auch noch zwangsweise für ein geringes Entgelt abgeben und selbst fast hungern zu müssen.

Die Kleinbauern, die vom Regen in die Traufe gekommen waren und jetzt die Knute der ideologisierten Bolschewiki zu spüren bekamen, reagierten auf ihre Weise auf die befohlene Naturalienabgabe. Sie produzierten noch weniger und versteckten die landwirtschaftlichen Erzeugnisse für ihren privaten Haushalt. Maßnahmen der Staatsgewalt, die Lebensmittel von Milizionären konfiszieren zu lassen, verstärkten den Haß der bäuerlichen Bevölkerung auf die neuen proleterarischen Herrscher. Die verstaatlichte Industrie, die Handwerksbetriebe, deren enteignete Besitzer vertrieben, verbannt oder umgebracht worden waren, produzierten mit den unerfahrenen, nicht qualifizierten, im Sold des Staates stehenden Betriebsfunktionären nur noch einen kleinen Teil der früheren Menge. Maschinen standen still, Ersatzteile gab es keine, niemand war verantwortlich, der sozialistische Schlendrian nistete sich ein. Den privaten Handel wickelten staatliche Organisationen nach Plan ab. Die sogenannte Nebenwirtschaft, der Schwarzhandel, war – schon damals – der einzige Bereich, der funktionierte und florierte. Und so ist es bis heute geblieben.

Die Not, das Elend, der ständige Terror und der Hunger, der Millionen Russen dahinraffte, machten aus vielen verbissene Gegner der roten Diktatur, die ihnen das Paradies versprochen, aber nur neue irdische Qualen gebracht hatte. Gegen die Zaren hatten sich die Russen erhoben, gegen Lenin gingen sie nun auch auf die Barrikaden. Sie forderten »Sowjets ohne Bolschewiki«. Die Matrosen von Kronstadt, einer Inselfestung vor Petrograd, die 1917 das Winterpalais erstürmt und Lenin an die Macht gebracht hatten, erhoben sich nun auch gegen den proletarischen Herrscher. Sie forderten Neuwahlen der Sowjets, Pressefreiheit, die Abschaffung der roten Kommissare, die freie Marktwirtschaft. In allen Teilen des Landes streikten auch Arbeiter und Bauern, die die gewalttätige Unterdrükkungsmaschine der Kommunisten abschaffen wollten.

Doch Lenin und seine bolschewistischen Vollstrecker ertränkten die Aufstände im Blut. Kriegskommissar Trotzki hatte gedroht, daß alle Aufständischen »wie Enten auf dem Teich« erschossen würden, wenn sie sich nicht ergäben. Die Gegenrevolutionäre von Kronstadt hatten erklärt: ». . . Der blutige Feldmarschall Trotzki, der bis zu den Hüften im Bruderblut der Arbeiter watet, hat als erster das

Feuer gegen das revolutionäre Kronstadt eröffnet, das sich gegen die kommunistische Regierung empört, um die wirkliche Macht der Sowjets wiederherzustellen ...« Das brutale Vorgehen gegen die Kronstädter schilderte danach der Befehlshaber der Roten Armee Tuchatschewskij: »Ich bin fünf Jahre im Krieg gewesen, aber ich kann mich an ein derartiges Gemetzel nicht erinnern. Es war keine Schlacht mehr, es war die Hölle...«

Wladimir Lenin, der um keinen Preis auf die Macht im Kreml verzichten wollte, hatte erkannt, daß allein mit Unterdrückung, Zwang, Terror und Enteignungen der Kommunismus in Rußland nicht durchzusetzen war, daß der Fortbestand der proletarischen Macht gefährdet war, wenn er das politische Ruder nicht herumriß. Gegen den Widerstand linker Parteiideologen setzte der kluge Taktiker durch, das kommunistische Dogma nicht höher als den hungrigen Magen der Menschen einzustufen. Das von den Kommunisten verhaßte private Eigentum müsse, sollten nicht alle Russen verhungern, wieder zugelassen werden. Lenin begründete die »Neue Ökonomische Politik«, (NÖP) mit der er Rußland ökonomisch schnell wieder auf die Beine stellen wollte.

Der »unfehlbare« Lenin räumte Fehler ein, die er und seine Partei gemacht hätten: »Wir müssen danach trachten, den Forderungen der Bauern, die unzufrieden und mit Recht unzufrieden sind ... und wie könnten sie es auch nicht sein, stattzugeben ...« Unter dem Druck der hungrigen Massen mußte Lenin vorerst auf seine kommunistischen Ziele verzichten und eingestehen, daß es falsch gewesen sei, so früh das neue Gesellschaftssystem einführen zu wollen: »Ich bedaure, ... daß unsere Konzeption falsch war. Unsere Neue Ökonomische Politik bedeutet, daß un-

sere früheren Methoden uns eine Niederlage gebracht haben und daß wir einen strategischen Rückzug antreten mußten. Unsere Niederlage an der Wirtschaftsfront im Jahre 1921 war ernster als irgendeine andere. Das Verteilungssystem in den Dörfern und die sofortige Anwendung kommunistischer Methoden in den Städten hemmten unsere Kräfte für die Produktion und verursachten die schwere wirtschaftliche und politische Krise ... Wir hatten gehofft, mit Hilfe der Dekrete der proletarischen Regierung staatliche Industrien zu gründen und die Verteilung von staatlichen Erzeugnissen auf kommunistischer Basis zu organisieren – ein einem Land, das kleinbürgerlich ist. Das Leben hat uns gezeigt, daß wir im Irrtum waren. Es bedurfte einer Folge von Übergangsperioden wie Staats-Kapitalismus und Sozialismus, um in jahrelanger Vorarbeit den Übergang zum Kommunismus in die Wege zu leiten ...« Das neue ökonomische System war für Lenin die Stufe des Staats-Kapitalismus.
Die Bauern durften ihre Erzeugnisse wieder auf dem ebenfalls zugelassenen freien Markt verkaufen; kleine und mittlere Industriebetriebe und der Handel im Inland wurden reprivatisiert. Die Großindustrie, das Verkehrswesen und der Außenhandel indes sollten unter dem Dach der Staatswirtschaft bleiben. Der wirtschaftliche Kompromiß zeigte gleich entsprechende Erfolge. Die Streiks der Bauern und Arbeiter verebbten. Die landwirtschaftliche und industrielle Produktion stieg und hatte bald das Vorkriegs-Niveau erreicht. Die Inflation ging zurück. Die Menschen wurden wieder satt und konnten sich notdürftig kleiden. Damit allerdings hatte Lenin und seine Mitstreiter das endgültige Ziel nicht aus den Augen verloren: die Russen mit dem Kommunismus zu beglücken.

In der Ökonomie hatte Lenin Fehler eingestanden und den Rückzug angetreten. Politisch hingegen steuerte er unvermindert hart seinen Kurs der Diktatur des Proletariats. Er machte nicht einmal andeutungsweise Konzessionen. Die letzten oppositionellen (tatsächlichen oder angeblichen) Gruppen wurden erbarmungslos verfolgt und ausgemerzt. »Der richtige Ort für offene oder getarnte Menschewiki und Sozialrevolutionäre ist das Gefängnis ... trotz Heuchlern und Phrasendreschern kann man den Terror nicht entbehren«, formulierte Lenin sein Demokratieverständnis. »Für öffentliche Bekundung von Menschewismus müssen unsere Gerichte die Todesstrafe verhängen, sonst sind das nicht unsere, sondern Gott weiß was für Gerichte ...«
Lenins Polizei- und Überwachungsstaat mit Tausenden von Agenten und Spitzeln hatte Rußland mittlerweile bis in die letzten Ecken und Winkeln unter Kontrolle. Die Geheimpolizei der Kommunisten arbeitete rigoroser, brutaler und perfekter, als es je eine zaristische getan hat. Jede Kritik an Lenin und seiner Partei wurde durch strenge Zensur von vornherein unterbunden. Presse, Rundfunk und Film waren zu Handlangern der bolschewistischen Machthaber degradiert worden. Die Gewerkschaften durften nicht mehr die Interessen der Arbeiter, sondern nur noch die der allmächtigen Partei vertreten. Gefängnisse und Verbannungslager waren mit schuldlosen Menschen überfüllt. Die Diktatur des Proletariats hatte ihr blutiges Regime gefestigt und einen totalitären Staat geschaffen, der ungleich grober, brutaler und menschenverachtender war als die russische Monarchie.
Mit Mitteln der bedingungslosen Diktatur, der Vernichtung aller Andersdenkenden, hatte Lenin einen Staat geschaffen, wie ihn die Welt bislang nicht kannte. Lenin war

der Denker, der Lenker, der Organisator seiner Partei und der Revolution. Er hat den ersten »Arbeiter- und Bauernstaat« geformt, regiert und politisch stabilisiert. Er hat die Diktatur des Proletariats ausgerufen, die tatsächlich aber eine Diktatur Lenins war.
Schon zu Lebzeiten war Lenin eine Legende und das erste Opfer des Personenkults, den er allerdings verabscheute: »Wozu ist das gut? Es fällt mir schwer, Zeitungen zu lesen. Wohin man auch sieht, schreiben sie über mich. Ich finde dieses vollkommen unmarxistische Herausstreichen einer einzelnen Person sehr schädlich. Es ist falsch, unzulässig und überflüssig. Und diese Porträts? Überall! Wozu das ganze?«, fragte er einen Freund.
Nachdem Lenin die Sowjetmacht fest verankert hatte, zeigten sich bei ihm 1922 die ersten Anzeichen einer Krankheit, von der er nicht mehr genesen sollte. Freunden hatte er seine Vorahnung anvertraut: »Denkt an meine Worte, ich werde an Paralyse sterben.« Anfang Mai erlitt er den ersten Schlaganfall, er verlor für kurze Zeit die Sprache, konnte sein rechtes Bein und seinen rechten Arm nicht mehr bewegen. Mit Hilfe von Ärzten, Krankenpflegern, aber auch einer ungeheuren Willenskraft erholte sich Lenin wieder so weit, daß er im Moskauer Kreml täglich mehrere Stunden arbeiten durfte. Dann aber erlitt er einen zweiten Schlaganfall und mußte sich aus der politischen Arbeit zurückziehen.

Der Terror des Diktators Stalins

Noch zu Lenins Lebzeiten entbrannte bereits ein Machtkampf um seine Nachfolge in der Partei und im Staat. Sinowjew, Trotzki und Stalin, der vorher Generalsekretär der kommunistischen Partei geworden war, machten sich Hoffnungen, ihn zu beerben. Lenin, der seine Untertanen kannte, ahnte, daß seine Nachfolger mit ihrer persönlichen Machtgier Staat und Partei ruinieren könnten. Mit seinem Testament wollte er dies verhindern: »Nachdem Genosse Stalin Generalsekretär wurde, vereinigte er eine enorme Macht in seinen Händen, und ich bin nicht sicher, daß er es immer versteht, diese Macht mit der notwendigen Vorsicht zu gebrauchen. Andererseits zeichnet sich Genosse Trotzki nicht nur durch seine außergewöhnlichen Fähigkeiten aus, ... sondern er ist auch sicherlich der fähigste Mann im augenblicklichen Zentralkomitee. Aber er neigt auch dazu, ... sich zu sehr für die rein administrativen Seiten der Dinge zu interessieren. Diese beiden Eigenschaften der beiden fähigsten Führer des augenblicklichen Zentralkomitees könnten ganz unbeabsichtigt zu einer Spaltung führen ...«, schrieb Lenin am 25. Dezember 1922. Am 4. Januar 1927 ergänzte er: »Stalin ist zu grob, und dieser Fehler, der unter uns Kommunisten durchaus erträglich ist, wird vollkommen untragbar in dem Büro des Generalsekretärs. Ich schlage daher den Genossen vor, ein Mittel zu finden, um Stalin aus dieser Stellung zu entfernen, und einen anderen zu ernennen, der sich von Stalin in jeder Weise ... durch Überlegenheit unterscheidet – nämlich geduldiger, loyaler, höflicher, aufmerksamer gegen die Genossen und weniger launisch ist und so weiter ...«

Stalin jedoch zog hinter dem Rücken des kranken Lenin die Fäden der politischen Intrigen, um seine Ablösung zu verhindern. Anfang März verfaßte Lenin das letzte Schreiben vor seinem Tod, in dem er »alle persönlichen und kameradschaftlichen Beziehungen zu Stalin« kündigte. Am 21. Januar 1924, abends um sieben Uhr, starb er. Die Leiche wurde einbalsamiert und im Moskauer Haus der Gewerkschaften aufgebahrt. Hunderttausende marschierten an dem Grab vorbei, um von dem Gründer des ersten Arbeiter- und Bauernstaates Abschied zu nehmen. In einem Mausoleum auf dem Roten Platz in Moskau wurde Wladimir Iljitsch Lenin beigesetzt. Der Leninkult sollte nun erst richtig beginnen. Lenin wurde auf sowjetische Art heilig gesprochen, seine Schriften wurden zu heiligen Vermächtnissen. Ein neuer Ismus, der Leninismus, war geboren. Für Millionen Menschen in der Sowjetunion und der ganzen Welt ein Glaubensbekenntnis, von dem viele bitter enttäuscht werden sollten.

Nach Lenins Tod mußten sich vorerst drei Männer – Sinowjew, Kamenjew und Stalin – die Macht in der Partei und im Staat teilen. Auf dem Kongreß der Sowjets, der fünf Tage nach dem Ableben des Staatsgründers abgehalten und auf dem beschlossen wurde, Petrograd in Leningrad umzubenennen, brachte sich Stalin geschickt als der wahre

Sachverwalter des großen Lehrmeisters ins Gespräch. Er sagte: »Als Genosse Lenin von uns schied, hinterließ er uns das Vermächtnis, den erhabenen Namen ›Mitglied der Partei‹ hochzuhalten und in Reinheit zu bewahren. Wir schwören dir, Genosse Lenin, daß wir dein Gebot in Ehren erfüllen werden ...« Mit seinem Schwur leitete Stalin den Leninkult ein, den die Sowjetunion jahrzehntelang – bis zu Michail Gorbatschow – wie eine wundertätige Reliquie inbrünstig zelebrierte. Moskaus Roter Platz mit dem Lenin-Mausoleum wurden zum Wallfahrtsort von Kommunisten aus aller Welt.

Während der einbalsamierte Lenin, aufgebahrt in einem provisorischen Mausoleum auf dem Roten Platz in Moskau noch auf seine aus dunkelrotem Marmor gebaute Ruhestätte mit Ewigkeitscharakter warten mußte, machte sich sein verstoßener Zögling Stalin geduldig, zäh und konsequent daran, die politische Alleinherrschaft zu übernehmen. Er schaltete der Reihe nach alle seine Mitbewerber aus. Leo Trotzki, der mit Lenin das zaristische Rußland auslöschte und den Stützpfeiler der bolschewistischen Macht, die Rote Armee, aufbaute, sollte eigentlich, wie führende Kommunisten meinten, Lenins Erbe antreten. Doch der glänzende Partei-Theoretiker, Redner und Organisator Trotzki wurde von dem nur mittelmäßig intelligenten, aber willensstarken und hartnäckigen Stalin systematisch verdrängt.

Stalin und Trotzki, die sich persönlich haßten, hatten zudem konträre Vorstellungen von der kommunistischen Gesellschaftsordnung, die sie in Rußland aufbauen wollten. Lenins Traum von der Weltrevolution – ohne die auch der Sozialismus im Arbeiter- und Bauernstaat nicht verwirklicht werden könne – träumte Trotzki weiter. Stalin, der

Pragmatiker und Realpolitiker, wollte nicht auf das revolutionäre Weltwunder warten und machte sich daran, den »Sozialismus in einem Land« zu errichten. Der Export der Revolution sollte erst später verwirklicht werden; in Deutschland beispielsweise waren die kommunistischen Aufstände 1923 blutig niedergeschlagen worden. Trotzki hielt dem atheistischen Religionsstifter Lenin die Treue; er glaubte im Gegensatz zu seinem Widersacher weiter an die bevorstehende Weltrevolution.

Stalin, der als Generalsekretär der Partei mittlerweile alle wichtigen Posten mit ihm ergebenen Genossen besetzt hatte, verbannte seinen Gegner – im Stile eines Zaren – nach Sibirien. Trotz der Verbannung, die auch Stalin im Zarenreich kennengelernt hatte, kämpfte Trotzki weiter. 1929 ließ Stalin den Gründer der Roten Armee aus Rußland ausreisen, 1940 schließlich in Mexiko von Agenten seiner Geheimpolizei ermorden, weil er auch dort gegen Stalin polemisierte.

Nach Trotzki schaltete Stalin auch seine Widersacher Sinowjew und Kamenjew aus und ersetzte sie durch ihm hündisch ergebene Bolschewiki. Bereits Ende der zwanziger Jahre saß Stalin fest und allein auf dem roten Thron in Kreml. Der unumschränkte Herrscher realisierte nun seine Vorstellungen von einer kommunistischen Gesellschaft. Lenins Kompromiß, die Neue Ökonomische Politik (NÖP), die Rußland einen wirtschaftlichen Aufschwung gebracht hatte, aber nicht ins ideologische Konzept der eigentumslosen Gesellschaft paßte, wurde 1928 abgeschafft. Mit gewaltigen staatlichen Fünfjahresplänen, die bis heute existieren, sollte das ländliche Rußland ohne privates Eigentum in einen kommunistischen Industriestaat verwandelt werden; schon damals wurde die Losung ausge-

geben, daß der »Kapitalismus eingeholt und überholt« werde. Die Bauern, die ihre private Scholle besaßen und bearbeiteten, wurden zuerst aufgefordert und dann gezwungen, ihr Land in Genossenschaften (Kolchosen, kollektive Wirtschaften) einzubringen; die Bauern durften privat nur noch ein kleines Gärtchen bearbeiten, ein Schwein, eine Kuh und Kleinvieh halten. Auf den ehemaligen Gütern von Adligen, die zu Sowchosen (Sowjetische Wirtschaft, landwirtschaftliche Produktionsbetriebe) umgewandelt worden waren, arbeiteten die Bauern nur noch als lohnabhängige Landarbeiter.
Während der Adel, die Fabrikbesitzer, das Bürgertum, die Geistlichkeit und die Intelligenz schon 1917 im Gefolge der Revolution millionenfach ausgerottet, verbannt und zu Lagerhaft verurteilt worden waren, hatte sich Stalin im Zuge der Kollektivierung der Landwirtschaft die Kulaken (Großbauern), die bislang verschont geblieben waren, als nächste Opfer ausgesucht. Die Kulaken wurden als Klassenfeinde eingestuft und wie alle Gegner der Sowjetmacht entsprechend behandelt. Sie wurden ermordet, nach Sibirien verschickt, eingesperrt und bei Zwangsarbeiten im Kanal- und Eisenbahnbau zu Tode gequält. Bei der Raskulatschiwanije (Entkulakisierung) sind über 10 Millionen Bauern umgekommen. Eine Hungersnot, die 1932/33 die Wolgagebiete, die Ukraine, den Ural, Kasachstan und den Nordkaukasus erfaßte, raffte noch einmal 3 bis 4 Millionen Menschen dahin. Innerhalb von zehn Jahren hatte Stalin mit Brachialgewalt die Landwirtschaft kollektiviert; das administrative Kommandosystem auf dem Land ist bis zum heutigen Tag erhalten geblieben.
Bei der zwangsweisen Kollektivierung der Landwirtschaft unter Stalin, die gegen den Widerstand der Bauern mit Ge-

walt und Millionen Opfern durchgesetzt wurde, waren die Geistlichen und die Gläubigen in den Dörfern diejenigen, die sich der sozialistischen Landreform widersetzten; zumindest argumentierten so die Bolschewiki, die auf dieser Seite ihre Sündenböcke gefunden hatten und einen Grund hatten, gegen die Geistlichen – diesmal vor allem gegen die Dorfpfarrer – vorzugehen. Sie wurden verhaftet und ohne Anklage entweder gleich umgebracht, ins Gefängnis gesteckt oder nach Sibirien verbannt.

Vom Land griff 1930 die Terrorwelle gegen die Religion durch verschärfte Gesetze auf die Stadt über. Bis 1930 waren in Moskau zum Beispiel noch etwa 500 Kirchen geöffnet, 1933 waren es nur noch 100. Stalin, der in der Jugend selbst einmal Priester werden wollte, schaltete sich öffentlich in die Diskussion über die Religion ein und lieferte den Tausenden Apparatschiks, die in der UdSSR des Führers ideologische Vorstellungen und Befehle zu vollstrecken hatten, die ideelle und rechtliche Legitimation. Stalin sagte: »Die Partei darf sich in religiösen Angelegenheiten nicht neutral verhalten, sie führt vielmehr eine antireligiöse Propaganda gegen alle und jegliche religiösen Vorurteile, weil sie sich zur Wissenschaft bekennt ... jede Religion ist der Wissenschaft entgegengesetzt ... Haben wir die reaktionäre Geistlichkeit bei uns unterdrückt? Jawohl, wir haben sie unterdrückt. Es ist nur zu bedauern, daß sie noch nicht vollständig vernichtet ist ...«

Stalins Helfer waren fleißig dabei, den Wunsch des Kremlmächtigen zu erfüllen. Allerorten wurden Kirchen geschlossen, die Geistlichen in Lager deportiert oder an Ort und Stelle umgebracht. Die Schwester des Schriftstellers Lew Tolstoj, Alexandra Tolstaja, notierte damals über die verzweifelte Lage der russischen Gläubigen: »Dort zerstö-

ren die russischen Menschen am Tage die Kirchen, nachts aber weinen sie, bereuen es und flehen zu Gott um Verzeihung. Die selben Menschen, die am Tage auf Befehl der Behörden die Kirchengebäude abbrachen, schlagen nachts mit der Stirn auf den Fußboden und schluchzen in seelischer Verwirrung.«
Die Barbaren der Vernichtung machten auch vor national-religiösen Heiligtümern nicht halt. Die Mariä-Schutzkirche in Moskau, ein Beispiel für kirchlichen Festungsbau, die Dostojewskij so schätzte und liebte, wurde abgerissen. Selbst Napoleon, der Moskau 1812 belagerte, hatte seinen Soldaten befohlen, diese Kirche vor den Flammen zu schützen. Unter die Spitzhacke kam auch Moskaus größtes Gotteshaus, die Erlöser-Kathedrale, die im 19. Jahrhundert zu Ehren des Sieges über Napoleon errichtet worden war. Die besten russischen Architekten hatten sie entworfen, die bekanntesten Künstler ausgemalt. An den Wänden standen die Namen der Kriegshelden, die Rußland von dem Joch des napoleonischen Heers befreit hatten. Stalin ließ die Kirche 1931 abreißen. An ihrer Stelle sollte ein wuchtiges »Rätehaus« errichtet werden mit einer 40 Meter hohen Büste Lenins auf der Spitze, als Symbol für den aufstrebenden Sowjetstaat. Aus diesem Vorhaben wurde jedoch nichts, da der Boden an dieser Stelle zu sumpfig war, so stellten Statiker fest, und den geplanten Kolossalbau nicht tragen würde. »Das war die Strafe Gottes«, meinen gläubige Moskowiter. Statt dessen errichteten die Bauplaner ein beheiztes Schwimmbad.
In allen Städten, großen wie kleinen, in allen Dörfern, entlegen und nah, wurde gegen Christen und religiöse Einrichtungen barbarisch vorgegangen. Den Rest der Be-

freiung von der »religiösen Knechtschaft« des russischen Volkes sollte nach Stalin die antireligiöse Propaganda besorgen.
Auch die von Stalin gepriesene Wirtschaft und Plantheorie mußte dafür herhalten. In den Fünfjahresplan der Volkswirtschaft (von 1932 bis 1937) wurde der »Fünfjahresplan der Gottlosigkeit« eingebaut. Am Ende des Plans – also 1937 – sollte die Sowjetunion atheistisch und von der Religion befreit sein. Religiöse Literatur sollte verboten sein, gläubige Bürger, die in Betrieben oder Instituten arbeiteten, mußten sich vom Glauben losgesagt haben, andernfalls mußten sie damit rechnen, entlassen oder eingesperrt zu werden. Im vierten Planjahr sollten alle Gotteshäuser geschlossen sein; im fünften, so planten die Bolschewiki, sei nur noch die atheistische Überzeugung unter den Menschen zu festigen.
Mit allen ideologischen Mitteln, mit Drohungen und Strafen, mit physischer Gewalt und dem Tod wollten die Kommunisten den ideologischen Gegner in die Knie zwingen. Bei der Vernichtung der Kirche sollte der »Verband der Gottlosen« (Besboschniki) helfen. In Betrieben und Behörden wurden »Gottlose Stoßbrigaden« und »Atheistenzellen« gegründet. »Akademien des Atheismus« sollten den wissenschaftlichen Beweis erbringen und die Bürger überzeugen, daß es Gott nicht gibt. Die russisch-orthodoxe Kirche fand sich Ende der dreißiger Jahre, vor Ausbruch des Zweiten Weltkrieges, in einem katastrophalen Zustand. Nur sieben Bischöfe und einige hundert Priester waren noch im Amt, in nur etwa hundert Kirchen Rußlands durften weiter Gottesdienste abgehalten werden.
Josef Stalin, der bolschewistische Selbstherrscher im Kreml, hatte mit brutaler Gewalt Grund und Boden ver-

staatlicht, die Bauern zu Landarbeitern degradiert und die Industrialisierung des Landes mit unglaublichen Opfern des russischen Volkes vorangetrieben. Zu Ehren der kommunistischen Partei und des sozialistischen Staates wurden Fabriken, Stahlwerke und Rüstungsbetriebe förmlich aus dem Boden gestampft, Hunderte von Kilometern lange Kanäle, Wasserstraßen und Eisenbahnlinien mit einfachsten technischen Hilfsmitteln gebaut; dabei starben Millionen Menschen an Hunger, Qualen und Überanstrengungen. Auf den Leichen der Toten erbaute Stalin seinen sozialistischen Staat. Das Individuum wurde sinnlos den sogenannten höheren Gemeinschaftszielen geopfert. Unter dem Diktator Stalin herrschte in der Sowjetunion Angst und Schrecken. Keiner konnte vor dem anderen sicher sein. Die Todesmaschine lief auf Hochtouren. Sie machte vor niemandem halt. Das willkürliche Verhaften, Verbannen und Abschlachten von Menschen begründete Stalin mit der Verschärfung des Klassenkampfes beim Aufbau des Sozialismus.
Zu Feinden und Konterrevolutionären machte Stalin auch die alte Garde der Bolschewiki, die Kampfgefährten von Lenin, die vorher schon aus dem Zentrum der Macht entfernt worden waren. Die Ermordung des Leningrader Parteisekretärs und Stalingünstlings Kirow im Jahr 1934 gab ihm Anlaß zu den ersten berüchtigten Schauprozessen. Die engsten Mitarbeiter des Staatsgründers wie Sinowjew, Kamenjew oder Bucharin waren plötzlich Feinde des Kommunismus, Agenten des imperialistischen Westens, die die Sowjetmacht stürzen wollten. Stalins blutrünstiger Chefrichter Wyschynski, der die Angeklagten foltern ließ und Schuldbekenntnisse erpreßte, schickte die Altkommunisten allesamt »schuldig im Sinne der Anklage« mit dem wü-

tenden Schrei: »Knallt sie nieder, die tollen Hunde!«, in den Tod; mit ihnen starben Tausende und Abertausende sogenannter Anhänger oder Feinde des Arbeiter- und Bauernstaates, andere wurden verbannt und zu Zwangsarbeit verurteilt. Der rote Terror kannte keine Grenzen. Keiner, ob Freund oder Feind, Arbeiter oder Bauer, Akademiker oder Geistlicher, Parteigenosse oder Freigeist, konnte sicher sein, nicht am nächsten Tag verhaftet und zum Tode oder zu schwerer Lagerhaft und Zwangsarbeit verurteilt zu werden.

Selbst die Rote Armee und der Geheimdienst, die Garanten der zwanzigjährigen Sowjetmacht, sollten die Allmacht, das Mißtrauen und den Vernichtungswillen des einsamen Diktators im Kreml zu spüren bekommen. Kurz vor Ausbruch des Zweiten Weltkrieges ließ Stalin den erfahrenen Soldaten und Oberbefehlshaber der Roten Armee, Marschall Tuchatschewskij, und sieben andere Generale umbringen. Auch der Leiter der geheimen Staatspolizei Jeschow, das wichtigste Rädchen in der Mordmaschinerie Stalins, wurde nach getaner Arbeit das Opfer der eigenen Rächer. Mit den Befehlshabern wurden Tausende Offiziere umgebracht; in den Jahren 1937 bis 1938 waren es knapp 500 000 Soldaten, die wegen »konterrevolutionärer Umtriebe« getötet oder eingesperrt wurden. Innerhalb von neun Monaten mußten über 100 000 neue Kommandeure ernannt werden, von denen 85 Prozent noch keine 35 Jahre alt waren. Vor dem Einmarsch der deutschen Armee in Rußland hatten etwa 70 Prozent der russischen Offiziere nicht länger als zwölf Monate in der Armee gedient.

In allen sowjetischen Ministerien und Behörden räumte der Kremlherrscher gnadenlos auf. Seinen Außenminister Litwinow, der die Sowjetunion gegen das erstarkte nationalsozialistische Deutschland mit den Westmächten verbünden wollte, entließ er und machte Molotow zu seinem Nachfolger. Stalin und der neue Außenminister suchten die Nähe zu Hitler-Deutschland und schlossen mit ihm 1939 einen Nichtangriffspakt. In einem Zusatzabkommen, dem Hitler-Stalin-Pakt, erhielt die Sowjetunion das östliche Polen, Estland, Lettland und Litauen zugesprochen; Gebiete also, die die russischen Zaren schon besessen hatten. Die freien baltischen Staaten wurden von der Roten Armee besetzt und der Sowjetunion einverleibt.

Das vorübergehende Zweckbündnis zwischen der roten Diktatur in Moskau und der braunen in Berlin endete nach knapp zwei Jahren mit dem Überfall der deutschen Armee am 22. Juni 1941 auf die Sowjetunion. Stalin war auf den Krieg gegen Deutschland nicht vorbereitet, und seine Armee mußte empfindliche Niederlagen einstecken. Auch Teile der sowjetischen Bevölkerung im Westen des Landes, die in den Deutschen anfangs die Befreier von der bolschewistischen Knechtschaft sahen, unterstützten die deutschen Eroberer. Doch bald merkten die besiegten Slawen, daß sie vom Regen in die Traufe gekommen waren. Die germanischen »Übermenschen« wollten die slawischen »Untermenschen« nicht von der roten Unterdrückung erlösen, sondern erneut unterjochen und entsprechend ihrer Zugehörigkeit zur »niederen Rasse«, zu Sklaven der Deutschen machen.

Stalin, der nach dem deutschen Überraschungsangriff zuerst sprachlos und untätig gewesen war, hatte bald erkannt, daß er die ausrüstungstechnisch überlegene deutsche Armee nur mit einem übermenschlichen Kraftakt aller Russen und sowjetischen Völker wieder aus dem Land vertreiben und besiegen könne. Stalin erinnerte die Russen an die historische Größe ihres Vaterlandes, erweckte in ihnen patriotische Gefühle. Die Klassenfeinde und Ausbeuter von einst, die Zaren, die zaristischen Heerführer, wurden den verdutzten Sowjetmenschen als leuchtende Beispiele im Kampf für Rußland und gegen äußere Feinde propagandistisch vor Augen geführt. Stalin erklärte den Krieg gegen Nazi-Deutschland zum »Großen Vaterländischen Krieg«.

Der Bolschewik Josef Stalin, der einst Seminarist, der orthodoxer Priester werden wollte und während seiner Herrschaft im Kreml die Kirche und die Gläubigen erbarmungslos bekämpfte, fühlte und erkannte, daß er den Krieg gegen das faschistische Deutschland nur mit der Kirche und den Millionen gläubiger Russen, die zu Kommunisten umerzogen werden sollten, gewinnen konnte. Dem abergläubischen Stalin war nicht entgangen, daß die Deutschen ausgerechnet am 22. Juni, am Tag der Russischen Heiligen, in der Sowjetunion eingefallen waren. Die bibelfesten Russen und auch Stalin erinnerten sich an diesem Tag an Worte aus der Bibel: Der Grund von Kriegen zwischen Völkern sei Krieg gegen Gott. Die Kraft, die Rußland gegen den äußeren Feind brauchte, dessen war sich der Diktator im Kreml sicher, konnte nur aus überirdischen Quellen kommen.

Es ist eine Ironie der Geschichte oder – so deuten es Russen – ein Fingerzeig Gottes, daß ausgerechnet ein Krieg zwischen zwei atheistischen, glaubensfeindlichen und totalitären Systemen die russische Kirche vor dem Tod gerettet und wieder zum Leben erweckt hat. Die gottlosen Nationalsozialisten, die die gottlosen Kommunisten vernichten wollten, gaben sich gegenüber den russischen Christen erst einmal tolerant. Sie wollten ihnen beweisen, daß sie ihren Glauben mehr respektierten als ihr Landesvater Stalin,

dessen Herrschaft ihnen nur Verfolgung, Unglück und den Tod der Kirche gebracht habe und deshalb auch ausgelöscht werden müsse. In den besetzten Gebieten, in der Ukraine, in Weißrußland und in Teilen Rußlands, eröffneten die Deutschen wieder Kirchen und Klöster, um die Sympathien der Russen zu gewinnen. Die Stadt Kiew, Hauptstadt der Ukraine, und die dazugehörige Diözese zum Beispiel hatte vor der Revolution 1710 Gotteshäuser, über 5000 Mönche und 23 Klöster. Bis 1941 waren – zwei Kirchen ausgenommen – alle Gotteshäuser und alle Klöster geschlossen worden. 1942, als Hitler Kiew erobert hatte, wurden wieder 318 Kirchen, die 400 Priester betreuten, und acht Klöster für Mönche und Nonnen eröffnet. Ein Konflikt in der russisch-orthodoxen Kirche war geboren.
Die Hierarchen der Kirche, die im nicht besetztem Moskau residierten und auf Stalins Gunst angewiesen waren, verdammten die Priester, die in den Kirchengemeinden dienten, die vorher von den Kommunisten geschlossen und von den Nationalsozialisten wieder eröffnet worden waren. Die russischen Priester, die mit den Nazis weder sympathisierten noch kollaborierten und nur ihre Gläubigen betreuten, wurden vom Moskauer Metropoliten Sergij, der sich den Kommunisten anbiederte, als »Straßenräuber im Priestergewand« beschimpft. Sergij warf ihnen sogar vor, daß sie dem heidnischen Hakenkreuz und nicht mehr dem orthodoxen Kreuz huldigten.
In russischen Gebieten, die noch nicht vor den Deutschen okkupiert waren, folgte Stalin dem Beispiel Hitlers und eröffnete ebenfalls Kirchen und Klöster. Die Publikationen des »Verbandes der Gottlosen« wurden eingestellt, die antireligiösen Museen geschlossen. Die Russen wurden wieder an ihre Nationalheiligen erinnert. Alexander Newskij,

Dimitrij Donskoj, Sergij von Radonesch, die gegen Tataren, Schweden und Kreuzritter erfolgreich für ihre russische Heimat gekämpft hatten, erlebten eine nationale und religiöse Wiedergeburt. Beschworen wurde der Geist vergangener ruhmreicher Zeiten, als Staat und Kirche gemeinsam die Feinde besiegt und aus dem Lande geworfen hatten. Metropolit Sergij machte allen Russen Mut: »Unsere orthodoxe Kirche hat immer das Schicksal unseres Volkes geteilt ... Die Kirche steht auch heute zu ihrem Volk und segnet es für seinen Sieg. Nicht zum ersten Mal wird das russische Volk auf diese Art geprüft. Mit Gottes Hilfe wird die faschistische feindliche Kraft zerschlagen. Unsere Vorfahren ließen sich in schlimmeren Situationen nicht entmutigen, weil sie persönlich keine Angst hatten, die heilige Pflicht von ihrem Vaterland und ihrem Glauben erfüllt haben und so als Sieger hervorgegangen sind.«
In den eröffneten Kirchen wurde für den »Vaterländischen Krieg« gebetet, gespendet und gesammelt. Von den Rubelspenden wurde eine Panzerbrigade, die den Namen des ruhmreichen Großfürsten und Heiligen Dimitrij Donskoj erhielt, aufgestellt. In den Kirchen wurden Bittgottesdienste für das bedrohte Vaterland, die kämpfenden Rotarmisten und Partisanen abgehalten. Priestern, die sich als Soldaten im Felde besonders tapfer geschlagen hatten, schickte Generalissimo Stalin persönlich Telegramme, in denen er sich in seinem und im Namen der Roten Armee bedankte. Im Sommer 1943 empfing Stalin, der vor Kriegsbeginn noch bedauert hatte, daß leider nicht die ganze Geistlichkeit vernichtet sei, im Kreml drei Metropoliten und gestattete der Kirche, wieder einen Patriarchen zu wählen, den es seit 1925 nicht

mehr gegeben hatte. Der historische Kompromiß zwischen Kirche und Staat wurde eingeleitet.
In russischen Städten und Dörfern wurden weitere Gotteshäuser eröffnet, die Zeitschrift des Moskauer Patriarchats durfte wieder erscheinen. Priesterseminiare und theologische Akademien, die alle geschlossen worden waren, durften ihre Lehrtätigkeit aufnehmen. Am »Tag des Sieges«, dem 9. Mai 1945, wurden in allen Kirchen der Sowjetunion die Glocken geläutet, der Sieg über Nazi-Deutschland wurde mit Gottesdiensten gefeiert, der gefallenen Soldaten wurde in Totenmessen gedacht.
Nach dem Krieg konnte die russisch-orthodoxe Kirche ihre Lage erst einmal stabilisieren. Nach dem Tod des Diktators 1953 hielten die Hierarchen der Kirche Ehrenwache an seiner Bahre und priesen den Verstorbenen als »große, moralische und soziale Kraft«, derer man ewig gedenken werde. Und die Menschen in der Sowjetunion gedachten Stalin, dem »ruhmreichen Führer«, dem geliebten, verehrten und weisen Vater der Nation, der den Arbeiter- und Bauernstaat zum Sieg geführt hatte. Die Bilanz des Krieges allerdings war für die Sowjetunion schrecklich. 20 Millionen Menschen waren umgekommen, 25 Millionen hatten Haus und Hof verloren, 70 000 Dörfer waren zerstört worden, der Westen Rußlands glich einem Trümmerfeld. Die Sowjetunion hatte die Hauptlast des Krieges und Sieges getragen, dafür wollte Stalin entschädigt werden – politisch und materiell. Die Rote Armee, die siegreich von Moskau bis Berlin marschiert war, verließ nach dem Krieg keines der Länder mehr, die sie gleichzeitig befreit und besetzt hatte. In Polen, Bulgarien, der Tschechoslowakei, in Ungarn, Rumänien und einem Teil Deutschlands, der späteren DDR, brachten die Sowjets die Kommunisten an die

Macht. Die Länder des Ostblocks entstanden; sie wurden alle streng von Stalinisten regiert – bis der Herrscher im Kreml 1953 starb.
Nach Stalins Tod wird Malenkow Ministerpräsident und Chruschtschow Erster Sekretär des Zentralkomitees (ZK) der Kommunistischen Partei der Sowjetunion (KPdSU), die die Zusatzbezeichnung Bolschewiki aus dem Parteinamen gestrichen hatte. Chruschtschow, der zum mächtigsten Politiker in der Sowjetunion aufstieg, verurteilt auf dem 20. Parteitag 1956 den Personenkult und Machtmißbrauch Stalins. Er leitet damit die Entstalinisierung in der Sowjetunion ein; Tausende von Menschen, die unschuldig während der Stalinära umgebracht und eingesperrt worden waren, werden rehabilitiert. Chruschtschow, der die Tyrannei und Greueltaten von Stalin verurteilt, den verstorbenen Diktator selbst aber nicht vom historischen Podest stürzt, leitet in der Sowjetunion und in anderen Ostblockstaaten eine Periode des sogenannten Tauwetters ein.
Die Stalinisten werden von der Macht entfernt, die Völker in der Sowjetunion und in den osteuropäischen Ländern, denen der Kommunismus nach dem Zweiten Weltkrieg mit militärischen Mitteln aufgezwungen wurde, greifen gierig nach dem Fünkchen Freiheit. In Polen und besonders in Ungarn erheben sich die Menschen offen gegen die rote Unterdrückung. Chruschtschow, ein ehemaliger Stalinist, der dem Diktator treu gedient hatte, sieht das erst vor kurzem bis zur Elbe ausgedehnte kommunistische Imperium in Gefahr, läßt gegen die Volksmassen Panzer auffahren und die Aufstände blutig niederschlagen. Doch der Prozeß einer vorsichtigen Liberalisierung geht weiter. Zaghafte Reformer, die vor allem

die miserable Wirtschaftslage bessern wollen, haben doktrinäre Kommunisten in ihren Ämtern ersetzt.

Chruschtschow, der den Sowjetmenschen die alltägliche nackte Angst vor dem stalinistischen Terror genommen hat, liberalisiert das gesellschaftliche Leben, läßt Bücher veröffentlichen, in denen die Zwangsherrschaft Stalins geschildert wird, läßt Bilder ausstellen, die vom staatlich verordneten sozialistischen Realismus abweichen. Den forcierten Ausbau der Schwerindustrie stoppt er zugunsten der Konsumgüterindustrie, die jahrzehntelang vernachlässigt worden war. Den sowjetischen Menschen, die ewig nur darben und hungern mußten, will er mehr Wohnraum und mehr Konsum geben. Er will die Großmacht des Westens, die USA, ein- und überholen, das amerikanische Lebensniveau ist seine Meßlatte. Doch den starken Worten und Wünschen folgen nur bescheidene Taten. Die zentral gesteuerte Staatswirtschaft, die, wenn sie ein Loch stopft, damit gleich ein anderes aufreißt, ist nicht in der Lage, die gesteckten Ziele zu erreichen. Die kollektivierte Landwirtschaft und staatliche Industrie erfüllen und übererfüllen ihre Planzahlen meistens nur auf dem Papier. Die wirtschaftlichen und politischen Reformansätze Chruschtschows, die sprunghaft eingeleitet, geändert, dann wieder gestoppt und heftig befehdet werden, geben den Menschen nicht die Hoffnung, daß sich ihr Leben in dem verheißenen kommunistischen Paradies bessern werde.

Chruschtschows oft originellen Ideen, seinen spontanen Wutausbrüchen – auf der UN-Vollversammlung zieht er sich den Schuh aus und schlägt mit ihm vor den Augen der ganzen Welt auf den Tisch – folgen meistens fixe und gefährliche Maßnahmen. Als er 1962 Raketen auf Kuba stationieren will, riskiert er (fast) einen Atomkrieg gegen die

USA. Dann verkündet Chruschtschow die »friedliche Koexistenz« zweier Systeme und verzichtet offiziell auf den Export der Weltrevolution; aus der kommunistischen Diktatur des Proletariats macht er eine Volkspartei. Die Forderungen des sowjetischen Ökonomieprofessors Libermann, die Staatsplanung zu dezentralisieren und den Betriebsdirektoren mehr Entscheidungsfreiheit zu geben, werden von Chruschtschow, der anfänglich damit liebäugelte, und auch der Partei abgelehnt. In Moskau regiert weiter die (zentrale) Mißwirtschaft.

Die politischen, kulturellen und wirtschaftlichen Reformpflänzchen wurden jedoch wieder gestutzt. Der Kirche, dem gefährlichsten ideologischen Gegner, nahm Chruschtschow wieder die Rechte, die sie unter Stalin während des Vaterländischen Krieges bekommen hatten. Er reduzierte die Anzahl der »arbeitenden« Gotteshäuser von 20000 auf 7000, die Zahl der Priester verringerte er von 30000 auf 14000. Von den 69 Klöstern, in denen Nonnen und Mönche lebten, ließ er fünfzig wieder schließen, ebenso verfuhr er mit den Priesterseminaren.

Breschnjew und der Kult der Mittelmäßigkeit

Chruschtschow, der für seine sprunghafte Politik die Mehrheit im Zentralkomitee verloren hatte, wird im Oktober 1964 gestürzt. Zum Ersten Sekretär des ZK der KPdSU wird Leonid Breschnjew gewählt, Ministerpräsident der Sowjetunion wird Alexej Kossygin. Breschnjew, der seinen osteuropäischen »Bruderstaaten« nur eine begrenzte Souveränität zugesteht und 1968 mit Hilfe des gesamten Ostblocks – außer Rumänien – gegen den Prager Frühling, den Kommunismus mit menschlichem Antlitz, mit Panzern vorgeht, beendet dennoch den kalten Krieg zwischen Ost und West; die siebziger Jahre sind in die Geschichte als Jahrzehnt der Entspannung eingegangen. Innenpolitisch bleibt unter Breschnjew mehr oder weniger alles beim alten. Die Russen verspotten seine Innenpolitik als »Kult des Mittelmäßigen«. Sowjetische Dissidenten, Andersdenkende – wie der Dichter Solschenizyn –, werden eingesperrt, in psychiatrische Kliniken gesteckt, zu Zwangsarbeit und Lagerhaft verurteilt oder ausgebürgert und ins Ausland abgeschoben.

Die Sowjetbürger, die unter Breschnjew ohne große politische Angst leben und mehr resignieren als hoffen, haben sich in private Nischen zurückgezogen und betrügen den Staat – so wie er sie – nach allen Regeln der proletarischen Kunst. Ihren Arbeitseifer und die niedrigen Löhne verstekken sich hinter humorvollen Formulierungen: Der Staat tut so, als würde er zahlen, und wir tun so, als würden wir arbeiten.

Tatsächlich aber sinkt unter Breschnjew die Arbeitsmoral auf Null, die Korruption und Schwarzarbeit steigt in ungeahnte Höhen. Breschnjew selbst, seine Familie, seine Freunde, die er alle als Spitzenfunktionäre untergebracht hat und um sich schart, denken mehr an sich und ihre eigenen Taschen als an den maroden Sowjetstaat. Losungen von der gerechten Gesellschaft, vom Wohlstand der Bürger, vom Sieg des Kommunismus rieseln an den Sowjetbürgern ab, die nicht besser, sondern immer schlechter leben. Über Breschnjews Sprüche, daß die Ökonomie ökonomisch sein müsse, können sie nur noch leidvoll schmunzeln. Achtzehn Jahre lang hat Breschnjew die Sowjetunion mehr zu seinem als zum Wohl des Volkes regiert. Der Sozialismus, der in die höhere Stufe des Kommunismus überleiten sollte, war unter Breschnjew nur noch ein Wunsch auf dem Papier und längst bankrott. Doch Breschnjew residierte und herrschte, als wäre das verheißene Paradies auf Erden Wirklichkeit geworden. Bis kurz vor seinem Tod 1982 lebte und arbeitete Breschnjew abgeschirmt, geschützt und fernab vom Volk der Arbeiter und Bauern.

Jeden Morgen um acht Uhr standen fünf schwarze Limousinen vor Leonid Breschnjews Landvilla in der Nähe von Moskau. Pünktlich um 8.15 Uhr (bei schlechtem Wetter) oder 8.20 (bei gutem Wetter) öffnete Breschnjews Fahrer die rechte vordere Wagentür, und der prominente Russe, der seinen Chauffeur mit Handschlag begrüßte, stieg in die

Luxus-Limousine vom Typ SIL-119, um nach Moskau zur Arbeit zu fahren.

30 bis 35 Minuten später, um 8.55 Uhr also, stand die Wagenkolonne vor dem Kreml oder dem Gebäude des Zentralkomitees (ZK), wo Breschnjew jeweils ein Arbeitszimmer hatte. Genau um 9 Uhr saß der mächtigste Mann der Sowjetunion am Schreibtisch: Leonid Iljitsch Breschnjew war Generalsekretär der Kommunistischen Partei der Sowjetunion und Vorsitzender des Präsidiums des Obersten Sowjet – also Staatspräsident.

Die Fahrt von der Landvilla (russisch: Datscha und offiziell schlicht »Staatsdatscha Nr. 5« genannt), wo Breschnjew in den letzten Jahren fast ausschließlich wohnte, lief ab wie ein Uhrwerk. Alle Zufahrtswege und Straßenkreuzungen in der Stadt waren bewacht und gesichert und von Menschen und Autos freigehalten, damit die Wagenkolonne ungestört und ohne Zwischenfälle mit 120 Kilometern in der Stunde durch Moskau rasen konnte.

Auf der sechs Kilometer langen Waldstrecke, die mit Verbotsschildern für andere Fahrzeuge vollgestellt war, waren alle 100 bis 150 Meter Wachen postiert, die ständig miteinander im Funkverkehr standen und die Fahrt wie einen Staffellauf (»Nr. 5 vorbeigefahren«) von Posten zu Posten weitergaben. Die Wachen bestanden jeweils aus zwei Mann, die patrouillierten oder auf Bäumen saßen.

Die bewaffneten Elite-Männer trugen Zivil oder Uniform und waren als Polizisten oder Militärs gekleidet. Die Soldaten, die unmittelbar zum KGB gehörten, trugen auf den Schulterstücken die großen Buchstaben »GB« (Staatssicherheit) und kamen aus der Division »Dscherschinski«. Sie waren außerdem für gesicherte Telefon-

und Telexverbindungen des Regierungs- und Parteiapparats zuständig und bewachten unter anderem das Lenin-Mausoleum.
Alle indes, ob zivil oder uniformiert, unterstanden der 9. Hauptverwaltung des Komitees für Staatssicherheit (KGB). Auch die drei Chauffeure von Breschnjew, die den Kreml-Chef abwechselnd über 20 Jahre lang fuhren, standen als Offiziere im Sold des KGB. In der Staatslimousine saß der einst leidenschaftliche Autolenker Breschnjew fast nie im Fond, sondern meistens vorn neben dem Fahrer.
Doch während Breschnjews Autokolonne durch die Stadt brauste, brauchte der Fahrer kaum die Bremse zu betätigen. Sie hatte überall grünes Licht und Vorfahrt. Alle Ampeln waren für die übrigen Verkehrsteilnehmer auf Rot geschaltet. Vor dem SIL-119 (Abkürzung für: Sawod Imeni Lichatschowa) des Kreml-Potentaten fuhr ein etwas kleinerer SIL-117 mit bewaffneten Elite-Schützen. Mit roten und gelben Lichtsignalen jagten sie verschreckte Autofahrer oder Passanten beiseite, die sich in der Nähe der extra reservierten mittleren Fahrbahn (im Volksmund: Tschajka-Linie genannt) noch aufhielten. Dahinter folgte ein weiterer SIL-117 mit ebenfalls bewaffneten Leibwächtern, aber ohne Lichtsignale. Das erste Auto aus dem Pulk und die Breschnjew-Kalesche fuhren im Abstand von etwa 60 Metern.
Fünf bis sieben Meter hinter dem Wagen des Generalsekretärs fuhren links und rechts (ein Dreieck bildend mit Breschnjews Limousine) noch zwei SIL-117. Im rechten Auto saßen wiederum bewaffnete KGB-Männer, im linken, als Ambulanzwagen umgebaut, Ärzte und Krankenpfleger. Den Konvoi schloß ein Wagen vom Typ Wolga der Verkehrspolizei ab. Er gab den Verkehr auf der Breschnjew-Route wieder frei.

Von seiner Datscha, südwestlich von Moskau gelegen, zur Arbeit in der Stadt fuhr Breschnjew immer die gleiche Strecke. Nach dem Waldstück bog die Autokolonne auf die Minskoje Chaussee. Weiter ging es durch den Gretschko Prospekt. Der ehemalige Verteidigungsminister, vor Ustinow im Amt, war ein Freund von Breschnjew. Sie hatten zusammen an der Südfront gegen die Deutschen gekämpft und die Charkower Katastrophe miterlebt, als die Deutschen die 4. Armee eingekreist und 300 000 Gefangene gemacht hatten. Passiert wurden der Kutusowski Prospekt, der Kalinin Prospekt, die Moskauer Prachtavenue im Zentrum der Stadt, die Frunsestraße. Am Ende des Alexandergartens fuhren die Staatskarossen dann durch das Kremltor.

Die schwarzen Luxuslimousinen der Kreml-Elite werden in der Autofabrik Lichatschow, dem früheren Stalinwerk in Moskau hergestellt. In einer geschlossenen Abteilung werden jährlich etwa 40 Autos per Hand montiert. Kein Russe kann einen SIL kaufen, die betagten Autos werden verschrottet. Der SIL ist 3,5 Meter lang und erinnert an den Mercedes 600 und den Packard. Er hat zwei Salons. Der vordere ist vom hinteren, in dem bequem sieben Personen sitzen können, durch eine verstellbare (schalldichte) Glaswand getrennt. Die Fenster sind feuerfest und kugelsicher, das Chassis ist besonders gepanzert, der Motor hat 280 PS. Der Gründer des ersten Arbeiter- und Bauernstaates, Wladimir Iljitsch Lenin, war noch auf den Kauf von westlichen Autos angewiesen. Für ihn wurden in England zwei Rolls Royce bestellt, einer mit Rädern und einer mit Schneeraupen. Auch Stalin setzte sich Anfang der dreißiger Jahre noch in ein westliches Gefährt – einen Cadillac. Später wurde dieses Modell im Moskauer Stalinwerk, wo heute die SILs produziert werden, für den Diktator nachgebaut. Stalin fuhr allerdings nur nachts durch die menschenleeren Straßen von Moskau. Er wechselte ständig die Autos und die Straßenroute.

Seit jeher herrschte im Kreml eine strenge Auto-Hierarchie. Wer welchen Wagen fahren durfte, war genau festgelegt. Die Mitglieder des Politbüros und alle Kandidaten durften – wie Generalsekretär Breschnjew – einen SIL-119 fahren. Doch nur der Generalsekretär wurde so aufwendig geschützt; die übrigen begleitete lediglich ein Leibwächter im Auto. Für die Sekretäre des ZK und die Parteichefs der fünfzehn Republiken, die nicht im Politbüro saßen, stand ein SIL-117 zur Verfügung. Bezirkssekretäre und Minister fuhren eine Autoklasse kleiner: eine Tschajka.

Genau reglementiert waren auch die Gehälter im Kreml wie in der gesamten Sowjetunion. Der Generalsekretär der KPdSU war nominell der Spitzenverdiener im Sowjetstaat: 600 Rubel bekam er monatlich brutto; davon zahlte Breschnjew 13 Prozent Lohnsteuer und 5 Prozent an die Parteikasse, den höchsten Satz. Für den Vorsitz im Präsidium des Obersten Sowjet (Staatspräsident) bekam er allerdings keine Kopeke. 500 Rubel im Monat erhielten seine Kollegen im Politbüro, 450 Rubel bekamen Sekretäre des ZK. Ebensoviel verdienten die ersten Sekretäre in den Republiken, wenn sie nicht Mitglied im Politbüro waren, und Stellvertretende Ministerpräsidenten und Minister der »ersten Kategorie« wie für Maschinenbau oder Landwirtschaft. Weniger wichtige Ressortleiter erhielten nur 400 Rubel (1200 DM); der durchschnittliche Monatslohn betrug in der UdSSR 160 Rubel.

Viele prominente Sowjetbürger konnten monatlich meh-

rere Gehälter in die Tasche stecken; jedes allerdings war geringer als das des Generalsekretärs.
Ein Mitglied der Akademie der Wissenschaften – der elitärste Verein in der Sowjetunion – konnte monatlich zwei- oder dreimal mehr Rubel kassieren als der Kreml-Chef. Wer zum Mitglied der Akademie der Wissenschaften berufen wurde, erhielt monatlich 400 Rubel. Der Posten als Direktor eines Instituts wurde ihm zusätzlich mit 400 Rubeln entgolten, als Professor, der Vorlesungen hielt, bekam er noch einmal 200 Rubel. Konsultationen oder wissenschaftliche Beiträge wurden extra honoriert.
Nur: der exponierte Wissenschaftler mußte von seinem Einkommen den Lebensunterhalt selbst bestreiten. Der Vertreter der obersten Polit-Elite brauchte dies nicht. Sie wohnten, speisten und reisten umsonst. Vom Scheitel bis zur Sohle wurden sie kostenlos eingekleidet. In Kreml-Ateliers wurden für sie Anzüge oder Mäntel geschneidert und Schuhe per Hand gefertigt. Lebensmittel wurden ihnen aus Exquisitläden in die Wohnungen oder Datschen gebracht. Jeder materielle Wunsch wurde ihnen erfüllt. Ihr Gehalt konnten sie unberührt auf der Bank deponieren. Verloren sie jedoch ihre Posten, verloren sie auch ihre Privilegien. Aus der Stadtwohnung und der Datscha mußten sie dann ausziehen, das Dienstauto mit Chauffeur wurde ihnen abgenommen, für Essen und Kleidung mußten sie fortan aus der eigenen Tasche zahlen.
Die Kaste unter den Spitzenpolitikern wurde kürzer gehalten. Minister oder Abteilungsleiter im ZK bekamen ein monatliches Eßpaket, die sogenannte »große Kremljowka«. Für 150 Rubel konnten sie Lebensmittel wie Wurst, Fleisch, Kaviar oder Fisch – in normalen Läden Mangelwaren, von schlechter Qualität oder gar nicht zu ha-

ben – in Kreml-Läden zu festgelegten – also niedrigen – Staatspreisen kaufen.
Die Angestellten mit den niederen Kreml-Weihen bekamen die »kleine Kremljowka«. Sie konnten die gleichen Waren wie ihre Chefs kaufen, aber sie mußten die Hälfte aus der eigenen Tasche zahlen. Alle, die das Recht auf die »Kremljowka« hatten, erhielten ein zusätzliches Monatsgehalt für »Gesundheitspflege« und einen kostenlosen Sanatoriumsaufenthalt für 24 Tage im Jahr.
Die »Kremljowka« wurde von Lenin erfunden. In den Hungerjahren während und nach der Revolution hatte er für seine treuen Genossen gesonderte Kantinen und Krankenhäuser einrichten lassen. Heute, so schätzen Kremlexperten, kommen etwa 45 000 bis 50 000 Personen in den Genuß der Kremljowka.
Bezahlt wurden die Privilegien der großen und kleinen Genossen aus der Parteikasse. 18 Millionen Parteimitglieder zahlten im Monat durchschnittlich 10 Rubel. Großverlage und große Zeitungen wie die »Prawda« zum Beispiel gehören der kommunistischen Partei. Nur das ZK, und nicht das Finanzministerium oder Finanzamt, darf den Zu- oder Abfluß von Parteigeldern überprüfen.
Die allmächtige kommunistische Partei der Sowjetunion, deren Chef Generalsekretär Breschnjew war, kontrollierte mit ihren über 400 000 Organisationen das Land von Brest bis Wladiwostok. Jedes Ministerium, jeder Betrieb, jedes Institut, ja selbst Pensionäre oder kleine Reparaturschuhwerkstätten hatten eine Parteizelle. Sie wiederum bekamen ihre Befehle aus dem Zentralkomitee (ZK), der obersten Parteizentrale, in Moskau.
Im ZK-Apparat arbeiteten etwa 10 000 bis 12 000 Menschen. Ob über Medizin, Industrie, Rüstung, Schule, Lite-

ratur oder Religion in der UdSSR entschieden wurde, bestimmte in letzter Instanz das ZK. Über allen thronte Generalsekretär Breschnjew. Diesen Titel trug er, den außer ihm nur Stalin hatte, 15 Jahre lang.
Breschnjews Vorgänger Nikita Chruschtschow nannte sich Erster Sekretär und wollte damit die kollektive Führung unterstreichen. Aber auch Breschnjew war nominell immer nur der Zweite. Das Parteibuch mit der Nummer 00000001 von insgesamt 18 Millionen Mitgliedern gehörte weiterhin Lenin. Es wurde in Breschnjews Zimmer im ZK aufbewahrt und etwa alle zehn Jahre erneuert. Für den toten Lenin unterschrieb in Anwesenheit aller Politbüromitglieder und ZK-Sekretäre Breschnjew. Lenin war somit der einzige in der Partei, der keine Beiträge zahlte. Das Parteibuch mit der Nr. 00000002 hatte Breschnjew. Damit sollte dokumentiert werden, daß Breschnjew der direkte Nachfolger Lenins sei.
Der mächtige Russe residierte offiziell in zwei Arbeitszimmern. Das eine befand sich im ZK-Gebäude, das andere, wo er häufiger arbeitete, im Kreml. Das ZK-Haus betrat Breschnjew nicht – wie alle anderen Mitarbeiter – vom Haupteingang, dem Staraja Ploschtschadj (Alter Platz) aus, sondern von der stillen, abgeschiedenen Kuybyschewstraße. Auf die sechste Etage, zu seinem Büro, fuhr er mit einem geräumigen Lift. Dort hatten auch die übrigen ZK-Sekretäre und Politbüromitglieder, die unmittelbar im Parteiapparat arbeiteten, ihre Arbeitszimmer.
Das ZK-Gebäude ist vom Kreml etwa 1,5 Kilometer entfernt. Die Arbeitszimmer im Kreml und ZK-Haus sind fast gleich groß, hell und haben große Fenster. Der Arbeitstisch ist zwei Meter lang, rechts stehen die Telefone. Tisch und Stuhl sind aus einfachem, poliertem Holz. Besucher

nehmen an einem langen Tisch Platz, der mit dem Arbeitstisch in T-Form verbunden ist; an ihm können etwa 20 Personen sitzen.
In Breschnjews Arbeitszimmer wurden keine Gespräche auf Band aufgezeichnet. Bei »besonders geheimen« Gesprächen durften nicht einmal Stenotypistinnen anwesend sein. Breschnjews Referenten oder gar Politbüromitglieder mußten dann Protokoll führen. Die Arbeitszimmer waren einfach ausgestattet. An den Wänden hingen die obligatorischen Porträts von Marx und Lenin. Die Uhr auf dem Tisch und die Vase mit Breschnjew in Marschall-Uniform waren Geschenke von Uhrmachern und Porzellanwerken. Die Bücherschränke waren mit »eigenen« Werken (»Wiedergeburt«, »Neuland« und »Das kleine Land«), die er von literarischen Profis hatte schreiben lassen, und denen von Lenin vollgestellt.

Gorbatschow liberalisiert die Sowjetunion

Breschnjew, der sich am Personenkult berauschte, sich die Brust voller Orden hängen ließ, als »Literat« Mitglied des Schriftstellerverbandes wurde und sich gerne schnelle und teure Westautos schenken ließ, hatte sein Land, als er 1982 starb, achtzehn Jahre lang ruiniert. Sein Nachfolger wurde der KGB-Chef Jurij Andropow. Der Lebensasket wollte die Sowjetunion disziplinieren, die Privilegien und die abgehobene Allmacht der Polit-Prominenten einschränken, das Land vielleicht auch politisch und wirtschaftlich reformieren. Er kämpfte mit anfänglichen Erfolgen gegen die Korruption und für eine bessere Arbeitsdisziplin. Nur Monate nach seinem Amtsantritt starb er jedoch. Der alte Breschnjew-Clan, der alle wichtigen Posten besetzt hielt, setzte den Breschnjew-Günstling Tschernenko auf den Kremlthron, um seine Pfründe zu sichern. Für Tschernenko, einen biederen Funktionär, war das Amt einige Nummern zu groß. Seine Tätigkeit war die hilflose Untätigkeit. Diese geistig unbedarfte Person war eine Beleidigung für die Sowjetbürger. Nach kurzer Zeit starb auch er. Endlich war die Stunde für das jüngste Mitglied im Politbüro, Michail Sergejewitsch Gorbatschow, gekommen. Auf dem

Plenum des ZK im April 1985 wurde er zum Generalsekretär des ZK der KPdSU gewählt.
Michail Gorbatschow hat ein krankes Land übernommen, einen Scherbenhaufen, an dem er nun seit fünf Jahren laboriert und flickt. Gorbatschow hat den Russen und den anderen Völkern der Sowjetunion kulturelle und politische Freiheiten gebracht, die sie niemals in ihrer über 1000-jährigen Geschichte besessen haben. Gorbatschow meint es ernst mit dem demokratischen Sozialismus. Nur bleibt die Frage, ob er mit Reformen im Sozialismus von Marx und Lenin, den er prinzipiell nicht über Bord werfen will oder kann, erfolgreich sein wird. Die ehemaligen Satelliten in Osteuropa, denen er Freiheit gebracht hat, sind dabei, den Sozialismus mit Stumpf und Stil auszumerzen, zu lange und zu schmerzhaft haben sie unter dem Staatssozialismus leiden müssen.
Michail Gorbatschow, der wie kein anderer Mensch des 20. Jahrhunderts die politische Welt verändert hat, ist in seinem eigenen Land womöglich an die Grenzen des Machbaren gestoßen. Der Vielvölkerstaat, der teilweise künstlich und imperialistisch zusammengeschmiedet wurde, droht auseinanderzubrechen. Die baltischen Republiken, die ihre staatliche Unabhängigkeit einfordern, machen Gorbatschow, der ihnen diesen Vorstoß erst ermöglicht hat, und der Perestrojka große Schwierigkeiten. Die mutigen Völker und ihre Führer sind oft leider nur dann mutig, wenn sie mutig sein dürfen. Mutig zu sein hat den Balten Gorbatschow erlaubt, jetzt betätigen sie sich womöglich als Totengräber der Perestrojka – ohne es in ihrem verständlichen Egoismus vielleicht zu begreifen.
Das größte Problem aber dürfte dem Präsidenten der Sowjetunion die Wirtschaft in seinem Land bereiten. Die

halbherzigen Reformen, ein bißchen Marktwirtschaft im Sozialismus einzuführen, haben der Sowjetunion keinen Aufschwung, sondern eine weitere und schnelle Talfahrt gebracht. Außer Milch, Butter und Brot sind alle anderen Waren des täglichen und langlebigen Bedarfs mittlerweile schwer, gar nicht oder nur gegen einen hohen (gesetzlich unerlaubten) Aufpreis zu haben. Die Korruption, die Gorbatschow bekämpfen wollte, blüht ungenierter denn je. Die Arbeitsmoral ist auf einem Tiefpunkt angelangt, in den Betrieben wird mehr gebummelt und diskutiert als gearbeitet. Die meisten Menschen versuchen, in ihre eigene Tasche zu wirtschaften; verständlich, wenn die Preise inflationär schneller steigen als die Löhne und in den Geschäften keine Waren zu kaufen sind.
Der einzige Ausweg, der sich Gorbatschow bietet, wäre die Einführung der Marktwirtschaft, die Privatisierung der staatlichen Betriebe und der Kolchosen auf dem Land. Doch noch zögert Gorbatschow, aus ideologischen Gründen oder aus Angst vor den mächtigen konservativen Kräften in der Partei und im Staat. Wenn der Präsident und das sowjetische Parlament diesen Schritt nicht vollziehen, prophezeihen Kritiker im eigenen Land, dann werden die Russen bald hungern und gezwungen sein, Michail Gorbatschow, der ihnen die Freiheit gebracht hat, mit Gewalt aus dem Amt zu jagen. Die Staatswirtschaft hat versagt, die Menschen zu versorgen. Der Präsident hat das alte Haus Sowjetunion eingerissen, aber noch kein neues gebaut. Für Gorbatschow und die friedliche Rettung Rußlands und der Sowjetunion ist es fünf vor zwölf.

Bildnachweis

Tafel I: (Autor)

Tafel II: oben links und rechts: *(Autor);* unten: persische Buchmalerei, 14. Jahrhundert *(Archiv für Kunst und Geschichte)*

Tafel III: oben: Aquarell von E. T. Compton, um 1890 *(Archiv für Kunst und Geschichte);* unten rechts: *(Autor)*

Tafel IV: Gemälde von Viktor Michailowitsch Waszenow, 1897 *(Archiv für Kunst und Geschichte)*

Tafel V: Gemälde von Pierre Gobert *(Archiv für Kunst und Geschichte)*

Tafel VI: oben: zeitgenössisches Aquarell *(Archiv für Kunst und Geschichte);* unten: Gemälde, um 1780/90, wahrscheinlich von Johann Baptist Lampi *(Archiv für Kunst und Geschichte)*

Tafel VII: oben: Fotografie, um 1900 *(Archiv für Kunst und Geschichte);* unten links: Fotografie, um 1910 *(Archiv für Kunst und Geschichte);* unten rechts: *(Archiv für Kunst und Geschichte)*

Tafel VIII: oben: Fotografie, 2. Oktober 1917 *(Archiv für Kunst und Geschichte)*; unten: Gemälde von D. A. Nalbandjan *(Archiv für Kunst und Geschichte)*

Register